JN055500

スポーツ運動学・現象学　講座 3

# 間合いの身体知

金子一秀・山口一郎 編著

明 和 出 版

目次　**間合いの身体知**

# まえがき

山口一郎

ようやくコロナ世界感染（パンデミック）が収束に向かうなか，本書『スポーツ運動学・現象学　講座 3　間合いの身体知』が刊行の運びとなりました。大きな喜びとともに，出版に携わっていただいた関係者の皆様に心より深く感謝申し上げます。

「スポーツ運動学と現象学との共創による共同研究」を目的とする本講座の創刊号が出版できたのは，2020 年でした。困窮を極める学術書出版の状況のなか，本講座の主旨をご理解いただき，強力なご支援のもと，出版が実現できたのは，当時，明和出版社長の和田義智様のご協力の賜物といえます。

昨年の 7 月，『講座 3』の編集のさなか，その和田義智社長が突然，ご逝去されたとの訃報に接しました。まったく突然の出来事で，何よりも，和田社長のご冥福をお祈り申し上げるとともに，私たちに示していただいた和田社長の「本講座」の主旨へのご理解とご協力を，どうにか活かし続ける目標に向けて，今日まで，努力を重ねてまいりました。詳しくは編者の「あとがき」をご参照ください。

**〈本講座の主旨〉**

本講座の主旨である「スポーツ運動学と現象学との共創による共同（共働）研究」は，創刊号『〈わざの狂い〉を超えて』の「前書きに寄せて：現象学と運動学を繋ぐ動感（キネステーゼ）システム」において金子明友先生によって簡潔，的確に論じ尽くされています。マイネルの運動学とフッサールの現象学という二つの学問研究は，スポーツ競技の練習に集中している一人ひとりの選手が直接，自分の身体（からだ）で感じている動きの感じ（動感）を鋭敏にする努力において，出会って

（繋がって）いるというのです。

すべての学問研究は，「何が，どんなふうに」の問いを重ね続け，問い続けていく営みであると思います。ということは，マイネル運動学とフッサール現象学との出会いを必然的な出会いにしているのは，一人ひとりの運動選手が，いったい「自分の身体の動きの感じをどのように感じているのか」その問いを究極にまで突き詰めることにあると言えます。

この問いをめぐり，本講座は，冒頭にスポーツを実践しているスポーツ選手やコーチ，そしてスポーツ運動学や現象学の研究者とのあいだの対談や鼎談を行い，そこで語られている内容にかかわる論文を掲載するというように編集されています。

創刊号の表題は，「〈わざの狂い〉を超えて」とされました。この表題は，この創刊号の「対談：〈わざの狂い〉を超えて／金子明友・山口一郎」から援用されたものです。もともとこの対談が成立したのは，日本体操界の指導者であられる金子明友先生がどのようにしてフッサール現象学と出会い，積極的にスポーツ運動学に取り込むことになったのか，その経緯を文字にしておかねばならない，という私の使命感を起点にしています。なぜなら，そこに「スポーツ運動学と現象学との出会いの必然性」が確認されるはずであるという直観が働いていたからです。

## 〈生活世界の数学化の危機〉

金子明友先生とフッサール現象学の出会いは，1970 年 4 月に翻訳され刊行されたフッサールの『ヨーロッパ諸学問の危機と超越論的現象学』（略して『危機書』とも呼ばれる）に，金子先生が感激し，没頭して熟読なさったことにありました。この著作でフッサールが訴えたことは，「第一次世界大戦（1914-1918）」というその当時，最先端の武器を用いて人間同士，殺戮しあうという「ヨーロッパ文明の危機」の根底に，「私たちが生存している生活世界が数学化されること」に真の原因が横たわっているということでした。

この「生活世界の数学化の危機」というのは，簡単に言えば，自然科学が必須としている「数と記号による数式」で，武器や道具を作って使用できても，「人間が生きる意味とか価値」について何の答えも返ってこない，この当たり前のことに気づけない（自覚できない），そのような人間の無自覚さの危機に他なりません。言い換えれば，数学を基礎にする自然科学に対して，「コンピューターやAIを使うのは何のため？」という「何故」の問いや「人が生きる生きがい」とか「働きがい」といった問いかけをしても，何の答えも返ってこない，「この当たり前なことに気づけ，目を覚ませ！」ということなのです。

金子明友先生は，その当時，第二次世界大戦後，アメリカから導入された，自然科学による「外からの観察と計測」に基づくサイバネスティック運動学が，身体運動能力の向上に何の役にも立たないことを承知の上で，観測データなしの論文は受け付けない運動学界の疑似科学主義の弊害をどう克服すべきか，苦悩されていました。金子先生にとって，現象学との出会いは，この弊害を克服しうる，数学の客観性に与えられていない「意味と価値」を客観的に論じることのできる現象学との出会いを意味したのでした。

フッサールが『危機書』で批判した「生活世界の数学化」の典型的で，根本的事例は，「五感などの感覚（感覚質）の違い」を「感覚の脳科学」によって「数値と記号によって数式化（数学化）できる」とする，非客観的な盲信です。

脳科学者でさえ，「感覚質（クオリア）は，個別的感覚器官に与えられる感覚刺激として数量化できない」と主張しているにもかかわらず，運動学の論文に「生理学的運動感覚を数値化してデータにしてもってこい」と無理強いしようというのでしょうか？

## 〈動感(キネステーゼ)の共有に向けて〉

「自分の身体の動きに感じる動感(キネステーゼ)」は，「いつ始まり，いつ終わるか」時計で測っても何の意味も価値もありません。創刊号で述べられている「わざの狂い」は，大事な試合（1958年モスクワでの世界選手権）の直前，日本代表の6選手のうち，4人までが「鉄棒での宙返り下り」で「急に鉄棒から手が離せなくなる」という，4人にとって，それまでの各自の「体操人生全体」にかかわる，運命的な出来事であり，起こってしまった客観的現実でした。

この客観的現実としての「わざの狂い」が，客観的現実として克服できたのは，同じような「わざの狂い」を経験し，克服してきた金子明友先生ご自身の経験知（身体知，暗黙知とも言われる）によるものです。4選手の同じ「わざの狂い」が，金子先生の指示によって，「各自の動感メロディー」における「手を離す瞬間」から「その直前のあふり作用の時間位相の確認（意識化）」による「新たな動感メロディーの構成」をとおして，同時に解決されたのです。

この体操選手としての人生の全体がかかった「わざの狂い」という客観的現実の客観的克服の現実のもつ「客観性」の「意味と価値」を，それ自体，「意味と価値」をもたない「数値と数式のもつ客観性」と取り違えることはできません。主観的とされる「動感メロディー」が複数（4人）の主観によって，同一の，したがって客観的な「動感メロディー」としてともに経験されることで，客観的現実としての「わざの狂い」が客観的に解決されたのです。

### 〈カントの認識論の弊害〉

どうして，この客観的としてしか言いようのない，「動感メロディー」の客観性が，それでもなお「主観的」と判断され，自然科学の数値と数式による客観性しか信じられないのか，その真の原因は，自然科学研究の客観性を理論的に保証することになった「カントの認識論」にあると思います。

カントは，人間の受け取るすべての感覚は，それそのものとしては「何の強弱も，リズムも，感覚質の違いも認められない無秩序（カオス）」であって，主観的に秩序だって感じられるのは，その無秩序な感覚に，人間の知性に生まれながらに備わっている純粋概念（思考の形式）を当てはめるから，秩序だって感じられると主張します。

つまり「動感メロディー」が「動感メロディー」として感じられるのは，筋肉とか，バランスをとる体性感覚とか，生理学的信号として送られてくるまったく無秩序な感覚刺激の束に対して，大脳皮質の運動感覚野で，純粋概念によってデータ処理されて，まとまった「動感メロディー」として感じられるというのです。そして，カントは，この今日いわれる，数値として与えられるデータの「データ処理」を，計測したデータを脳生理学的因果関係という純粋概念によって解釈しようとする自然科学に任せるのです。

このカントの認識論の最大の欠陥は，私たちが身体で受け止めているすべての感覚は，すでに「生きるという本能的な意味づけと価値づけ」という秩序づけに相応して感じ分けられている，言い換えれば，生きるという本能的な「意味づけと価値づけ（これが「志向性」と呼ばれる）」を認識論の根底に見いだすことができなかったことにあるといわなければなりません。

## 〈動感メロディーの伝承〉

『講座 2　わざの伝承―加藤澤男・金子明友の〈あいだ〉』で主要なテーマと課題とされたのは，選手とコーチのあいだで，どのようにして「動感メロディー」を伝え合い，受け継いで，あるいは，共に新たに創り上げていくことができるのか，できるかぎり言葉にしてみる，ということでした。

講座 2 の「鼎談：動感メロディーの伝承」（司会 金子一秀 鼎談者 金子明友 加藤澤男 山口一郎）をお読みになる皆様は，金子明友先生と加藤澤男先生とのあいだで「共に探り合い，創り上げられていく動感メロディーの共有」がいったいどのように生じているのか，追体験なされると思います。また，それだけでなく，司会をなさっていただいた，現役のコーチでもある金子一秀先生による，選手とコーチのあいだの「動感メロディー」の探り合いが，練習の現場で実際どのように行われているのか，その周到で明瞭な説明に深く納得なされると思います。

## 〈随意運動の発生を問う発生的現象学〉

「動感メロディー」は共に創り上げられていくものです。発生的現象学は，「動きを作る」随意運動の発生を，加藤先生が鼎談において強調されていたように，幼児が「自分の手をこう動かせば，こう見える」という「動きの感じと動きの見え」とを確かめていることに見定めています。そのとき言葉は要りません。しかし，「動きを作るとき」「動きの始まりと終わり」は，意識できています。そうでないと，「こう動かす」というときの「こう」が決まりません。「こう」が「どう」なのか，「ゆっくりなのか，早くなのか」「動きの始まりと終わり」が感じ分けられなければ，どっちにするか，決められません。

このとき決まる「時間の幅」は，自分の動きで決めています。時間の幅は，自分の動きが決めるのです。時計の時間は，そうやって決めている動きの長さを計っているだけなのです。ですから，「動く感じ」をいつ初めて，どれだけ長く保つかは，「動く感じ」をどれだけ長く，感じ続けるかということであり，「感じること」がなければ，時間の長さは決まりません。

ところが，カントにとって，時間は，何を感じているかにまったく無関係な，ただの数で数える形式でしかありません。何を感じているかは，どうでもよく，その時の感覚内容は，自然科学の研究対象，つまり感覚心理学や感覚生理学の研究対象でしかなく，物理生理学的な因果関係で決まってくるだけの話なのです。

それに対して，発生的現象学は，幼児の意識において，「どう動かそうか」と感じ分けている，その意識の仕方を客観的に明らかにしようとします。たとえば，幼児が，母親からおもちゃを手渡してもらうとき，母親の手の動きに合わせて，自分の手を動かします。そうでないと，しっかり手渡してもらえません。どうやって，母親の手の動きに合わせることができるのでしょうか？言葉を使う以前に，「こう動かせばこう見える」という手の動きが身についていて（身体知），それが母親の手の動きに「見えている」からです。「動感メロディー」が言葉なしに，お互いのあいだに伝わっているのです。

人間のあいだのこのような身体の動きの現実を，どうしてカントは理解できなかったのでしょうか。それは，物の運動と身体の運動を取り違えたからです。身体はよくできた機械でないだけでなく，支配することのできる道具でもないのです。

### 〈格闘技での「動感メロディーのせめぎ合い」〉

さて，『講座 3　間合いの身体知』では，個人競技としての体操競技から，相手選手との格闘競技である柔道に競技を変え，柔道のオリンピアンとして，北京五輪第 7 位，2011 年世界柔道選手権で優勝された東京女子体育大学准教授の佐藤愛子先生との鼎談が実現しました。

どのスポーツ競技でも妥当する，選手の身体の動きにともなう「動感メロディー」の形成が問われるとき，格闘技の場合，自分の側での「動感メロディー」だけでなく，相手の側の「動感メロディー」との「せめぎ合い」「駆け引き」「やり取り」が勝負の分かれ目になります。

そのとき，これら「せめぎ合い」「駆け引き」「やり取り」などが総じて「間合い」と言われるのは，それらがいつも，自分と相手との〈あいだ（間）〉で，そのつど一回限り，相手に〈向き合う〉ことで生じる出来事だからです。

この「間合いの身体知」についての鼎談の豊かな内容のなかから，以下，私にとって印象深い論点の一部について言及したいと思います。

佐藤先生のお話をとおして明らかになってくるのは，この「間合いの取り方」は，ほとんどの場合，試合が始まって 20 ～ 30 秒の間で自（おの）ずから決まってくるということです。「組み手争い」「襟の取り合い」などをとおして，「相手の強さ，重心の低さ」などによる相手との間合いの取り方が決まってくるにつれ，どうやって「自分の動き（動感メロディー）の世界に引き込めるかどうか」，それによって勝負が決まるというのです。

このことは，相手選手にとっても同じことです。ということは，「相手の動きのリズムをしっかり感知すると同時に，その動きの世界に巻き込まれずに，自分の動きの世界に巻き込むこと」を両者が競い合うということが，試合で生じていて，その自分の動きに巻き込めると感じ取る瞬間（相手の動きに「隙（すき）」を感じ取る瞬間）のことを，佐藤先生は，「目線とか重心の置き方とか，膝の柔らかさとか，それらの全部が合わさって進んでいるときは『隙』がないんですけど，その 1 個がどこか欠けちゃったときとか，気を抜いちゃったときとか，足や膝が柔らかくなきゃいけないのに棒立ちに一瞬なっちゃったときとか，そういう何か欠けたときが『隙』かな，って私のなかでは思います」と述べておられます。要は，お互いの動感の探り合い，ということになるようです。

さて，ここで，『講座 3』に寄稿していただいた 3 名の先生方の論文について，短い導入の言葉を書き添えたいと思いますが，この導入は，私の関心の置き所によって，制限されたものになってしまうことを，前もってお断りしておかねばなりません。

### 〈佐藤 徹先生の論文「習練形態と動感意識」について〉

本論文「習練形態と動感意識」は，選手とコーチとの間で生じている「動感メロディー」の共感に関して，両者が「自分の動きの感じ」に向き合う，向き合い方の工夫の仕方に，現象学がどれだけ実際に役立つのか，的確な指針を与えています。

まず明確に指摘されることは，現象学は，簡単にいえば，日々の練習の際，自分は，「いったい何をどうしたいと思っているのか」，「自分の意識が向かう（志向する）ものは何か」，いつも自分に問いただしながら練習する態度を身につけるのに役立つ，ということです。

このことを佐藤 徹先生は，「ノエマ的意味内容」という現象学の用語を使って，つまり，「ノエマ的意味とは，大まかにいえば意識対象ということで，何か運動を行うとき思い浮かべている動きの内容」（本書80頁）であり，いつもこの「意識対象（意識して思い浮かべている動きの内容）」を確かめながら練習しなければ，練習にならないと表現しているのです。

どうして，こんな当たり前のことが，ことさら強調されねばならないのでしょうか？　それは，スポーツ競技の場合，えてして「筋トレ」とか「減量」とか，「自分の筋肉の強化」や「食事の取り方」など，自分の身体の動きや体重，動くときの動く感じさえ，すべて自分でコントロール（支配，制御）できるし，できなければならないと信じ切って，自分の身体は「よくできた機械」と勘違いする傾向があるからです。

佐藤先生は，その論文のなかで，この「自分の動きの感じをしっかり意識していること」の大切さを，さまざまな実例（「一輪車に乗る時のペダルのこぎ方」「自転車に乗っていて右側に倒れそうになったら，どっち側にハンドルを切るか」「スキーのパラレルターンの技術」「バレーボールでアンダーハンドパスの仕方」など）をとおして，その時その時に，そのまま与えられている「動感メロディー」をしっかり感じ分けることの重要性として強調しています。

このとき，なぜ現象学なのか，といえば，現在，知られている哲学のなかで，現象学ほど，一人ひとり，各自，当事者の意識内容（すべての感覚，喜怒哀楽の感情，希望や夢，理想，考え方，判断の仕方など）に直接，かかわって，そのかかわり方について，各自が納得いくように語ってくれる哲学が他にないからです。

しかも，各自の，個人個人の意識（主観）にかかわることにとどまらず，それぞれの意識の仕方が，その人だけに当てはまるのではなく，誰もが納得せざるを得ないような客観性（普遍性）をもつように説明できているというのです。

佐藤先生は，その一例として，フッサールが誰にでも妥当するはずの「内的時間意識」の例を指摘します。人間は誰であっても，内的時間意識においては，「『今』の瞬間は過ぎたばかりの『過去把持』とこれから来る『未来予持』を含んだ幅をもつもの」（本書85頁）とされねばならない，というのです。つまり「動きの感じ」が「今」与えられ，それが，いつも，必然的に，「過去把持」において直後に残っていくと同時に，その「動きの感じ」と結びついた「動きの感じ」が予測（未来予持）されるというように，私たちが言う「現在」は「過去把持された今と未来予持された今」とが同時に交差している「幅のある現在」と言われなければならないのです。

このフッサールの「幅のある現在」において，自分の動きの「動感メロディーをしっかり感じ分けることができる」という現象学の考え方の独自性とその有効性は，先に述べられたカントが時間をどう考えているかと比較してみると，誰にとってもはっきりわかります。カントは，時間と空間を，同じ早さで流れていく大きな箱（中が空っぽな形式）のようなもので，そのなかにいろいろな出来事が起こっては消えていく（生成し消滅していく）と考えます。自分の「動く感じ」である「動感」も同じことで，「いつ始まって，いつ終わるのか」「どうして起こって，どうして消えていくのか」「時計で計測して，動く感じが生じる原因を，脳科学者（脳生理学者）に聞いて見なさい」というのです。

カントの場合，「運動感覚」は，フッサールの「運動感覚（キネステーゼ）」と違って，それ自体，何の秩序もなく，リズムもメロディーもタイプもなく，ただ，感覚刺激として脳に与えられ，一定の刺激の量があれば，一定の反応を結果としてもたらすという「脳生理学的な因果関係」によって「動感メロディー」として感じられているだけなのだ，と言いはります。

このとき，重要で見失われてはならないことは，カントのようにすべての感覚を自然現象として自然科学による因果関係によって「薬や手術」で身体能力を支配できるようにしようとするとき，そもそも「因果関係」は時間の前後の違いなしに，つまり「原因の前と結果の後」の違いなしに，原理的に成り立たないということです。

佐藤先生は，このカントの認識論に基づく「因果関係」による自然科学研究の原理的限界を，西田幾多郎の「西田哲学」の解読を試みた生物学者福岡伸一の言及する「同時性が科学では扱えない」という言葉で的確に表現しています（本書108頁参照）。

この「同時性」とは，いったい何のことでしょうか？　他でもない一試合一試合，最高の運動能力を発揮しようとして，練習を積んでいるスポーツ選手の練習の一刻一刻の同時性に他なりません。なぜなら，佐藤先生のいうように，「運動を行うときの人間の意識は，それまでに過去把持されたすべてを背景として，たった今の過去把持と来たるべき未来を予感する未来予持がつながりをもっていまの意識が成立しています。これらはそれぞれが順を追って処理されるのではなく同時に作動して」（本書108頁）いるからなのです。この同時性は，繰り返しになりますが，時間の前後関係を前提にする因果関係では原理的に解明不可能なのです。

### 〈武藤伸司先生の論文「伝承「論」の原理と方法に対する現象学からの一考察」について〉

次に，武藤伸司先生の論文では，第一に，他の現代哲学では，「何のことやら」と見向きもされない，「人と人との身体の間（あいだ）」という意味の「間身体性」についての現象学の考察が紹介されます。この「間（あいだ）」は，この「講座3」のテーマである「間合い」の「間」のことです。この「間合いの取り方」が，現象学のいう「間身体性」について学ぶことで，よく分かるようになるというのです。

ここで他の哲学として，改めてカントの哲学を取り挙げましょう。カントが主張するのは，感覚は，何の感覚であれ，無秩序であって，その強さとか，敏感さとか，リズムといった規則性（秩序）は，すべて自然科学によって明らかにされる，身体のなかの「自然現象」に他ならないということです。

ですから，身体のなかで起こる自然現象としての運動感覚は，身体全体と同じように，自分の自由意志が，支配し，コントロール（制御）する，随意運動の対象（道具，機械）にすぎない，というのです。ということは，カントにとって，自分の身体だけでなく，他者の身体も，自分と同じように，「身体をコントロールしている自由意志をもっているはずだ」「なぜなら，因果関係で確かめられる脳の働き方が，同じだからだ」ということになります。簡単にいうと，「外見上，よくできた脳という機械が同じように，規則的に動いているので，同じような感覚を感じているはずだ」という訳です。

これに対して現象学は，人間の身体運動能力は，すでに「自分が自分の身体を動かす」という「随意運動を起こす以前」に，母子間の哺乳・授乳といった本能志向性の充実のさい，感じ合う身体運動の動きの感じとして，不随意運動の「動きの感じ」としてともに体験されている（本書124-125頁を参照）と主張します。そしてそれだけでなく，その「動きの感じ」によって母子間に「本能志向性の充実による時間内容がともに体験されることで」同じ時間が，共感される真の時間として流れるというのです。

真の時間とは，カントのいうように，単なる時間の形式ではありません。時間内容が出来上がって，その痕跡として残るのが，時間形式に他なりません。

そして時間内容は，もっとも根源的には，生命体の間の無意識の本能志向性の充実をとおして，間身体的に出来上がる（構成される）のです。

本論文の第二の論点は，「わざの伝承の際の代行と借問」という論点です。この「代行と借問」が問われるとき，あくまでも選手とコーチの間の「動感メロディー」の感じ合いがもっとも重要であると言えます。

幼児期に，本能的運動である不随意運動を基礎にして形成される間身体性の土台は，随意運動としての身体運動の繰り返しや，学校に行っての体育やクラブなどでのスポーツの練習の積み重ねを通して，無意識に行い得る運動能力の豊かな地盤となっていきます。これが動感メロディーの形成に他なりません。

動感メロディーの感じ合い，ということで，印象深いのは，『講座 2』で描かれている選手としての加藤先生とコーチとしての金子明友先生との間の「動感メロディー」の探り合いです。金子先生が代行できない加藤選手の高度なわざに，金子先生が「借問」しても，加藤選手は，何も答えず，その「借問」に対して「運動で答える」というのです。言葉にならない「動感メロディー」の感じ合いの現実です（講座 2, 3-4, 39, 44-47 頁参照）。

さらに，創刊号で語られた「わざの狂いの克服」の際，金子先生の指示に従い，4 人の代表選手が，同じ「わざの狂い」から解放されたのは，4 人の選手に無意識に働く（〈受動綜合化〉されていた）「同じ動感メロディー」が身についていたからに他なりません（創刊号，49 頁以降を参照）。この「わざの狂いの克服」という体験は，金子先生と 4 人の選手の間に，この「わざの狂いを克服する〈わざ〉の伝承」として後続する次の世代の選手に継承されて行くことになるのです。

### 〈金子一秀先生の論文「マイネル感性学の復活とスポーツ運動学」について〉

金子一秀先生のこの論文は，45 頁にわたる長編の論文であり，興味深い論点の一部をご紹介することで，その導入に代えていただかざるを得ません。本論文の目次をご覧になると，大きく，「Ⅰ．大学体育とスポーツ運動学」「Ⅱ．デジタル運動学とスポーツ運動学」「Ⅲ．マイネル感性学と実践的独自性」「Ⅳ．結語」という章の区分がなされており，このなかで現象学への言及が頻繁になされている「Ⅱ．デジタル運動学とスポーツ運動学」を中心に，私にとって興味深い論点について述べてみたいと思います。

まず第一点は，これまで重要な論点とされてきた，スポーツ運動学が，「人間機械論」（本書 152, 155-156 頁）に支配される危機を深く自覚する必要があるということです。この論点について金子一秀先生は，マイネル運動学がサイバネティクス理論と誤解されることに対する警告として「サイバネティクス理論の特質」を次のように的確に論じています。「人間の運動のサイバネティクス理論への試みは，人が機械に命令を与える場合と，人が他人に命令を与える場合の生ずる状況とは本質的に違わないことを前提にして，人間にも動物にも機械にも通用する工学的制御の理論が成立する」（本書 152 頁）というのです。

自然科学に基づく「科学的世界観（サイバネティクス理論はここに属する）」は，その根本原理として「物理的因果関係」に依拠しています。金子先生が，的確に指摘するように，物理的因果関係が依拠する「物理時間では『原因は過去にあり，現在に結果がもたらされる』のですから，『未来に原因がある』ということはあり得ません」（本書 156 頁）。ところが，金子先生のいうように，私たちは，いつも，未来を先取りして身体を動かしています。信号を渡るにしても，黄色くなり始めたら，歩く速度を早めます（本書 157 頁を参照）。

人間の脳の働き（ここでは「運動の予測」）をコンピューターに取り込もうとする AI 技術の目覚ましい発展にしても，今の技術（開発されたソフト）を車に取り付ければ，ドイツの高速道路で，すべての車がストップするだろうと，AI のドイツの専門家が述べています。それだけではありません。金子先生は，脳科学の専門家である茂木健一郎氏の見解として「意識のハードプロブレム（脳内で意識がどのようにして，どこの脳の部位で物理生理学的因果関係において生じるのか，原理的に説明できないとする難問）」を指摘し，この問題は，「自然科学的分析ではなく，真の革命として主観的な体験の起源を真摯に問う現象学的アプローチしかない」（本書 159 頁）という文章を引用しています。

茂木氏は，「感覚の持つ質感」を意味する「クオリア」の問題を取り上げたことでも著名な脳科学者です。私たちにとって，当然のことである，「色と音との違い，視覚と触覚のちがい」とか「感覚の質感の違い」が「それぞれの感覚野の脳の活動を数値と数式によるデータとして集積してデータ処理しても，その法則性を解明できない」というのです。

感覚質の違いが，データ化できないことは，AI の専門家が初めから言っていることです。チャット GPT に質問すれば，「私は機械ですので，感覚や感情は感じられません」というしっかりした客観的な答えが返ってくるのは，当然のことなのです。ということは，「動きの感じ」をよくできた機械とはいえ，AI 技術を総動員した機械は，原理的に感じ得ないのですから，感じられない動感メロディーの共感は，サイバネティクス運動学で対処の仕様がないのは，当然のことなのです。

とはいえ，スポーツ運動学と現象学との協働研究は，身体に関する自然科学研究である「医学，生物学，脳科学，生理学等々」の研究と，その常に新たにされる研究成果を，無視したり，排除したり，制限したりすることは，原理的にあり得ません。

現象学は，その本質直観という方法において，その第一段階と言える「事例収集」の際，自然科学研究の成果を積極的に取り込みます。たとえば，20 世紀最大の脳科学研究の成果と言われる「ミラー・ニューロンの発見」によって「共感」が生じる機能が解明されたという知見を，それとして受け止めます。そして，この「ミラー・ニューロン」は，生まれながらに備わっているのではなく，幼児期に学習を通して形成されてくるという脳科学者の説明を受け，現象学者は，当然のことながら，「どのように学習されるのか」と問うことになります。それに対する脳科学者の答えは，神経の運動系と視覚系の間の「変換，ないし翻訳による」というのです。

こととき，当然，そのような脳科学者の答えに対して，「運動による感覚の感覚質」と「視覚による視覚の感覚質」の違いが，データ化できないのに，どうやって「変換したり，翻訳したりできるのか」という問いです。現在のところ，この問いに対する答えは，脳科学者から期待することはできないのです。

まさに，この問いに対して，現象学の答えが，金子先生のこの論文の第二の論点として確認することができます。それは，発生的現象学における「受動と能動の絡み合い」（本書 159 頁以降を参照）という論点です。金子先生は，「我々の〈志向性〉は，受動性と能動性の絡み合いのなかで，その姿を現し，この受動綜合と能動綜合の絡みあう意識において，我々の運動習得の指導実践場面に強くかかわってくるのが〈キネステーゼ〉」（本書 160 頁）であるとして，フッサールのまな弟子であった L. ランドグレーベの「運動感覚（キネステーゼ）」の研究に言及して，次の文章を引用しています。〈キネステーゼ〉とは「感覚であると同時に，感覚をひき起こす運動の意識，つまり，われわれによって発動されたわれわれの運動である運動の意識である。感覚に不可分に属している運動感覚（キネステーゼ）的意識によって，われわれは自分の身体をわれわれの意欲によって直接，動かされる－このことによって，身体はいわゆる外界のあらゆる物体から区別される－自分の器官として意識する」というのです。

### 〈スポーツ運動学：用語解説・現象学用語集〉

本講座『講座 3』の巻末に，「スポーツ運動学：用語解説・現象学用語集」が記載されています。この用語解説と用語集は，創刊号と講座第 2 巻で使用されたスポーツ運動学と現象学に関する重要な用語を集めて，それに解説を加え，どのような文脈でそれらの用語が使われているのか，参照することができるようにしてみました。今後，巻数が重ねられるにつれ，必要に応じて，新たな用語が補足され，より完全な用語解説及び用語集になるようにしていきたいと思っております。

以上をもって，本講座『講座 3』の「まえがき」の言葉といたします。

鼎　談

# 柔道における〈間合い〉

鼎談者　佐藤愛子・金子一秀・武藤伸司

## 1 柔道を始めたきっかけ，そして継続していく動機について

**武藤**：スポーツ運動学・現象学講座も第 3 巻目となりました。すでに恒例となりましたこの鼎談ですが，今回は前回に引き続き，オリンピアンの先生をお呼びしています。北京五輪第 7 位，2011 年世界柔道選手権で優勝していらっしゃいます，東京女子体育大学准教授の佐藤愛子先生です。

前回は体操競技のレジェンドである加藤澤男先生と，その恩師である金子明友先生によるわざの伝承に関するお話を伺いしまして，体操競技という個人で技を鍛錬していく上での様々な体験と考え方をお聞きしました。今回はまた趣向を変えまして，柔道という日本古来の武道をテーマに設定しました。佐藤先生には，技の習練はもちろんこと，相手との駆け引きや勝負の妙，武道の指導実践などについて，お話をお聞きしたいと思っております。

**金子**：まずお聞きしたいのは，佐藤先生が柔道をはじめられた切っかけですね。

**佐藤**：私が柔道を始めたのは，小学校 2 年生か 3 年生あたりです。それは父の思い付きで始めることになりました。

**武藤**：小学 2 年生というのは柔道始める切っかけとしては早いほうですか，遅いほうですか？

**佐藤**：小学生の低学年で始めるのが一般的かもしれません。小学生のうちが通常で，すごく早い子は 3 歳とか，物心がつくときに道場に連れてこられてたという人もいます。たいては指導者が柔道をやっていて，子どもを連れてきてというパターンが多いですね。中学校で始める人もいなくはないですけれど，ほとんどの人が遅くても小学校で始めています。そういう人のほうが成績もやっぱり良かったりしますね。

**金子**：体操競技でも，最近は小学校以前から始めている人が多いようですね。柔道でも，小学校低学年でも多くの技を覚えるのですか？

**佐藤**：技は覚えます。たぶん体操競技でもそうだと思うのですが，楽しく遊んでいるうちに理屈からではなく，取りあえず回って，こうやって，みたいな感覚でどんどん覚えていくような感じです。

**金子**：人と組むことはまだしないのですか？

**佐藤**：組むこともします。何も教えなくても「相手を倒せ」って言ったら，どうにかして足を引っかけるんですよ。それの延長線上で教えていくというかたちですね。

**金子**：ところで先生のご出身はどこで，どのような環境で柔道を始めたのですか？

**佐藤**：私の出身地は北海道の名寄市という，旭川よりさらに2時間ぐらい北に行った場所です。町のスポーツセンターでボランティアとして指導者がいらっしゃって，教えてくれていました。週に2回やっているのですが，「道場」ではありませんでした。誰かが経営しているようなものではなかったですね。そういうところに父が連れて行ってくれたんです。

私が通っていたのは小さな小学校だったので，全校生徒が23人でした。本当に田舎だったので，小学校の先生と保護者が農業の関係もあってみんな町ぐるみで仲が良かったです。そうしたなかで，何か私にスポーツをさせればいいんじゃないかという話になったみたいです。もともと一人で何かすることが好きだったので，団体競技は多分向かないかな，和を乱すだろう，ということで，個人競技のほうがいいんじゃないかということで柔道になりました。他には地域柄，クロスカントリーをやりました。

小学校の体育の時間のマット運動では，前転とか後転とかそういう動きが好きだったので，そのせいなのか，なぜか父が「柔道なんてどうだ」と勧めてくれました。父はどこまで考えていたか分かりませんが，背が小さくてもその階級の中で戦えるからやれるだろうと思っていたようです。もしクロスカントリーを選んで，国際級の選手になったとしても，うちの家系は手足が短いので，一かきの差で負けるだろうって言っていました。手足の長いヨーロッパの選手には絶対勝てないだろうと。ただ，そのスポーツセンターに毎週2回，柔道のために連れていかれたんですが，けっこう嫌だったんです。

**金子**：先生，嫌だったの？

**佐藤**：もう，嫌で嫌で，嫌で仕方なかったのですけど。小学校はそこでずっとやっていました。

そこにボランティアの先生が何名かいましたが，また他にも少し離れた市で割と強い，全国大会にも行くような道場があったんです。当時そこに連れていかれて，私が行ったときはちょうど合宿もやっていました。そこで高校の先生と親が知り合いになって，何か分からないのですけれども，そこの高校に入るということになったようです。そのときは小学校5年生ぐらいだったんですけれど，その高校に入るためには，そのときの中学校の3年間がもったいないということになったようです。そこでもう，高校の近くに一人で下宿をして，中学校では3年間普通に生活をしながら中学の部活には入らず高校で練習っていうことになりました。中学3年間と高校3年間ということなので，道場には6年間通ったような感覚です。ということで，もう小学校卒業したら親元を出たわけです。

**武藤**：じゃあ，小学生のときから頭角を現していたということですか？

**佐藤**：いえ，全然です。いわゆる県大会に出場しても3位も入らないよう成績だったんです。

**武藤**：でも，周囲の大人たちは期待があって，ちょっと早めに強いところへ行けば伸びると思われていたのでしょう？

**佐藤**：親が言うには「おまえがどうしても，おまえが『行きたい』って言うから，俺らは『分かった』って言って協力した」って言うんですけど。自分はそんなこと言ってないと思うのですけどね。

**武藤**：自分としては嫌だったはずなのに，なぜ行きたいとなったのでしょうかね。

**佐藤**：そうですね。絶対行きたくない，と思ったのですけど。でも子どもの頃から，「空気が読める子」だったようで，「ああ，きっとこっち行ったほうが親は喜ぶのかな」とか，「何となくこう言えば大人は喜ぶのかな」とか，そういうことを何となく感じていました。だからそっち行ったほうがいいんだろうなと思って，「行きたい」と言ったのかもしれません。

**金子**：でも，本当に嫌ならやめることはできたはずですよね。やはり，どこかに柔道の魅力は感じていたのでしょう。

**佐藤**：そうなんですよね。だから結局好きだったんだと思うんです，どこかで。本当に嫌だったらやめてると思うんです。怖くても，お父さんには「本当に無理」って言って，家に帰らないとか，家出するとか，たぶん何かしらのアクションは起こしてたと思うので。でも性格上，本当に何かを諦めるというのがあまり好きじゃなかったというのはあるかもしれません。

**金子**：逆に今から考えて，「やっていてよかったな」というのは何かありますか。「やっぱりやらなきゃよかった」って話にはならないのですよね？

**佐藤**：やっぱり，本当にきつかったなかでできた仲間とか，達成感だとか，今トータルで考えると，人の出会いというのは自分のなかでは大きかったです。大会，試合で海外をはじめいろいろな場所に連れて行ってもらった経験は，普通ではできないことだと思います。あとは仲良くなった部員で，どこかに食べに行くといった楽しいことはもちろんですけど，柔道以外の面での人とのつながりのなかで，一緒に厳しさ，苦しさを共有することで乗り越えられるというのはありました。それで結果もちょっとずつついてきたので楽しかったのかなとは思います。

**武藤**：柔道それ自体にかぎって伺いたいのですが，一般的にはやはり「勝てるから」という結果のところは，子どもが競技を続ける動機として強いと思っています。勝てればみんな褒めてくれるし，先ほどの「達成感」とか，アイデンティティーも確立できるしということにつながり易いからです。そういったことは，佐藤先生にとってあまり重要ではなかったですか？　それともやっぱりそれもあるのでしょうか。あるいは「柔道が好き」とか「もっと練習をしたい」とか，ポジティブな意識はあったんでしょうか？

**佐藤**：正直「好き」とは言えなかったです。でも続けている。だから，結局「好き」なんだろうなと言えるのかもしれません。ただやはり「練習しないと怖い」という気持ちの方が強かったです。休むのが怖かったです。もちろんきついし，痛いし，苦しいし休みたいんですが，でも休むと，その分結果はついてこないというのは，自分自身一番分かっていたのだと思います。

**武藤**：ということは，先ほどからのお話の通り，柔道を投げ出したくないとか，練習しないといけないとかという感覚で，それが続けてきた要因になっているということなのですね。ポジティブな動機でないのに続けてきたというところが興味深いです。とは言え，先生は別に楽しいとは思ってなかったけれども，競技に没頭はなさっていたということですか？

**佐藤**：没頭はしてたものの，でも多分ここまでやめなかったってことは嫌いじゃなかったんだろうなとは思いますね。好きか？って聞かれたら，うーん，ってなったと思いますが。

**武藤**：何となくその感じは分かります。

**金子**：でも楽しいっていうのは，「楽(らく)」という意味だけではないから，自分のなかでそれにしがみつこうっていうものは，どこか何かで自分のなかで受け入れているものがあるわけですかね。

**佐藤**：そうですね。

**金子**：まだ受動的な，無意識的な意味が顕在化していないだけのような感じでしょうかね。それが意識していないけど原動力になってるような。

**武藤**：そうなんですよね。そんなポジティブな感情ばかりじゃなくても，続けることはできるんですよね。

**金子**：その動機は何かって言うと，やっぱり嫌じゃないとか，なじみのところではちゃんとそれを受け入れているわけですよね。

**武藤**：嫌じゃない，という言い方も，変な言い方ですけどね。好きではないけど嫌じゃない？　だったら止めてもいいんだと，他人から言われそうなところですけれど。でもそれをやらないで生きていく自分もイメージできないし，やらないで生きていく自分って何なんだろうって思っちゃったりもするので，止められないんですよね，いまさら。

**佐藤**：柔道を通じて，関係してくる様々な何かが多分楽しいからやっているのかもしれない。柔道の仲間で飲みに行って，ああでもない，こうでもないと言ったりとか，勝ったことにより何かが得られたりとか，負けても友達とわいわいしたり，仲間とわいわいしてるのが，柔道を通してついてくる。それも嫌だったら，たとえばいじめられるとか，先輩に何かされるとか，先生に殴られるとか，それがあったら多分やめていたと思います。でも周りが良かったから，嫌いにならなかったのかもしれないですね。

**金子**：そう考えると，今の子たちが楽しいっていうのは何なんだろう。テレビ見て「あはは」とは違う楽しさを感じているんだろうか。そういうものじゃない楽しさってあるんだよって。何にも答えが出ない，毎日うまくいかないって言いながらも，それも楽しいって。

**武藤**：なんか不思議な感じですよね。

**金子**：うん。楽しいって難しいですね。

**武藤**：それはそうですよね。私は研究者ですが，別に研究なんて楽しくないんだけど，でもなんかやらないわけにはいかないんだよな。

**佐藤**：うずうず，うずくんですよね。

**武藤**：うずうずなのか？　ええ？　うずうずでした？　柔道は？

**佐藤**：いやあ，うずかなかったな。うずく？　本能だったのかな。

**武藤**：でも道場に行かないわけにはいかなかったですよね。

**佐藤**：そうですね。

**武藤**：別に怒られるからとか，そういうことでもなく，なんか行かなきゃいけないという。

**佐藤**：そうですね。怒られるのはあんまりなかったですね。怖いから行く，とかはなかったですね。

**金子**：かといって義務感も，結局自分のなかで持ってる義務感で，誰も行かなきゃいけないなんて言わないし，自分が行かなきゃそれで済んじゃう話だし。

**武藤**：「楽しい」と言って柔道やってる人はいましたか？

**佐藤**：ああ，見たことないですね。

**武藤**：上にいけばいくほど，そんなことはないみたいな感じがありそうですけれど。

**佐藤**：そうですね。「楽しい」って言ってる人は，だいたい勝ってる人だと思うんですよね。勝ってないとたぶん楽しくないので。

**武藤**：まあ，そりゃあそうでしょうね。

**金子**：でも何も努力しないで勝ったら楽しくないよ。

**佐藤**：そうですよね。誰でもできちゃいますからね。

**金子**：我慢するから楽しい。

**佐藤**：もう特殊ですよ。「痛いのに苦しいのにやってるんだからうちら変だね」っていつも言ってます。

**金子**：ちなみに，柔道で一番遅く始めてすごく上まで行った人はいますか？

**佐藤**：時代もあると思います。高校から始めてオリンピックチャンピオンになった方が，一人います。でもヤワラちゃんの代ぐらいの昔の人なので，今ではたぶん無理だと思います。せめて中学生じゃないと，たぶん無理じゃないかと思いますね。よっぽどセンスがあって身体能力の高い人であれば別ですけども。

**金子**：体操はどうだろうね。わりと早い時期から始めているけれど。この前，桐生選手とか陸上の人たちが，「どうしたら速く走れますか」って質問されたとき，「子どものとき外で散々遊びなさい」って答えたことを聞いたことがあります。このようなことを言うトップアスリートはけっこういるようですね。結局，早い時期から専門的な技術トレーニングをしても，やっぱりダメみたいな話もあるし。たとえば体操だって，技術が変わってくるじゃないですか。そういうのに対応していくためには，やはりいろんなことを経験していなきゃいけないのかもしれないですね。長期的に見た専門家養成という視点が，日本は弱いのかもしれません。小学校で日本一を目指し，ダメなら中学で日本一を目指し，今度は高校と，そうしているうちにへたってしまう。いわゆる「燃え尽き症候群」があるのかなと思って。

**佐藤**：わりと強い人は，柔道と水泳，柔道と体操とか，何かいくつも小さいときに経験したりしますね。私は柔道だけでしたけれど，他の人はサッカーと何かとかやっていて，最後は柔道に残りました，ということもあります。そう考えるとわりと多いですね。

**武藤**：でも先生，お国柄スキーとかはなさるんじゃないですか？

**佐藤**：そうですね。ゲレンデや山でよくスキーをやっていましたね。

**武藤**：やっぱりいろいろやったほうがいいのかな。とくに体操なんかは「表現」ということも入ってきますよね。感受性というか，小さいときにたくさんいろんなことを経験していたほうが表現の幅が広がりそうということで。

**金子**：そうですね。女子の体操で親が「うちの子はあまり運動が得意でないけど体だけは柔らかいの」と言って始める子がいますが，あまり大成しない気がします。

**佐藤**：ダメなんですか。

**金子**：柔軟性だけでできる技はほんの少しですから。

**佐藤**：あー，なるほどね。

**金子**：オリンピアンの加藤澤男選手は，身体が硬かった選手があとで柔らかくなったってほうが，選手として伸びると言っていました。身体が最初から柔らかい選手が，硬い身体の使い方を覚えるのは，すごく難しいとも言っていましたね。

**佐藤**：体が柔らかい場合，新体操とかのほうがいいんですかね，そういった意味じゃないんですかね。

**金子**：どうでしょう。芸術系，表現系は，たとえばピアニストの場合でも早くから技術覚えてもダメと言う人もいます。プロになるんだったら技術はみんな覚えられるけど，最後は表現力だから。たとえば，春になって草木が芽吹くとき，その草のにおいを嗅いで何を感じるか，というような経験がなければそれを表現できないというようなことです。それがなかったら，プロにはなれませんって。だから，音を奏でる技術は覚えられるけど，その音に載せる表現は，経験を豊かにする必要があるかもしれない。

**佐藤**：ああ，そういうことか。

## 2 学生時代の競技成績と練習について―研究と教え合い―

**金子**：中学時代は部活動には入っていないということですか？

**佐藤**：入っていないです。

**金子**：ということは，試合も出ていないのですか？

**佐藤**：いえ，試合のときだけは中学校のゼッケンを付けて出場しました。

**金子**：じゃあ，柔道部はあったのですか？

**佐藤**：柔道部はなかったですね。部はないけれど登録だけはして，柔道とは関係のない担任の先生が，全国大会も訳も分からずついてきてくれました。部活に入るのが強制されている中学校ではなかったので，部活には入らず，終わったらすぐ高校の道場に行くという生活を送っていました。

**金子**：高校の道場で練習して，中学校での成績はどうだったのですか。

**佐藤**：そうですね。中学生のときの全国大会で最高でも3位でしたかね。3年生のときに3位になりました。1年生のときは全国大会には行けなくて，2年生でベスト8になったと思います。3年生での3位が最高成績でした。

**金子**：それで高校に行って，その高校も元から全国大会に出るレベルだから，全国大会には行ったのですよね。

**佐藤**：はい。でも珍しい高校でした。道立の公立の高校で，たとえば部員が10名いたら，初心者が8人ぐらいいるような部でした。経験者というのは一人，二人しかいなくて，これは強い学校の常識から考えるともう「異例」なんです。普通は経験者，さっき言ったように小学校から始めた子，中学校から始めた子が集まるのが柔道部なのですが。自分の学校は本当に初心者の集まりなんですが，私を含めて今までオリンピアンを4人出しているんですよね。すごい学校です。先生が素晴らしい先生で，人として素晴らしいんです。

**武藤**：その高校の先生は，どんな指導をなさったんですか？

**佐藤**：そうですね，私の場合は，中学校から高校で練習させてもらっていたので，中学校の 3 年間と高校の 3 年間，計 6 年間を高校の道場で練習していたんですけれど，そこの先生は「こうやれ，こうだ，こうだ」と教えてくれない先生でした。その先生には，柔道の技術についての本とか資料を渡されて，「見てやれ」という感じでした。ほかにも「ビデオも撮ってあるからやれ」というかたちだったので，それをみんなで見て，ああでもないこうでもないと言いながら教え合うというような感じの練習でした。

　それで，もうたくさん取りあえず練習をしました。あと良かったのが，そこの柔道部は男女一緒に練習するんですけれど，男子もだいたいが初心者なんです。女子で強くなる子は男子と練習するんです。男子の初心者は高校 1 年生のときだとやっぱり私のほうが技術を知っているし，投げることができるんですけれど，3 年経つと男子ってすごい力が強くなるので，初心者だとしても，いろいろと勉強になります。そこが良かったのかなと思います。

**武藤**：剣道も，女子は男子と稽古すると強くなると聞いたことがあります。

**佐藤**：やっぱり，そういうのはあると思いますね。

**武藤**：いわゆる無差別級的な感じで，練習をずっとなさっていたということですか？

**佐藤**：そうですね。ずっとその道場で練習させてもらって，もちろん女子ともやっていましたけれども，男子と練習するとパワーが付きます。プラス初心者の男子って技の技術，雰囲気は外国人の柔道スタイルに似ているんです。力でバーン，バーンって，無理やり投げ飛ばしに行くみたいな感じです。それに比べて日本人って器用なんですよ，テクニックが繊細で。外国人の柔道って，男女問わず，こうつかんでウィーンってやってウィーンって持っていく。それが男子の初心者の高校の柔道部に，今考えると似ていたと思うんです。ですので，割と私は国内では弱かったんですが，世界に行くと勝てたんです。その感じに慣れていたので。きっとこのおかげなのかなというのはありますね。

**武藤**：大学での練習はどうでしたか。

**佐藤**：大学では短い時間でさっくり練習していた印象があります。強い人たちの集まりなのですが，本当に人それぞれで，先生もとくに何もがみがみも言わず，という感じでした。

**武藤**：じゃあ，自分で練習は管理していたのですか？

**佐藤**：とりあえず，メニューは与えられるのですが，別に休んでいても怒られない。自由でした。練習とか雰囲気も。だから強くなる子は強くなるし，やらされてきた子は弱くなりますね。

**武藤**：そのなかでは，先生は真面目にやり続けたっていうことなんですね。

**佐藤**：はい，自分で言うのもなんですが。多分かなり真面目だったと思います。練習については，高校時代に全体練習を3時間ぐらいやっていたのですが，大学生になってそれが2時間ぐらいになり，「えっ？これで終わり？」と驚きました。最初は，それが不安で仕方がなかったですね。早く練習が終わるから，同級生は遊びに行ったりしていたようですが，自分は不安のほうが大きかったです。

**武藤**：メニューはもらっていたけど，足りない分とか足りない時間を自分で工面なさったという感じですか。

**佐藤**：そうです。日曜日とかは練習は休みになるのですが，高校時代は日曜日もなくずっと練習をやっていて，それが「日曜日休み」と言われても何していいか分からなくて，近くの高校に練習行かせてもらいました。本当に何かしてないと不安だったんです。

**金子**：見てくれる先生，やってくれる相手がいなかったら，どんな練習をするのですか。

**佐藤**：走ったりしていました。あとは1学年下でしたけど，やっぱり同じように頑張る子がいたので，一緒に練習をしたりしましたね。

**武藤**：出稽古みたいなのは結構行かれましたか。

**佐藤**：大学時代はどちらかと言うと，練習に来てくれるんですね。大学なのでとくに海外の選手もけっこう来てくれるので，外に出るのは夏の合宿とかしかなかったです。逆に，選手が練習に来てくれる環境だったのが，今思えば本当にありがたかったなと思います。さらに国際級の選手も来てくれるので，そこで海外の技術にも対応できるようになってきますし，そういった意味では良かったのかなと思います。

**金子**：やはり相手と組まないかぎり，上達をしないものなのでしょうね。球技など，練習試合を重ねることが大切で，その経験が必要になってくるというようなのですが。柔道も一人ではけっして上達しないものなのでしょう。

ところで，大学での競技成績はどうだったのですか。

**佐藤**：競技成績としては，世界ジュニアとかそういうのは高校生のときに出ていました。高校生の時に初めて大人も含めての大会で優勝して。大学生のときには，オリンピックの補欠でした。2 番手までいったんですけれども，その 1 番手にどうしてもなれなくて。だから，世界選手権にも出られなくてという感じでした。日本で一人しか出られない世界選手権とか日本の本当の代表になったのは，大学 4 年生，社会人 1 年目とかですかね。

**金子**：たくさん練習をしても上手くならない人いるでしょうから，その練習の内容についてもう少し教えてもらえますか？

**佐藤**：ひたすら基本練習と実戦練習だけで，たとえばウェイト・トレーニングを科学的にやるとかは，とくになかったんですよね。原始的な，何かロープとか，綱とかを吊るして登ってみたり，古いベンチ台が 1 つあって，それで重りを持って昇降してみたりとか，そのようなものです。でも人よりはたぶん，大分練習はしたかなと思います。

**金子**：ハンマー投げの室伏選手のウェイト・トレーニングと似ていますね。室伏選手も丸太や米俵を持って，ただのウェイトではなくて，それを持ち上げるコツなども大切といっていました。

それで，基本的に練習ってどのように始めるのですか？　普通の練習のように，アップして，それで打ち込みみたいなことをする感じですか。

**佐藤**：そうです。まず担ぎ技だったら，たとえば背負い投げで何回も入る練習を 10 分，15 分とかやります。それができたら次に投げ。それを投げる，投げさせてもらうのを，お互いにやります。その後，試合のように実戦練習を 4 分で 10 本とかそのぐらいやりますね。それでおよそ 1 時間ぐらいです。それで立ち技系の技術が終わりになります。次は寝技で，寝姿勢のその反復練習をやります。それでまた寝姿勢の実戦練習をやります。あとはトレーニングとか，もう少し技術を修正するような時間をとって，だいたい 3 時間ぐらいが一般的な柔道の練習ですね。

**金子**：技術の修正というのはどのようにするのですか？

**佐藤**：技術の修正は，正直なところ高校とか中学校時代はそこまで取り出して時間をとってはいなくて，もう練習の中で修正をしていくみたいなかたちです。

**金子**：それは先生に習ってというかたちですか？　自分だけでは上手くいかないものですか？

**佐藤**：そうですね，修正の時間というか研究の時間というか，たとえば土曜日の午前中練習したら，その午後にそういう時間を設けてました。これも生徒たちだけで行いましたね。

**金子**：「修正の時間」というのは何をするのですか？

**佐藤**：そうですね……それはその戦いを想定した実戦練習のなかで「今日はうまくいった」とか，「今日どうだった」，「最近こうだった」，「何でうまくいかないんだろう」とかのすり合わせをします。それを「研究」って私たちは呼んでるんですが，修正の時間のなかでやりましたね，練習が終わってから。

**金子**：僕ら体操なんかは，基本的に自分で技を覚えればいいんですが，柔道は自分でいくら打ち込みをやっても，相手がいるじゃないですか。だから，そこはどうやって練習するんだろうかというのが疑問です。たとえば，相手とやらないと技は覚えられない？

**佐藤**：そうですね。それはやっぱり相手とやらなきゃ覚えられないです。だから実戦練習で，お互い自分の技を出しながら，相手の技を止めながら，かわしながらという時間は必要です。それで言うと，修正の時間は，本物の戦いの場ではないので，研究の内容から仮定をした反復練習をします。「こう来るからこれをこうしよう」というシミュレーションをやって，実戦練習でそれをフィードバックしていかなきゃいけない。練習でしか実践できないのは当然ですが，実践したことを反省したり工夫を考えたりすることも重要で，どちらもやっぱり必要だなと思います。

**金子**：今の話でたとえば，以前私が知っているハンドボールの先生は，練習中に「今のちょっと待て」と言って，全部選手を戻して「君は，ここいたろ」，「こういうときがこうで，ああで」と言って，「あのときのタイミングじゃなくて，こういうときにこう入っていればうまくいった」みたいな緻密な指導のやり方をしているようです。それは，囲碁や将棋の解説者が，最初の一手から再現しながらコメントするような話でした。佐藤先生が工夫してきた研究というのはそういったものに似ていますか？

**佐藤**：そういうこともやります。だから似ていると思いますね。「こうなっているときに，こうされてるから投げられるんだよね」とか，「このときにこうしたら，投げられるんじゃないかな」みたいな感じです。「でも実際うまくいかないんだけどね」と言いながらですが。

**金子**：それで，たとえば「そうなったときとして」と言って，技をかけてみるわけだ。

**佐藤**：そうですね。「こういう状況でいてくれる」という設定をやってもらって，そこを何回も何回もやる，というようなことです。

**金子**：それでやっていくうちに……難しい話だけど，やっていくうちに何を覚えるのですかね？

**佐藤**：そうですよね。

**金子**：何を覚えたか分からないけど，良くなっているという（笑）本当に難しいですね。

**佐藤**：いやいや本当です。まずは，相手がただ立っている状態，負荷なし，やりやすくしてもらって，自分がまずやりやすいようにできるのが第一基準だと思うんです。次に，ちょっと負荷を掛けてもらう。「ちょっと嫌がってくれない」とか，「こうやるけど，それを取って。でも頑張るから」というように，ちょっとずつ相手からの負荷が掛かっていって，最後に本気の練習でそれができたときに初めて「やっと練習でできたよね」となります。ただ，それが試合になるとまた違う力とかもいろいろ加わってきたりするので，そこでもできたら本当のできた，となるかなと思います。

**金子**：やってるときは，研究の練習のように考えてはいないわけですよね？

**佐藤**：考えてないですね。

**金子**：その瞬間に身体が動くということですね。後で振り返れば，「あのときの練習でやったことが使えたな」とかいう？

**佐藤**：そうですね。これは私の言葉ではないんですけど，ある先生が「解ると分かる，その二つの『わかる』は違うんだ」と言っていたという話を人から聞いて，「そのとおりだな」と私も思っています。まず「技を知っている」はただ知ってるだけで，できないんです。それで，じゃあそれを練習していって，何となく理屈とかコツが分かって，初めて「分かった」に至ります。「分かった。ああ知ってる，知ってる。分かる，分かる」までいく。でもそれは「できた」ではなくて。また修正を練習の中で繰り返して，試合でもできて，やっと「その技が解る」。「本当に細かく解かって，それでやっと『できた』までたどり着くんだ」という話です。本当にそのとおりだなと思っています。

**金子**：やっぱりそういう道をたどらないと，ただやってるだけじゃうまくならないですよね？

**佐藤**：ならないと思います。

**金子**：それこそ陸上だったら「ただ走っていればいつか速くなるよ」というわけではないのと同じような話で，「今，乱取りさえやっていれば，いろんな場面になって何か覚えるんじゃないか」というものではない。やっぱりより正しいというか，こういうやり方じゃないと難しいという，何かがあるんでしょうね。

**佐藤**：そうですね。修正して「ちょっとできた」と思ったら，また何かできなくなって，ということを繰り返しながら，最後の最後で「できた」にたどり着くんだろうなと思っています。小さな「できた」を，「分かった」と「できた」を積み重ねている感じですね。「ちょっとできた」と思ったら，相手にやられて「やっぱりできなかった」になり，小さな「できた」がちょっとずつ大きくなって，自信につながって，「解る・できた」，「技ができる」，「投げられる」になっていくのだと思います。

**武藤**：そうか，それはどんな競技でも共通していそうですね。この研究ということについて，個人的な練習としての研究のやり方を指導したりなさるのですか？

**佐藤**：個人の場合，研究の時間をつくるっていうよりは，本当であれば普通の練習のなかで考えながらやっていくのがいいとは思うんですよね。ただ，今もう，自分の教え子たちもそうですが，自然発生的にではなく，研究の時間って取ってあげないとやらないという感じです。本来であれば考えながら，どうしてかな？と思いながら目的を持って練習をやって，研究するということにつながるほうがいいのですが。別々であってもいいとは思うんですけれど，練習とは別にしっかりこういう研究の時間をつくるというのは，柔道でも一般的になってきているのではないかなとは思います。

**武藤**：これは研究というか反省の一環なのかもしれなのですが，よくトップアスリートの選手が，「練習ノートをずっと書いていた」という話をよく聞きます。柔道もそういう選手はいるんですか？

**佐藤**：いますね。書いている選手も。私の場合は，毎日は続かなかったので，試合のときとか何か合宿とかイベントのあるときは，何か書き付けてたりはしましたけれども。人それぞれですね。

**金子**：何を書いていましたか？

**佐藤**：まずそのとき，減量もあったので，体重今何 kg で，寝たら何百グラム落ちてとか，どのぐらい戻って，そのときは体調が良かったとか，戦歴と結びついてるかとか。あとは身体の感覚もそうですけど，こういうときはこういう技がかかったとか，これができなかったとか，課題とできたとこと，そのときの気持ち，みたいなことを多分書いていたと思います。

**武藤**：読み返したりとかしますか。

**佐藤**：そんなにしませんでしたね，私は。ただの自己満足だったと思います。

**武藤**：とりあえず，そのとき書きつけるっていうことが目的だったっていう感じですか。

**佐藤**：そうですね。外国に海外の大会に出始めた頃は，やっぱり選手の特徴は分かっていなきゃいけない，それはメモをしてました。ああ，この選手と当たるから，ああ，これ右組みだったとか，そういうのは，映像もあまりなかったので，そういうときにメモみたいなのは持っていっていましたね。

**武藤**：なるほど。研究ノートというより忘備録，メモ書きという感じだったのですね。やはり人は忘れやすいので，記録は必要かなと思います。それに，書くことで思い出しやすくもなると思います。体操の加藤澤男先生は，ノートに練習の反省を書くことは 1 回分の練習に相当すると以前おっしゃっていたと思います（本講座第 2 巻参照)。書くためには，練習を精緻に思い出さないといけないですからね。

**金子**：そういう書き留めるという行為が大事なんでしょうね。僕ら体操だと，ある技について，「この技ってこうやるとうまくいくよね」，「そうだよ，こうだよ」とか，よく話し合ったものですが，柔道選手同士ってそのようなことはありますか？どんな話をするのでしょう。

**佐藤**：人それぞれ得意技が違うので，「それどうやってやるの？」っていうことはよく話に出ます。「こうだよ，ああだよ」，「え，でもこういうときこうだよね」という教え合いでしょうかね。「それどうやってるの？その技術教えて」って言って，「ああ，それ私ここの筋肉あんまりないからできないかも」とか，「ああ，それならできそうかも」とか，自分なりに改良しようというのはやりました。

**金子**：選手のときもいろんな選手とそんな話を。

**佐藤**：したりしますね。

**金子**：そういうのは今指導している柔道部の学生とも？

**佐藤**：やります。学生ともそういう話はわりとしていて，私なんかとくに股関節が柔らかいんですけれど，「先生それ，先生の股関節が柔らかいからその技できるんですよ」とか言われて。「うん，確かにそうだな」って思うこともあります。ですので人それぞれの身体の条件によってやっぱりできる，やっぱりできないがありますから，それを理解した上で，「私にはこうできないから，じゃあ，ちょっとここだけ変えてみて」って言うこともあります。それで学生が「先生のまねしてやってみます」とか，そういったすり合わせのような話はします。

**金子**：やっているんですね。

**佐藤**：一応ですが。でもその時間をわざわざ作ってあげないとやらないので。普通に練習終わったら，もうみんなわーって帰っていくので，「まだ時間があるから何かやっていけばいいんじゃないの？」って言ってみたり（笑）

**金子**：なるほど。やっぱりどの競技も一緒ですね。選手同士教え合うことも学生に促すことも。でもその学生の態度って，ここ最近の傾向だと思うんですけれど，いわゆるお稽古事のような印象を持ちます。この時間ここに来ることが正しくて，この時間動いて帰ればいい。帰れば練習とはまったく違う時間で，練習のことは考えていないように見えることがあります。昔の選手っていうのは，僕が見てた若い頃なんかだと，体育館での練習以外でも「その技のやりかたっておかしい？」とか，「どうやるんですか？」など，練習の時間以外でも色々と技の話をしていたから面白くて，学生同士もやっぱり技の話はよくしてたみたいです。

**武藤**：柔道は，どうなんですか。試合のあと大学生とかだと，みんなで食事や飲みに行くんじゃないですか。

**佐藤**：そうですね。そういうときでもやっぱり柔道の話になりましたね。今日の試合ああだった，こうだったとか。

**金子**：「あのときはこうしておけば」とか，周りから言われることも？

**佐藤**：あります。

**金子**：それみんな覚えているんですよね。

**佐藤**：だいたい覚えていますね。

**金子**：見てる人も覚えてんだろうね。

**佐藤**：覚えていると思います。「あれすごかったね」って言ってもらえることも多いので。

**金子**：ちなみに覚えているって言ったとき，それこそ最初あいさつして始まって，最後終わるまですべて覚えているのですか？　それともやっぱりその瞬間その瞬間だけ？

**佐藤**：その瞬間，その瞬間ですかね。

**金子**：体操だと演技が決まっていて，演技として流れがあって，順序があるから，全体の流れを覚えていますけど。柔道みたいな，どこに動いてこうやってって複雑だから，全部覚えているって感じにはならないのかな。やっぱりその大事な場面ごとのまとまりにおいて記憶してるって感じでしょうか。

**佐藤**：はい。そんな感じで覚えていますね。

**金子**：見てる人も仲間もそれを覚えていて，「このとき，チャンスだったのに」のにとか覚えているのでしょうかね。

**佐藤**：そういう感じです。

**武藤**：「あそこで袖離したからだよね」とか，そういう話になるわけですよね。

**佐藤**：そういうことです。その通りです。

## 3 柔道の技について

**金子**：話は変わりますが，佐藤先生の得意技って何ですか。

**佐藤**：得意技はそうですね，背負い投げですかね。懐に入って投げる技ですね。背が小さいので足を引っかけるよりも，回転して小さくなったほうが素早く技をかけられるので。

**武藤**：やっぱり，それは基本中の基本ということになりますかね。とは言え，学校の授業なんかだと，大外刈りとか最初に教えるのではないですか。

**佐藤**：大外刈りはうしろに倒すから簡単なんですけど，今は危ないという考えがあります。

**武藤**：危ないと教えないのですか？

**佐藤**：だけど大外刈りは，多分子どもたちに相手を投げろって言ったら大外刈りを絶対やります。組んで相手を持つと足が近いので。教えてなくても引っかけるという感覚でやりますね。何にも教えなくても大外刈りはみんなやります。でもやっぱりうしろに倒れるので結構危ない。教育の場面では難しくなってきましたね。

**武藤**：そうですか。では教育の場面でも今は背負い系が中心ですか。

**佐藤**：そうですね。背負い投げは部活動や競技としては主流の技ですが，真上から一直線に回転して投げるのでかなり上級レベルの技になります。ですので，授業ではゆっくりと相手を斜め横から回転させて投げる体落しや，膝車が中心になりますね。あとは寝技です。抑え込んだりするほうが，安全でやりやすいですね。地味ですけど。

**金子**：関節とか締め技というのも，今でもあるのですか。

**佐藤**：あります。首を柔道衣で締めるのと，肘だけですが。痛い方向に曲げてもいいっていうルールで，肩とか足とかもあったみたいですけど，今は肘だけですね。でも，小学生はそういう技は禁止にしています。

**武藤**：柔道選手で成績を残すには，どのくらいの技の数を覚える必要があるのですか。

**佐藤**：そうですね。絶対に投げる自信があるという技は二つ，あるいは三つですかね。その他は見せかけじゃないのですが，だます感じであれば他にもいくつかの技を持っているという感じですかね。メインはその三つで戦うのですが，三つだけしかないことが相手に知られるとまずいので，ちょっと足を出すとか，投げるためじゃなくて相手をちょっと重心ずらすためとか，よろけさせるための細かい技術はみんな持っていると思います。

**金子**：試合で使わないとしても，柔道の技を一通り練習はするのですか。

**佐藤**：柔道の技は投げ技 68 個，固め技 32 個の計 100 種類もあるので，一通り練習するというのはやらないですね。教員になってから，初めて色々な技を何となくやりましたが。でも実際のところ，それを全部マスターしている人はいないと思います。その 100 個ある技のなかで，三つとか四つでみんな戦っている感じですね。

**金子**：相手と組むときには，もしかしたらこんな技をかけてくるという読みはないのですか。

**佐藤**：ああ，もちろんあります。だから「知って」はいますね。知らないっていうのは怖いことなので。理屈ぐらいは分かっていますね。

**金子**：先生は，背負いが得意と言いましたよね。得意技と言えるのは，どうして言えるのですか？　あるいはどういう過程でそう言えるようになったんですか？

**佐藤**：やっぱり投げる回数が増えて，自分で「できた」と思うものが得意技だと思います。

**金子**：それは実戦をやりながら気づいていくことなのでしょうが，いろんなバリエーションがあるわけですよね。そういうものを経験しながら，それをまた身につけていって。それにしても，相手がどう来るかが分からなかったから，背負い投げをかけるチャンスも少ないですよね。

**佐藤**：情報がまったくない人と戦わなきゃいけないときって，現役時代にあったんですが，それこそもう何も気にしない。もう「私がどう行くのかだけを考えよう」，それを貫くしかないというときがありました。先ほど話した「できた」というのを自信にして戦うしかないという感じでしたね。

何か最低限，戦うときに情報が欲しいのは，何の技を掛けてくるか，あとは右組み，左組みってあるんですけれど，襟をどちらの手で持つかは絶対的に欲しい情報です。技よりもその組み手だけでも知りたいという感じです。でもそれすら分からないときがやっぱりあるので，そのときはもう，「取りあえず組もう」，「いいから行こう」という出たとこ勝負ですね。そういう情報がないなかでも，技が掛かったときこそは「できた」の達成感はあるかもしれないですね，自分を貫けたというような。

**武藤**：その情報について，どんな技を持ってるかと，相手の組み方のスタイルが最低限としたとき，それ以外に，ほかに何を知ってたら勝率が上がるものはありますか？

**佐藤**：そうですね，すごく動き回るタイプか，あまり動かないタイプかというのも，知っておきたいかもしれません。たとえば，私はすごくパワーがあったかというと，そうじゃないので，動き回るタイプなんです。一方，パワーの選手は，私がチョロチョロするので，早く捕まえてガシッて固定したい，動きを封じたいという狙いになってくるのが多いです。でも私は「捕まえさせないぞ」と抵抗する。逆に，自分よりも速い人だと，「じゃあごちゃごちゃしている間に何か投げられてしまうから，早く捕まえよう」とか方針を変えることもあります。あまりやりたくありませんが。どちらが自分の戦法を貫けるか，という勝負でもありますね。

**金子**：では，「相手が動き回るから，じゃあ今日は自分が相手に合わせた動きをしよう」みたいにやることはありますか？

**佐藤**：それは，私だったらやらないですね。もちろんある程度動けないとだめですけども，相手のスタイルに合わせて一緒になって動くとたぶん，動きに自信があるほうが勝つ可能性がやっぱり高いです。

**武藤**：情報があまりないときって，試合が始まって，そのなかで探っていくと思うのですが，この探りはどのぐらい時間で相手のことが分かるのですか？試合が始まって，相手がこう来るとか，私はこうするみたいな，貫くか貫かないかみたいな判断って，組みながらあると思うんです。それはどのぐらいで分かってしまうものなのか興味があります。組んだ瞬間ですか？　それともやっぱり，30 秒とか 1 分とか，どのぐらい欲しいとかいうのは，佐藤先生個人の中では何かありますか。

**佐藤**：だいたい 10 秒，20 秒くらい……もう最初の組んだときに，「ああ，この人，力強い」とか，まずパワーは強いか弱いかは感じることができます。それで組みに来られて，何か技を掛けてこようとして，だめでクシャッとつぶれて，1 回動きが止まり，「待て」が入って立ち上がるんですが，その最初の「始め」から 1 回目の「待て」の間が 30 秒無いぐらいです。そして，その仕切り直しの間に，「ああ，こういう感じね」というのが分かります。そのほかには，試合中の隠し玉ではないですけれど，出してこなかった技が急に出てきて，「ああ，急にこれ来たの」ということもあって，途中で分かることはあります。ですが，最初の 20 秒，30 秒でその人の「こういう戦法ね」というのは分かります。それは私じゃなくても，きっと柔道をやっている人は分かります。

**武藤**：なるほど。その最初に「待て」が掛かる間は探り合いの時間で，1 回つぶれて，もう 1 回「始め」がかかって組み直したときに，だいたいのプランというか，この人に対して「もうこれで行ってやろう」というのが決まってくるという感じなんですね。

**佐藤**：はい，そうですね。

**金子**：相手も同じことを考えるでしょ。

**佐藤**：そうです。「ああ，こういう感じね」というのが分かるプロセスはたぶん一緒です。そこでだいたい「うわ，強い」とか，「あ，いける」とかいう心のプラスかマイナスもたぶん乗っかってくると思います。腕相撲じゃないですけど，組んで「あ，やばい」という，それと一緒です。

**武藤**：組んだ瞬間にまずパワーが分かり，組んでつぶれて「待て」までの間の探りで，次の「始め」が掛かるときプランが決まったり調整したりする。だいたいこんなリズムになっているという感じなんですね。

**佐藤**：はい。やはりファーストコンタクトでおおよそ分かります。もしくは動くなかでも，「いや，最初だめだと思ったけどいけるかも」という感じも出てきます。だけど，最初の 20 秒，30 秒で大体何か「こんな感じね」と……「こんな感じ」しか言えないんですけれど，「こんな感じね」というのは分かります。

**金子**：たぶん今，言葉で説明してるようなことは，実際試合中，言語などでいっさい考えてないよね。

**佐藤**：(笑) そうです。それは後からの理屈というか説明ですね。でも，実際そう動いていることは確かですね。

## ❹ 技を見抜くこと

**金子**：実際に組んでいて，見せかけの動きというのは分かるのですか。

**佐藤**：はい。分かります。途中で手を離したりとか，苦し紛れだったりとか，だいたい分かりますね。

**金子**：この分かるというのはどのような意味なのでしょうね？　感じることなのに，説明すれば論理的に考えていると勘違いする人も出てしまうと思います。前に言ったように試合中に言語的思考を巡らしているわけもないのに。

たとえば，すかし技というのが柔道にはあるじゃないですか。シドニーオリンピックでの篠原信一選手の内股すかしが，世紀の誤審とまでニュースになったことがあったと思いますが，やっている本人たちは分かっているのですよね。

**佐藤**：周りがごちゃごちゃいっていましたけれども，本人同士は分かっていると思いますね。

**金子**：では，本人に「正直に言いなさい」って言ったら，「私は負けました」って言うのでしょうね

**佐藤**：誰でもそう言うと思います。投げられた人間は，一番自分が分かっているので「あっ，先付いちゃった」とか，「あっ，今まずい」っていうのは。

**金子**：よく運動学の授業で，学生にも篠原選手の内股すかしのビデオを見せるのですが，先生は見ていて分かりますか？

**佐藤**：そうですね，分かると思います。でも，測定競技じゃないので，人の目で判定するので「そういうふうに見る人もいるよね」と言われたら「それまでかな」という気持ちもあります。篠原さんの誤審も 100% ではないかなとは思いますが，相手が「勝ち」と言われたら「それもありかな」と，私は個人的には思ったりもしますけども。

**武藤**：そうですね。事の真偽の明確な証明も大事だとは思いますが，試合中で審判が判定の権限を握って，そして流れのなかにあるということを考えると，そのバランスを汲み取って判定を受け入れるしかないところは確かにありますよね。潔さの価値観も関係してそうです。

**金子**：先生もすかし技をかけることがあるのですか。

**佐藤**：そうですね。得意ではないですけど，そういう場面が出たら，そういう技をかけるときもあります。

**金子**：でも「すかす」っていうことは，相手が「かける」っていうことは分かるんでしょ。

**佐藤**：そうですね。「かけさせる」という感じが本当かな。相手にかけさせますね。篠原さんの場合は，かけさせることが得意だったのかな，誘うというか。ちょっと「甘い」態勢に自分がなって，技をかけさせておいて，ちょっと足とか上げて，「はい，すかし技」という感じですかね。

**金子**：そのようなときでも，技をかけたほう，かけられたほう，本人たちは分かっているでしょう。しかし本人たちが内心分かっていても，審判のように外から見ると判断が分かれてしまうのですね。ところで，佐藤先生ご自身は，審判もされるのですよね。

**佐藤**：自分は審判登録のライセンスは持っていますけれども，うちの柔道部は

私だけが指導者なので，基本的に試合に行くときは監督として入ってしまうことから，今は公式戦で審判をすることは機会がまったくないですね。

**金子**：昔は審判をやっていた時期はあるのですか。

**佐藤**：ほとんど，審判をやる機会はなかったですね。小学生の審判をやった程度です。

**武藤**：部の練習中とかでは，先生は審判やらないのですか。

**佐藤**：練習試合みたいな，部内での試合の際にはやったりはします。

**金子**：審判のことを聞いたのは，審判ってどのように技を見ているのか興味があって。相撲の行司は負ける方を見ていると聞いたことがあるので。でも，勝つか負けるか分からないのに負ける方を見るというのもよく意味が分からなくて。

**佐藤**：そうですね。どちらかだけを見るっていうのはあんまりないですね。両方合わせて見る。でも，技をかけたほうをちょっとしっかり見るかな。投げるときのポイントで「強く，早く」というのと，あとは「相手を最後までコントロールして投げているか」というのが一本の定義にあって，最後に手を離して，コントロールできていなかったら，「一本じゃないかもね」というようになります。最後に手が離れていないかなどを見るので，技をかけたほうをちょっと重要視します。でも，「今やっぱり背中付いたかな」とか投げられたほうも見ますね。

篠原さんのときはビデオ判定が存在しなくて，もう 1 回映像確認するっていうのができなかったんです。でも今はビデオ判定が導入されたので，試合場の外で 2 秒遅れのモニターに写っているので，それを見れば審議できることになり，そこは昔と変わったかなと思います。

**金子**：でも，すかし技は審議しても永遠に平行線ですよね。

**佐藤**：そうですね。どっちもどっちかな，というときには，もうノースコアでいっちゃいますね，今は。もう気にせずいきましょう，となります。今はあいまいなものは取らないっていうことになってきていますね。

**金子**：内股すかしというのは，内股をかける人がいることで，それを「すかす」ことになるのですよね。内股をかける前にすかせば内股すかしにならないし，内股が掛かってからすかされても，一緒に倒れる同体になると，なかなか分からないですよね。

佐藤：そうです。

金子：足なんか見ていても分かないですもんね。

佐藤：分からないですね。正直，身体の感覚で何となく分かるものです。

武藤：それをどこまで見るかですよね。今，一本の定義のお話がありましたけど，剣道だと一本の定義のなかに「気剣体一致」というそもそも見えない「気」が入っています。いわゆる〈あいまい〉なものが入り込んじゃっているわけですけど，柔道の場合はそういうことではないのですよね？

佐藤：そうですね。剣道みたいに声がないからダメというのはないですね。現在においてはビデオ判定も導入されていますし，見えないものは判断材料にならないのが基本です。見えていても分からないところは，前に言ったように流しますし。

武藤：剣道のように技の形の良し悪しということもないですか。

佐藤：とりあえず，背中が付けば，っていうようなことは言われていますね。

金子：やっぱり国際化すると，どうしても客観的で明確な方向に行くのでしょうね。だから，剣道のような文化的背景が判定に入るものは，国際化するっていうのは難しいのでしょう。「残心」っていう問題などはどう説明するのでしょうかね。

佐藤：難しいですね。

武藤：剣道の場合は国際化に向けて単純化していく方向ではなく，日本の文化とか，その剣道の考え方とかに賛同する人たちが，剣道の道に入ってくるっていうかたちが多いと聞きます。それはたしかに，試合の判定基準ということとは直接かかわらないのでしょうけれど，武道としては試合より稽古をすることの方が重要という価値観が強いのだと思います。

金子：国際化すると，自分たちが有利になるように色々とクレームをつけてくる人が多くなりますよね。だから説明できないものは改正されていくのでしょうかね。

佐藤：柔道でも足を持って倒すなどタックルの禁止は，逆に日本人に有利にするためにルール改正したのではないかとけっこう言われました。外国人はモンゴル相撲とか，民族的な格闘技が得意なので，足とか持ち上げるほうが得意なんです。それが「ダメ」って言われたときに，日本人用のルールにしたんじゃないかと結構言われたりもしましたね。

**武藤**：足を持ち上げて相手を倒すことが横行すれば，今おっしゃったように単に「パワー」の問題で競技が片付いちゃう気がします。

**佐藤**：そうなんです。

**武藤**：価値観によると思うんですが，それだけの競技になってしまうことが少し問題だと思います。やはり「技」というところ考えないと。そう考えると，それは日本で柔道ができたわけだから，その本意にはかなっているルール改正に思えるのですが。

**佐藤**：結局，外国人は今までそのパワーで戦っていたのですが，組まなきゃいけなくなったから，日本本来の柔道にちょっと近づいてきた感じです。でも，もともとパワーがある外国人に，プラス技術が入ると，もっと強くなっちゃったりするわけです。正直に言えば，ルール改正の後，海外のパワーがある選手が逆に強くなりました。

**武藤**：そういう意味では総じて柔道がレベルアップしたということですね。

**佐藤**：私はそう思います。

**金子**：ルールが変わって，一本で技が決まる柔道が増えましたか？

**佐藤**：今は反則技とか，ペナルティーを 3 回犯さないと決着がつかないとか，そういうものになっているんです。昔はそのペナルティー 1 個差で試合が終了したら「じゃあ，やっぱりペナルティー犯したほうを負けにしよう」ということだったんです。それは私たち専門家には分かりますが，多分一般の方は，何がペナルティーだったのか，しかも「1 回だけって何だったの？」ということになるでしょう。スポンサーだったりテレビの映り具合だったり，せめて三つまで指導を取られたら終わりにしよう，というように変わりました。見る柔道，見られる柔道に変わっていったのはやはりありますね。抑え込み技も，以前は 30 秒抑え込まないと一本にならなかったのですが，やはり素人から見ていてその 30 秒間はつまらないのですよね。だから，この時間が今 20 秒まで減らされてしまいました。

**金子**：今のスポーツは，その競技を支える他の人たちの力の影響が大きくなってきているようですね。そこでの利権争いで，2020 東京オリンピックの問題がニュースになっていますね。

## 5「道」としての柔道

**武藤**：柔道と剣道を簡単に比較することはできませんが，やっぱり柔道はスポーツ寄りになっていったという感じですか。

**佐藤**：それはあると思います。一時期，漢字の「柔道」から英語の“JUDO”になったって言われていましたけど，間違いなく国際化の影響はあったと思いますね。

**武藤**：武道という前提で考えると，その「道」としての柔道というのはどういう認識が一般にされているのでしょうか？　日本の選手はもちろんそうだし，海外の選手はそういう意識ってどこまであるのでしょうか。佐藤先生からするとどう感じますか。

**佐藤**：現役を辞めてから特に思うのですが，海外選手のほうが柔道の歴史とか，嘉納治五郎についてとか，すごく詳しいです。以前，私は，外国人は武道の礼儀も適当で，いい加減な人が多いというイメージがあったのですが，実際はそうでなく，柔道が普及しているフランスなどでは礼法をすごく大事にしていて，強くなることだけじゃなく，人として成長するべきことなんだということがポスターに書いてあったりします。だから，わりと日本人のほうが案外いろんなこと知らなかったりはしますね。

**武藤**：佐藤先生の今回のオリンピックの解説で，「これはまだ喜ぶのは駄目ですね，（畳を）降りてから」など，こんな感じの趣旨の発言ありましたよね。

**佐藤**：そうですね，言いました。

**金子**：勝ち負けだけを言えば，勝敗が決まればそこまでで，それ以外はどうでも良いと言うことになりますが。でも人間が作り上げてきたスポーツ文化ですから，成果主義に没頭せず，やはり人間性という教育問題も重視しなければならないですよね。

**武藤**：だからやはり，ちゃんと柔「道」としての観点で見ていらっしゃるのだな，と感じました。

**佐藤**：そうですね。勝てば絶対嬉しいのですけど，柔道だからやっぱり，畳の上では，降りるまでは控えめなほうがいいというのはありますね。

**武藤**：ずっとそう思っていらっしゃったわけですか。それとも，それこそ今おっしゃったように引退してからそういうふうに思うようになったのでしょうか。

**佐藤**：そうですね，現役中でも勝って「ワー」というのはなかったですけど，引退してからのほうがやっぱり強いですね。そもそも私の時代では，柔道はそんな雰囲気じゃなかったというか，そんな風に表現しないのが当たり前な風潮だったので。

**武藤**：それはそういう教えを受けたからですか。

**佐藤**：こうだからと教えられたわけじゃないですけども，何となくそういう雰囲気だったのです。そういうものなのだと身体で，目で見て納得してやっていたのだと思うんですよね。

**金子**：武道ということで考えると，柔道は形の練習をするのですか？剣道だと特に形稽古が昇段の条件になっていますが。

**佐藤**：うちの部活では今その練習をしていないです。本来，嘉納治五郎は「形もやりましょう」とは言っていました。柔道の練習は，「乱取り」「形」，あと「勉強しましょう」の一応3本立てです。だけど形は今，昇段，黒帯を取るための一つの課題みたいな感じになっているような感じです。

**金子**：先生は形を練習していたほうですか。

**佐藤**：いや，やっていなかったです。今はほとんどの人がやらないですね。練習をするとしても昇段試験のときだけですね。

**金子**：武道の「形」というのは何だろうなと思って。単なる「形（かたち）」じゃなくて，そこに何かすべてに通じる動きかたがあるのかなと思ったりしているのですが。

**佐藤**：現役時代は形の練習をほとんどしなかったのですが，教員になってあらためて「形」を勉強して，たしかに理にかなっているというか，力づくで「エイッ」と投げるんじゃなくて，相手がこっちに移動するからこの手を取ってここの空間に入る，というような，それが明確に表されているのが「形」なんだなというのは分かってきました。技の理合いみたいなものですかね。

**武藤**：理合いはそうですよね。動きの合理化という側面があると思います。ほとんどの武道で目標にしているものですね。だとすれば，理合いを身につけるために形は小さいときから教えたほうがいいということになりますか？

**佐藤**：いや，結果論ですが，今まで形をやっていて選手として強くなったという人がいないので，勝つために必要なのかなとは感じますね。

**武藤**：なるほど，事例がないんですね。

**佐藤**：事例がないですね。それよりは競技柔道の中で同じ動きを反復して，相手がいても反復して，のほうがいいのかなと。でも古来より形を伝承してきたので，やはりそこには何かあるとは思います。ただ，勝負に急ぐなら形を覚えなくても何とかなると思います。

**金子**：この点については，歴史からさらに紐解く必要がありますね。

## 6 対戦相手との相性，駆け引き

**武藤**：あらためてですが，柔道はやはり格闘技なので，対戦相手との相性を考えたときは，佐藤先生は日本の選手よりも海外の選手のほうがやりやすいとのことでしたので，そのあたりをもっと詳しくお聞きできればと思います。

**佐藤**：そうですね，外国人との対戦は得意でしたね。

**武藤**：世界各国どこの国の人とも当たりましたか？

**佐藤**：当たったと思います。もともと柔道が盛んじゃない，たとえばインドネシアとか，そういうところとかは，そもそも選手がいないので当たらないということはありますが，基本的には柔道が根づいているようなところの選手とは当たったと思います。

**武藤**：国によっての相性，ということはありますか。

**佐藤**：柔道スタイルみたいなものは各国にあります。そういう意味で相性はありますね。その国の民族の格闘技が融合されてるいのが一番分かりやすくて，モンゴルならモンゴル相撲みたいなかたちで，たとえばくっついちゃうと絶対引っこ抜かれる。レスリングみたいにされるので，基本的に「距離を取っておかないと危ない」とか考えて試合をします。ロシアは関節技の技術がとっても上手で，つまりはサンボですね。サンボの技術が根づいているので，腕を出したら絶対取られちゃうから，他の方法で攻めようというのはありますね。

**金子**：今でも，柔道の最新技術は日本から発信しているものですか？

**佐藤**：日本が発祥ですが，海外で改良され逆輸入みたいになっている気もしますけどね。

金子：他のスポーツでは海外から優秀な指導者を招き入れることがよくありますが，柔道の場合は海外からコーチを呼ぶということはないのですか？

佐藤：ないですね。山口香先生なんかは「海外からの指導者も受け入れれば良いのに」とずっと言っていますが。でも他競技からは呼ぶようになりましたね。それこそレスリングとか，サンボとか，やっぱりそういう民族性からくる技が海外勢にはミックスされているので，その原理を知らないと危ないということです。総合格闘技の人を呼ぶこともあります。どちらかと言うと，寝技系の技術を他の競技から学ぶっていうのは最近やりだしましたね。

武藤：対戦相手の研究はどのぐらいなさるのですか？

佐藤：試合の映像があるので，ビデオ見たりしますが，練習の終わりにちょっと見て，という感じです。別に時間を取って 1 時間，2 時間研究するわけではないです。

武藤：そのとき見るところは決まっているのですか？

佐藤：先ほど話したことと同じで，基本的には右組み，左組みが存在するので，絶対そこは注意してみます。どっちの組かをまず見て，さらに前襟を持つのか，あるいは前にあおられたときや引きずられたときに，どの技を掛けてくるのかを見ます。それによって対処方法が変わってくるので。あとは 70 個ぐらいある投げ技のなかで，何の技をかけるのかはやっぱり確認します。大きくその三つに絞って，それを防ぐために，防いで自分の形にするためにどうしたらいいか，そこは絶対見ますね。

武藤：そうなると，やっぱり組手のところが重要という話になりますね。

佐藤：そうですね。映像とかデータがない場合は，最後は右か左かだけを知っておけばいいと思います。

武藤：素人じゃなかなか分からないけど，袖をつかまれたくないとか，奥襟を持たれたらもう負けるかもしれないとか，相当な攻防戦なのですね。

佐藤：そうですね。

武藤：格闘技の場合は，駆け引きとか組み立て方，戦略みたいなところがすごい大事かなとは思うんですけれど，佐藤先生もそうですか。

佐藤：大事ですね。多分，組んだところからバシンって投げるのは，トップ選手がやっても，うちの選手がやっても技の形としてはそんなに違いはないんですよ。そこまでにいけるかが強いかどうかの分岐ですね。強い選手はそこが上手なので，打ち込みとか投げ込みに関してはそんなに差はないと思います。力強さとかはキレみたいなものとかはありますが，そこに至るまでの技術が重要ですね。

**武藤**：その駆け引きというのは，どのように培われていくのでしょうか。

**佐藤**：難しい質問ですね。

**金子**：結局，色々な技をいくら覚えても，その相手との駆け引きとか相手の読みに行き着くのですね。もう少し深く聞いてみたいのですが，技を掛けるときは「いつ」なのですか？相手が技を掛けるとき？

**佐藤**：うーん，それも難しい質問ですね。

**金子**：ただ立って相手がかけるのを待って立っているわけではないですよね。たとえば背負いを掛けようと思うときは，向こうがじっとしているときに掛けるわけではないのでしょうから。

**佐藤**：そうですね。何かをするときと，逆に何かをさせないように一瞬止まらせて掛けるときもあります。たとえば，私は小柄なので，よく奥襟をギュッと持たれて，動きたいんだけど動けない状況をつくらされて，投げられるというときもありますし，わざと動かされて，そちら側に投げられるというときもありますし，両方ですね。止まらされて，固められて投げられるときと，わざと移動させられて投げられるときと。

**金子**：自分が投げるときというのは？

**佐藤**：自分が投げるときは，だいたい一瞬止めてましたね。何か，ピタッと。担ぎたいんですけれど，一瞬……何て言っていいかな（笑）

**金子**：イメージだけで言うと，フェイントみたいなもので，何か来るだろうと相手が思ってるところの裏をかいて，「え！」というときに掛けるような感じですか？

**佐藤**：何て言ったらいいんだろう……でもほとんど，お互いに「せーの」の技がバッティングするときって，そういえばあんまりないなと思うんです。たまにありますけど，ほぼないんですよね。

ちょっと細かいですけど，組み手ってどこを持つかがすごく重要で。それは，私たちの言葉で言うと「良い所」を持てたときに技を掛けるんです。その「良い所」というのは，背負い投げだったら，襟を持っている手が空いての鎖骨あたりの高い位置だと効果的に相手を崩して投げることができるので，その所が良い所となります。反対に，胸やお腹といった低い位置だと前に引き出しても自分の力が相手に伝わらず，良い所に入っていくのは難しくなります。ただ，基本的にはそうなんですが，やっぱり自分のこの良い位置，良い所それぞれあるんです。そこにいけたときに初めて技を掛けます。明らかに変な所のときに，私の掛けて良い所と違うときに掛けると，返されたりします。技の前，柔道はそれを「組み手争い」とよく言いますが，それがけっこう重要で。組み手が自分の満足する所に来たときは入れるときです。それが，そこの組み手にいけないまま終わってしまうときが，だいたい負けているときで，まず入れていないときですね。ちょっと難しいですが。

それで技ができたというよりも，技に入る前の段階の組み手のつくりができたら，わりと掛かる。技まで，ゴールまでたどり着くことが，柔道では重要ですね。

**金子**：それこそ反復練習では覚えられない話ですね。

**佐藤**：反復練習では出て来ないものなので，実戦練習でしか磨けないですね。

**金子**：実際，試合のときに，相手のどのタイミングで自分がそこに入るかは，やっぱり相手とやらないことには覚えないですかね。

**佐藤**：そうです。人がいないと成立しないことだと思うので，反復練習で自分がかけやすい場所を覚えても，限界があると思います。

**金子**：その駆け引きで，それぞれが持ってる自分の形に引き込まないといけないのでしょうが，それも上手い，下手の基準ですかね。

**佐藤**：そうだと思います。どんな部分でも100%の人間はいないので，自分の強みのパーセンテージをいかに多く試合中にできるかの問題だと思います。

**金子**：相手がどう技を繰り出すとかいうことより，そうやって自分の世界に引き込むのですね。

**佐藤**：それだと思います。ピンチの状態も絶対あるし，こうなったら絶対投げられちゃうという弱みもあるので，その弱みを4分間でいかに出さない，もしくは出てもすぐまた自分のパターンに持っていくという，それだと思いますよ。

**武藤**：そうか。自分の世界にいかに引き込むか。そこの「技」がきっとあるんでしょうね。

**金子**：それが見えないから，すごく難しいことなんですね。

**武藤**：操る，操られるって，雰囲気に呑まれるというようなものともいえるかもしれませんね。そういう経験，佐藤先生ありますか？　相手の雰囲気とか，いろんな情報からそう思ってしまう，先入観で思うこともあると思うんですよ。それはすごい大会で優勝した相手で，「ああ，私より強いんだろうな」と思って組むこともあると思うんですが，この「気持ちで負ける」っていうのはどうでしょう。

**佐藤**：やっぱり戦歴がすごい選手は震え上がりますよね。もう呑まれそうになりながら戦って，試合中に試行錯誤しながら良い所を見つけてどうにか乗り越えたときと，何もできないまま終わって，もう戦う前にたぶん気持ちでダメだって負けちゃったとき。やっぱり両方あります。

**武藤**：そうすると自分のプランとか全然機能しなくて，それこそ自分の世界に引き込めずに終わったという感じになるわけですか。

**佐藤**：そうです。自分の時間が短かったな，それで負けちゃったな，っていうことはありますね。

**金子**：先ほど話した，組んだ瞬間やっぱり強いと分かるときのことですか？

**佐藤**：はい。先ほど話した腕相撲と一緒だと思います。何となく，「ああ，この人強い」という感覚，あれと一緒ですね。それが腕ではなくて柔道衣ですけども，すぐ分かりますね。

**金子**：それは名の知れない選手でも，組んだ瞬間に「ああ」って？

**佐藤**：ああ，分かります。

**武藤**：逆もあるわけですよね。組んでみたら，「あれ？　思ったより強くないのかもしれない」というような。

**佐藤**：あります。

**金子**：それって何だろうね。組むって見た目ではただ道衣をつかんでいるだけですよね。

**武藤**：不思議ですよね。最初の，そんなちょっとの接触で分かっちゃうんですね。

**佐藤**：分かるんですよ。

**金子**：剣道なんか触ってないですが，凄い剣士と試合をするとき，打とうと思っただけで，打たれると感じるようですね。「打とう」という気すらもう読まれているような，打っても打ち返されることが分かってしまって，まだ何もしていないのに，打たれてしまうと思うから動けないというのを聞いたことがあります。やっぱり剣道も柔道もすごいのはそこだと思いますね。

**佐藤**：何となく性格とかも分かりますね。私の教え子たちもそう言いますけど，練習を一緒に3時間すると，何となくこの子は気が荒いんだろうなとか，優しい性格なんだろうなとか，何となくですが人間性が分かりますね。

**武藤**：そんな性格みたいな個人的なところが技にも出るんですか。

**佐藤**：ああ，結構出ますね。荒い子とかは，「やっぱりな」って分かります。焦っていたり自分のやりやすいところに無理やり持って行ったりするので。あと，礼の仕方とか，ありがとうございましたって言ったときの雰囲気とか所作とかでも，柔道自体の傾向が分かったりもします。たった一回の稽古で3時間一緒にいると，おおよそ人となりが見えてきます。もちろんパワーとかも感じますけども。

## 7 柔道における心技体の「心と体」

**武藤**：先ほどの話で，技が掛かる「良い所」というのがありましたが，その良い所は，自分が「良い所だ」と思っていればもう技が入ってしまう感じですか。

**佐藤**：そうですね。あとは心の問題一つだと思います。試合を見ていると，「今あなたの良い組み手なのに，何で行かないの」ということがよくあります。あとで聞いてみると「怖いんです」と返ってくる。すると「絶対返されないから，行って」と言ってしまいますね。

本当に良い所まで持ったら，あとは自信を持って行けるか，心の問題になってくると思います。それは，この子は良い所，技が掛かるポイントを持っているのに，それは良い所だって自分で分かっていないのかもしれないですね。「今，良い所持っていたけど，分かった？」と言ったら，「え，そうですか」というように，自分の良い所というのが分かっていない子もいれば，「分かっているんだけど，怖いから行けないんです」というパターンがあります。

**武藤**：なるほど。それは剣道も一緒ですね。私は素人なんですけど，稽古を見させていただいていても，「あっこの瞬間」，「今，技を出せば」というのが，外から見ても何か分かる状況があるけど，でも行かないというのをよく見かけます。それでその試合が終わった後，指導者の先生に詰められるのはやっぱりそこのところなんですね。「あそこのあの瞬間のときに，相手を突いて行けただろう。なぜ行かないんだ」と指摘されるようですね。

**佐藤**：（笑）なので，よく「行って返されるなら，そちらのほうが良い」と，試合では言われたり，言ったり。行かないで負けたのは一番それがだめだということです。「チャレンジしないで負けたのがだめだ」という点は，やはり心の強さにつながるのかなと思います。対人競技なので，相手とのやり取りで実力以上のものもまた出てくるので，そうしたときに，それを掴むのが心の強さかな，とは思います。

**武藤**：その良い所を見つけるのが，研究だし練習ということになるわけですよね。

**金子**：実戦では，それを試しちゃ失敗して。

**佐藤**：そうですね，修正，修正で。

**金子**：良い所に入ったのに投げなかったという経験もそうですが，いろんな経験の中でさらにそこが集約されていくんでしょうね。

**武藤**：そうですね，煮詰まっていくんでしょうね。

**佐藤**：それを我慢できるかです。そのサイクルを踏むことができない子，途中で投げ出してしまう子は結局続かないことが多いです。我慢，根気の勝負だと思います，できるまでたどり着けるか，という。

**武藤**：その良い所は，佐藤先生はどのぐらいでつかめるようになったのですか？勝ちが積み重なってくるようになった期間とか，気づきが生じた瞬間みたいなものがきっとあると思うのですが。

**佐藤**：そうですね……得意技が，イコール，それでたくさん投げることができたというときだと思うのですが。

**武藤**：競技生活の中で，どのタイミングで良い所を掴んだ，得意技の認識がぽんとできた，というような感じで指摘できるポイントってありますか？

**佐藤**：やっぱり試合で結果が残ったとき，「優勝しました」なんていうときは，「あ，できたんだな」という自覚は生まれると思います。あとは外部からの評価ですかね。トロフィーをもらうというような結果が出て，再認識することもあります。自分では，練習で投げることができて，自己満足が積み重なっていくんですが，それでさらに大会で「あなたは優勝ですよ」とちゃんと認めてもらえたときなのかなと思います。

**武藤**：ちなみにいつ，何歳ぐらいのときでした？

**佐藤**：うーん，中学3年生の全国大会で3番になったときかな？中学2年生の時はベスト8だったので，賞状はたぶんもらってないんじゃないですかね。全国で3番になったとき，そういう賞状，トロフィーとかもらったときなんじゃないですね。

**武藤**：何となく自分の得意技だとか良い所の感覚だとかが，中学3年生ぐらいのときに少しはっきりしてきたという感じなんですね。そうか，自己評価だけじゃなくて外部評価も必要なんですね。

**佐藤**：今，自分でこの話をしていて，たしかに外部評価が大きかったんだと思いました。北海道出身なので，東京はたくさん強い大学とか高校とか中学校があるんですけれど，本当に分からない田舎者だったので，それが逆によかったと思うんです。だからこそ，そういうよく分からない，知らない世界に飛び込んで，でも3番と言ってもらえて，評価してもらえたことが，自信になっていたんではないですかね，もしかしたら。

**武藤**：なるほど。自分の中で煮詰めていくのも大事だけど，外から形を与えられるのも，また大事なんでしょうね。

**佐藤**：そうですね。それはあるんだと思います。「よく頑張ったね」ではないですけど，「上手だったね」，「できたね」と言われることと一緒で，それが賞状とかをもらったりして，はっきりしてくるのかもしれない。だけど，本質的には賞状はもう別にどうでも良いんです。メダルとかももうどうでもよくて，結局，3位になった，優勝できたというときに心についてくる，「できた」というのが一番大事なんです。

**武藤**：そうか。そうは思っていなかったもしれないけど，「自分の認識と技が間違っていなかったんだ」という確信ですね。

**佐藤**：そうですね。「間違っていなかった」，その言葉で合っていると思います。

**金子**：そういう意味で，競技する心，技が育つというのはあるのでしょうね。ところで佐藤先生が得意な背負い技ですが，それを研究して，高めていっても「絶対に背負いをさせてくれない」という相手はいたのですか？

**佐藤**：ああ，いました。負けるときはやっぱり，自分の得意技を封印され，止められちゃったときなのですが，それをしてくる相性が悪い相手もいましたね。

**金子**：そういうときは，別の技で勝つこともあるわけですよね。

**佐藤**：そうですね，得意技は大体一つか二つですが，違うパターンで戦うこともあります。得意技が掛からないなという相手は，先ほどの話のように最初の 20 秒，30 秒で分かるんです，「あ，これ絶対無理だな」って。その場合は，プラン B へ移行するみたいな切り替えをします。

**金子**：結局，試合のなかで切り替わるプランというのは，寝技に持ち込もうとかそういう漠然としたようなものですよね。

**佐藤**：そうですね。私は寝技がわりと得意だったので，「立ち技勝負では絶対負けるな」と感じたら，もう相手の技をどうにかかわして，寝姿勢で何か抑え込むことは多かったです。

**金子**：相手が掛けさせてくれないというのは，すごいプレッシャーを感じるものですか。

**佐藤**：そうですね。組ませてくれないし，良い所を持たせてくれない，掛けさせてくれないというパターンなので。そういう選手はだいたい，パワーも強いんです。

**武藤**：やっぱりパワーは大事ですか。自分の良い形に持ち込むときの抵抗感みたいなものは，やっぱり相手の力によるんですか？それとも相手の技によるんですか？

**佐藤**：うーん，パワーだけではないと思うんです。ただ，たしにパワーがすべてじゃないけれども，やっぱりパワーも必要だと思うんです。私が現役をやっていて，組んだその 20 秒，最初の瞬間に「うわっこの人，力がすごい」と思ったときに，でもプラン B，C ではないけど，別の方向で，力勝負ではない，腕相撲対決ではなくて，スピードだったり寝技だったり，ペナルティーを利用したりとか，「ほかの方法でどうにか勝てるな」というまでに行きつけるような，そこに持っていくための最低限のパワーは必要だと思います。そこにも，どうにかプラン B，C，D もいけないほどのパワーの差だと絶対に勝てないと思います。学生たちにもその話をしたんですけれども，「パワーでは負けてなかったよね。どうにかなったよね」という試合の子もいれば，もうやっぱりパワー負けだから，どうにかしようもできてない子もいました。その子には「だからパワーは必要だから，やっぱりトレーニングしよう」という話をしました。

**武藤**：なるほど。技と心以前の問題だ，ということでしょうか。

**佐藤**：はい。だからパワーは必要です。でもパワーがすべてだったらウェイトリフティング部の方が柔道で金メダルを取っていると思うので，それがないということは，やっぱり技術も絶対に必要です。だけど今の「パワーは絶対に必要だと思うよね」という話は，最低限の，そのどうにかなるところまでのパワーという意味になります。

**武藤**：とはいえ，たとえばウェイト・トレーニングでこれだけの筋力をつけなさいというように決めることも難しいですよね？

**金子**：そのなかに何を自分がつかもうとしているかがないかぎり，やっぱりウェイト・トレーニングだけをしても意味がないのではないですか？　ボディービルディングの選手は，解剖学の筋肉の見本のようだけど，すべてのパワーを必要とするスポーツが強いわけではないですよね。

**武藤**：そのことが実は正しいような気がします。たしかに筋肉は大きくなるかもしれないけれど，使える意味での筋肉にはならないような気がしますけどね。

**金子**：スポーツによっては必要な筋力と，必要でない筋力があると思うのですが。同じ走る競技でも，短距離選手と長距離選手はまったく体型が違いますからね。その点はまだよく研究されていないようで，何か「ないよりあった方が良い」という感覚で，筋力トレーニングをしているような気もしますね。

**佐藤**：学生にも使える意味での筋力と言ってます。

**金子**：筋肉が大きくなるっていうことで言うと，体重や体験が変わるってところで，たとえば減量終わって，いっぱい食べたら動けないとか，体を大きくしちゃうとまた動きにくいというのがあると思うんですが。それで技が狂うということはあるのですか。

**佐藤**：ありますね，やっぱり。

**武藤**：そうでしょうね。柔道が相手のそれはもちろん自分の技に関しても繊細な重心をつかもうと思ってるんだから。100g 増えたってきっと変わるはずと思います。

**佐藤**：ああ，変わりますね。自分の回転も変わります，やっぱり。とくにそうでしょうけど，きっと体操もね。

**金子**：そういえば，プロゴルファーでウェイト・トレーニングをして飛距離伸ばそうとしたら，全然精度が合わなくなって止めちゃったという人もいましたね。結局，バランスがもうめちゃくちゃになっちゃう。体が変わって，一から技術を覚え直ししなきゃいけなくなっちゃうようです。

**武藤**：野球選手のイチローもそのようなことを言ってたなあという記憶があります。自分の今持って与えられた骨格や筋肉のつき方における効率化だけが大事で，筋肉をモリモリつけることとは話が全然違うって。

**金子**：体操競技でも，たとえば吊り輪の静止技を実施するなかでウェイトをつけて筋肉をつけることはしているようですね。でも，まったく技の動きと関係のないマシンでのトレーニングは，また技を覚え直さないと行けなくなる可能性もあると思います。

**武藤**：そうですね。パワーが要らないとは言わないですけど，使い方ですね。

**佐藤**：そうですね。絶対必要ですが…だけど，ですね。

**武藤**：どう使うか，のところですよね。

**金子**：どんなに力が強くても崩しようがあるわけでしょ。柔道なんかはね。

**佐藤**：私はウェイト・トレーニングがもともと嫌いでしたし，だから学生にもあまりやらせないですよ。やるなら人をおんぶして走ったりとか体勢を変えたりとか，不安定ななかで自分がどう安定するかのほうが，道場トレーニングでは多いです。器具はあんまり。どうしても自分が好きじゃなかったので，鉛を持ち上げて何をやるの？　と思いながらやってましたね。

とは言え，ウェイト・トレーニングは成果も分かりやすいので，使いどころ次第ですね。今の子たちはウェイト器具もそろっていて。数値として何キロ持てるようになったと出るので，まだそれほど強くないうちの子たちにとっては良いと思うんです。

**金子**：うん，成果が可視化できるという意味ではね。

**佐藤**：成功体験の積み重ねなので。でも，その力はいわゆる物をただ真っすぐに上げているだけの力だから，それだけで力がついたとしてもだめで。柔道の場面で真っすぐの力でどうにかなることはないから，「柔道用の動きにそのパワーを変換してほしい」ということを，今の指導においては言っています。ですので，こういう筋力も必要だけど，やっぱりそれを柔道用に変換すること，「道場トレーニング，はだしでやるトレーニングもやろう」と言ってやっています。なるべく柔道に近いようなトレーニングもします。

**金子**：体操なんかだと，技に負荷を掛けられる場合もありますけど，でも柔道の場合はそうはいかないから，やっぱりパワーは別に付けて，あとは使い方を覚えるということになりそうですね。

**佐藤**：そうですね……たとえば具体的なメニューなんですが，3 人打ち込みというのがあって。たとえば私が先生を投げるんですけれど，普通にやったら投げることができてしまうので，3 人目の人に帯を持ってもらって重りになってもらうというのがあります。いわゆるその技のパワーを出すかたちは同じで，使い方を壊さないというのはつり輪と似ているかもしないです。技のかたちに負荷を掛けてあげる。あとは投げられないように，最初から耐える，良い所にも入れさせない，ということを頑張って，それから技に入る，というようなことをするのは，柔道の実戦に近い練習メニューです。でもリアルな場面，実戦と言われたら違うと思うんですよね。

**武藤**：人間同士組む競技なのだから，人間で組んで重さを感じながらトレーニングをするほうが意味のある形になる。そのほうが合理的ですよね。一部だけの筋肉に負荷を掛けて，本当にそれに競技に役に立つ力として扱えるのかどうかって……。

**佐藤**：分かります，言っていること。私はその考えです。

**金子**：「使える筋肉，使えない筋肉」みたいな言い方もするけど，陸上競技では，けっこう力学的な意味で考えるようですね。

**武藤**：単純な動きの繰り返しだから，部分的なパワーの強さがわりと競技に直結しやすいですよね。

**佐藤**：たしかに。

**金子**：ただそれが本当にそうなのかという因果関係はよくわからないと思うんですよね。「やった人の結果が良かった。故に，やった方が良いんだ」っていうけど，「本当にそのウェイト・トレーニングが良かったのか」という話は本当に検証できるのでしょうかね。その成果を発揮した本人の工夫の問題は，隠されていますよね。

**武藤**：そうですね。私はその因果関係については，すごく懐疑的です。推論がかなり入っていると思います。相関がないということもないんでしょうが，科学的な思考に沿う現象とそうでない現象をもう少し丁寧に分けて，スポーツとウェイト・トレーニングの関係を考えるべきと思いますね。

**佐藤**：あとは男女差ももしかしたらあるかもしれないです。柔道の場合も，やっぱり男子は昔からウェイト・トレーニングはやるみたいですね。女子もまあやるはやるんですけど，「柔らかさがなくなっちゃうよね」とか，「スピードが落ちちゃうよね」みたいなことはよく言われていて，それは何となく分かる気もするので。男子はやっぱり必要なのかなとは思います。

**武藤**：とはいえ，佐藤先生でも中学生や高校生のときは，やっぱり男子とやっていたと言う話が先ほどありました。当然ながら，そういう意味では体重の重い人や力の強い人と組んでいると，こちらも力がついてくるという感じはあるんでしょうか？

**佐藤**：たぶん，それがウェイト・トレーニングだったんだと思います，私の。

**武藤**：なるほど。

**佐藤**：男子とやらせてもらうこととか，あとは，自分よりも体重の重い人とやれば，それこそ，ちょっとスピードは落ちちゃうんですけど，それが私のウェイト・トレーニングだったんだろうなと思います。

　ただ，体験から言うと，1階級上げただけで本当にパワーの戦いになるんです。100kg とかになると余計にそうなると思います。そういった意味では，ウェイト・トレーニングの考え方ってたぶん階級によって違うのかなとも思います。スピードが中心の軽い階級ではそれほど重要ではなくて，重い階級は多分そういうのが必要なんだろうなと思いながらやっています。すごく体格がいい子というのはうちにいないので，今のところそれがはっきりと言えるわけではないのですが。

**金子**：重量級と軽量級って全然練習の方法も違うんですかね。

**佐藤**：そうですね。スピードも違いますし。体格がまず違いますから。

## 8 技の記憶，感覚の記憶

**金子**：先生は過去の対戦は覚えていますか。

**佐藤**：はい。そうですね。覚えているし，思い出せますね。

**金子**：それは，どう動いたかということを思い出すということですね。

**佐藤**：そうですね。

**金子**：すごいですね。試合の最中，動きながら考えてはいないのですよね。考えていないことを思い出すことは，興味深いことですよね。

**佐藤**：でも，人それぞれみたいですね。私はわりと覚えています。「ああ，こうだから，こうだ」，「ああ，これまずい」とか覚えていますけど，無心で動いている人とか，周りの声がまったく聞こえない人とか，そのほうが集中できているとか，人によって違うようですね。

**金子**：難しいところですね。終わったあとは思い出せるけど，実際に動いている最中には，「こうして，ああして」と考えていたら絶対動けないですよね。

**佐藤**：そうですね。

**金子**：そこのところを勘違いしている人が多いようですね。実際に動いた後の話が，そのように「考えながら動いている」というように聞こえるから，勘違いするようです。自分が教えていた体操選手でも，「ここをこういうふうに注意して」と伝えると，一生懸命頭で考えている。言葉で自己指示を出すことではないのに。言葉で伝えたい「動く感じをイメージして」という意味なのですが，「心の中で注意点を言葉で語る」と誤解する選手が多くいます。

**佐藤**：分かります。だから，学生たちにはまずは言葉で伝えずに取りあえず反復をさせます。反復させる理由の説明は機を見てですね。私自身が多分人より回数をこなしてきていて，考えなくてもそれが自動的にできるようになるまで繰り返してきたという経験がありますから。やっぱりその過程が大事だなと。でも学生たちは頭で考えて，「あっ，分かった，もうできる」みたいに言うのですよね。でも，「いいえ，できていないからまだ練習をして」と言うのですが。

**金子**：反復しながら，「ああ，何か分かってきた，うまくなってきたな」という自覚ってありますよね。

**佐藤**：あります。「できると分かる」がつながるときみたいな体験はありますね。「ああ，これができたなんだ」ということはありましたね。

**金子**：「分かる」と「できる」は絶対違うのですよね。

**佐藤**：違うんですよね。正直，「分かる」は後づけのときもあります。「できる」ことの後で，「ああ，こういうことだったのかな」という感じで。

**武藤**：それは動きの記憶が残っているから可能なのだと思います。運動中の，動いているときの記憶は無意識的なものだし，瞬間的なものなので，いわゆる「今の動きを覚えておこう」とか「練習でした動きを今思い出そう」というような，意識的に，意図して記憶しておこうというものではないんですよね。とくに試合中の目まぐるしく状況が変わって，頭で考えていては間に合わないところでは。でも，逆に言えば，あとからそれを思い出して言葉にしたり，説明したりできるということは，意識しなくても身体にそれが確実に残っているから，思い出す，反省，ということができるのだと思います。この身体に残り続けていく感覚と言うものが重要なのですね。

これまで佐藤先生が練習の中で研究をしてきたということでしたが，その研究で何が問題で，何を研究にテーマにしようと決めたことは，夢中で練習していた中で上手くいったりいかなかったりという身体の感じそのものだと思うのです。このような，練習や試合で身体に残った感覚を取り出せるか取り出せないかが，さらにその後の研究や練習に影響してくると思います。

**金子**：今回，佐藤先生との鼎談を企画したのは，実際に柔道をしている選手がどのような感覚で練習をしているのか，試合をしているのかを知りたいと思ったわけです。

**武藤**：そうですね。実際本当にスポーツ，武道をやっている人が何を感じて試合をしているのか，練習をしているのかということが重要です。やってない自分としては分からないけれども，だからと言って分からないで済ますこともできないので，そういう経験にまつわる感覚を深掘りしていきたいということなんです。

**金子**：それで言えば，組んだ瞬間に強いか弱いか分かるかという話ですが，説明なんか全然しないで，「いや，分かるんだよ」って言えば，一流選手は凄いというだけで終わってしまいます。でも，「何で分かるんだろう」ということを聞かれたら，「いや，こういうとき分かるんだ」とか聞き出すことができますよね。そのあたりが重要で，実際に柔道で上を目指そうとする人たちが身につけなければいけない感覚を具体化していく必要がある。「一流になれば分かる」のではなく，「一流を目指すにはどのような感覚を身に付けなければいけない」ということが分かれば，そこから練習が工夫できることになりますよね。たとえば組んだ瞬間分かるっていうのは，もう少し細かく聞くとすると，「持った瞬間分かる」というのは具体的に何が分かるということですか？

**佐藤**：一つはやっぱり，「筋肉の張り」みたいなものはすぐ感じますね。簡単に言うとモリモリなんだ，みたいなことです。「あっ，鍛えられている身体だ」ということが実感として最初に来ます。その最初の印象イコール，パワーなので，その後組みつつ，「実際パワーがあるな」というのと，組んだ瞬間に「そんなにガシッとしてなかったら，筋力的にはこっちがいけるのかな，力負けはしないかな」という評価が一発目に感じますね。

**金子**：ちょっと引っ張ったりしながら感じる？

**佐藤**：そうですね。二人がぎゅっと止まっている時間は柔道には多分存在しないので，ずっと動いていて，最初に組み合うときもやっぱりどっかが動いています。その動いた瞬間に，動き自体の力が分かるんでしょうね。組んでいるときも動いているので，それで重みみたいなものが感じられますね。同じ階級，同じ体重だとしても，「ズシン」というような体重のイメージ以上の重みがありますね。

**金子**：それは経験積めば積むほどその差というのはすごく分かってくるんでしょうね。

**佐藤**：そうですね。

**武藤**：それは武道の面白いところですよね。だって階級や体重がそろってるのに，相手のほうが「重い」って感じるんですよね。「足が地面からくっついてるのか？」という，あの重心の抵抗感。置き方とかさばき方の問題なんでしょうけど。

**佐藤**：あると思います。

**武藤**：それを崩すのが技なわけですよね，柔道は。

**金子**：ただ，重心の位置がこうだったからって言ってもそれは見えてるわけじゃないしね。

**佐藤**：そうなんですよね。

**金子**：崩して，それに相手が反応して，崩しの崩しみたいになるじゃないですか。崩された相手はこう来るし，それをまたこうして，っていうことが感覚で分かるわけでしょう？だからよく柔道でやられているけど，ポンなんて足蹴られて，誘われるじゃない？

**武藤**：そこに技だけでなく心の面，感情なども複合的に作用して，「この野郎」って相手が思った瞬間にこっちは「しめしめ」って隙をついていくんですね。

**金子**：それこそ見えない「気」が「そっちにいってる」みたいなところも分かるだろうし。そのようなことが「隙」なんですか。

**佐藤**：「隙」ですか。うーん……，確かに「隙」というものはありますよ。何て言うかな。目線とか重心の置き方とか，膝の柔らかさとか，それらの全部が合わさって進んでいるときは「隙」がないんですけど，その1個がどこか欠けちゃったときとか，気を抜いちゃったときとか，足や膝が柔らかくなきゃいけないのに棒立ちに一瞬なっちゃったときとか，そういう何か欠けたときが「隙」かな，って私の中では思います。

**金子**：そういうのが感じる取れるわけですよね。

**佐藤**：感じますね。「あ，今いけるかも」みたいに感じます。今，頭がカクッと下がったからちょっと丸くなって，「あ，今だったら前に転がせるかも」みたいな感じです。全部が隙だらけのときは無いんですけど，どこか一つ「抜け道ができた！」みたいなときの感覚ですかね。こっちもこっちもこっちも持たれて，ここだけ一瞬離れた，みたいなときに隙ができたと感じます。

**金子**：全部そろっているもののどこかに隙間があるという感じですかね。全部「隙」だらけだと，結局「隙」があってないということになりますね。

**佐藤**：そういう場合，「結局，どうしたらいいの？」という感じになるときもあります。

**武藤**：すべて完全にそろってるか，何もそろってないか，というのは，結局同じ話かもしれないですね。こっちが選択できないですもんね。どう攻めるかは，その隙という1個欠けているところがあれば，その1個のところに目がけていけるけど，複数あったらどうしようもないっていうようなこともあるかもしれない。

**佐藤**：そうですね。

**武藤**：でも，それは一瞬で分かっちゃう。そんなにたくさんの要件があって，どれかに目を付けていれば，それはずっとそこに目を付けて，重心だけ，重心だけ，ってなるかもしれないけど，でもそれじゃ全然足りないし，そう思うことでそれが隙になってしまうこともあると思うんです。そうなれば勝てないと思うので，一瞬に，たくさん要件ある中で，全然考えてないのにどこかが欠けたのがふっと分かって，自然と技に入っていくという。

**佐藤**：そうですね。そういうイメージだと思います。

**武藤**：すごいですね。一瞬組んだだけで。

**金子**：剣道って基本的に相手の目ばっかり見ているのですかね。

**武藤**：「遠山の目付」という言い方があって，どこを見るではなく全体を見るという，注意の選択と集中を均等化するような不思議な見方をするそうです。それができていないと相手に狙いを読まれるし，相手の隙も見つけられないということらしいです。

だから，格闘技は難しいですよね。剣道は相手の目というより，基本的には剣を合わせてるので，剣先のところが一応ポイントなんですけど，ただ全体も同時に見なきゃいけないので，剣だけ見ていたってしょうがないから，相手の身体の揺れとか足の感じとか，それこそちゃんと見えているのかいないのかという状態を作り出さなきゃいけない。でも一番重要な重心がずれた感じとかも見てなきゃいけないんで，全体をぼーっと見るみたいな感じになるそうです。

**佐藤**：ああ，聞いたことがあります。

**金子**：柔道ってどうしてます？見るところなんて，考えないかな？

**佐藤**：胸の辺りとかあごのこの辺ですかね。やっぱり弱い子とか下手な子は，組んでるとき下向いてしまっていて，それはもうよく「顔を上に上げなさい」とは言いますね。重心が下がっちゃうので。

**武藤**：そうですよね。頭という重い部分が変なところにいっちゃうと，確かにバランスが崩れたり固定し直したりで，隙が生まれますよね。

**金子**：どこどこを見ろ，なんて言われたらまたおかしくなっちゃう。

**武藤**：それで言うと体操も目線は難しそうですね。

**金子**：目は開けているけど，どこを見るということはあまりしていないかな。実際に技を行っているときに身体は動いているから，その動きを止めてしまうような「見る意識」はしないですね。

**佐藤**：目を開けてるだけということですか？

**金子**：目をつぶると怖いですよ。何かを見ているというわけではないのに，宙返りで目つぶると自分の空中での位置関係がいっきに崩れますね。

**佐藤**：床に対してはどうするんですか？　着地のときなど，どこ見ているのですか？

**金子**：たとえば後方宙返りでは，蹴った瞬間に後ろの床は見えないけど，着地をする床を見に行こうという意識，見るというよりも後ろに着地をする床があるという意識はありますね。

**佐藤**：ということは見ていないんですか。最初のこの背面のときとか，どこを見てるんだろうなと思って。

**金子**：床が後ろにあるという意識があるから，宙返りの後半，下が見えることになる。

**佐藤**：下が見える。

**金子**：見ると言うか，変な言い方だけど，宙返りを回ってるとき，この目が着地の方向を探しに行ってる。だから，見えない先を見ていることになるかな。サッカーでもオーバーヘッドキックでゴールに決めるとき，実際にゴールは見えていないわけですよね。でもゴールの場所は「見えている」。

**武藤**：見えていない床を見に行っているって感じですね。未来という未だない見えないものを見るような感覚でしょうか。

**金子**：そうですね。見るというより感じるの方が正しいと思います。たとえば一流選手などの話で，「見えないゴールが見える」というような，視覚で捉えるような言い方をされると，その考えに陥ってしまいますよね。恐らくですが正確には「背中でゴールを感じている」という言い方の方が現象としては的を射ていると表現だと思います。本当に目で見に行ってしまうことの弊害として，たとえば体操競技などでは，今まで見えていなかった景色が見えてしまったことで，技がまったくできなくなる例が多くあります。一度見えてしまった景色は，次にも見えてくるのではという想像が働き，また見えてしまう。このような負の循環に陥る選手は結構います。

**武藤**：焦点化しちゃダメということなんですね。

**金子**：そうですね，スキーなんかもゲレンデ全体を見ているはずで，どこを見ているという感じではないと思います。じゃあ目をつぶっても同じかといえば，それがダメなのは当然分かると思います。目の中に入っていなきゃいけないけれど，どこ見るという意識ではないですね。

**佐藤**：そうですね。柔道もそうです。

**武藤**：たしかにスポーツにおける「見る」というのは，どこかを見てるという感じはないけど，でも何か探ってみようとはしてるということだけがあるという感じですよね。

**佐藤**：そうですね。

**武藤**：佐藤先生も実際自分でやっていてどこも見てなかったって感じですか。それともどこか見るべき所があったとか。

**佐藤**：やっぱり目線は下がらないようにはしてましたね。私の方が小さくて，外国人選手は背が高くて手も長いので，基本的に私に対しては奥襟を持って頭を下げさせる戦法で大体が来るんです。ですので，それにはさせちゃいけないっていう，その意識だけはありました。目線だと，相手の肩の辺りとか，あごの下辺りって，そういう，その意識だけはありました。その他は別に必ずどこかを見るっていうようなことはとくになくて，でも全体を見るっていう感覚のほうが大きいと思います。

**武藤**：何でしょうね。でも今までの話聞いてると，柔道の場合は手で見てるみたいな感じでしょうか。

**佐藤**：ああ，でも手で感じるのはありますね。

**武藤**：組むことによって，さまざまな情報をそれだけで得ているっていうような感じなのかなと思いました。

**佐藤**：ありますね。だから，強くない人とやったら逆にやりづらいこともあります。くねくねしてて軸がないので，セオリーから外れるというか，体勢がこっちにいったら，こうくるはずなのに，まだこの辺にいるとか。「そこじゃないんだけど！もう1個先で投げたいんだけど！」みたいに思うことはありますね。たとえば三つ目の仕掛けで投げたいのに，二つ目の技で転がっちゃって，私が投げようと思ったのはそこじゃなかった，ということはあったりはします。反応がないと困るときもありますね。

**金子**：幼稚園の子を相手に，サッカーのフェイントをかけようとしても，その動きを子どもは全く読まないでボールだけを見ているから，こっちが一生懸命フェイントをかけてもなんかむなしくなるという経験があります。

**武藤**：それこそ子どもは，ただおじさんが動いていただけとしか見ていない。そういう意味ではこちらの意図と相手の意図との呼吸みたいなものがある程度あって，それがずれて，ということがないと，そもそも柔道の読み合いやサッカーフェイントにならない，という感じなんでしょうね。

## 9 失敗からの学び―カンとは何か

**金子**：最近は，上手くいかないと「才能がない」といって諦める人が多いような気がしますね。

**武藤**：びっくりしますよね。才能という言葉で片付けるのやめた方がいいと思います。その前に，それだけの努力はしたのですかね。まあ，こういう言い方は私の価値観に過ぎないのかもしれませんが。

**佐藤**：「やるべきことをやったの？」ということですよね。それでできなかったんだったら納得するとは思いますが。才能を理由に諦める人も結構いますよね。うちの大学で開催している研究フォーラムで，ハンドボールの先生が「実力の差は準備の差」って言っていました。それを聞いてその通りと思いました。全てにおいて，準備の差ですよね。身体のケアもそうだし，食事もそうだし，練習もそうだし。準備ができてないと勝てないというのはその通りだなと思いました。

**武藤**：そうですよね。ただ，選手はどうにか練習回数を減らしたくて，楽をしたくて仕方がない人もいますよ。

**佐藤**：そう。ちょっとでもさぼりたいという人はいますね。

**金子**：効率性というのがよく言われて，無駄なことを省いた方が良いという考え方がありますけど，スポーツの場合すべてに当てはまるとは思わないのですがね。

**佐藤**：そう思います。

**金子**：失敗ばかりしている練習は無駄な時間と考えてしまうのですかね。失敗はすごく大切な経験だと思うのですが。失敗だとしてもその経験が経験として残りさらに掘り下げることをして成功へと進むのではないでしょうかね。大事な場面で失敗したからこそ，その失敗に意味と価値が出るわけで。失敗は突然自分の読みと違うことが起こる大切な経験なのではないでしょうか。わざと失敗の経験をしようとしても，それは本当の失敗ではないですから。

**武藤**：まったく同感です。先ほど無意識に感覚が残っていくという話がありましたが，スポーツや武道にとって価値のある経験というのはやはり練習や試合の中で起こっているさまざまな感覚であって，そうであるならば，その練習中や試合中の感覚の記憶が競技力を上げる上でのカギになると思うのです。

まず重要だと思えるのは，感覚の強度の問題です。たとえば練習中や試合中に起こる経験で，それが成功にしろ失敗にしろ，後で思い返せるほどの体験でなければならないと思います。「あのときのあの瞬間」がどんな結果であれ，練習後や試合後に最初に想起されるものこそ，次の練習での，試合での課題になると思うのです。この想起されたものが動機づけとなって，次の行動につなげていくという志向にならなければ，その人はいつまでたっても変わらないでしょう。そういう意味で，失敗という経験はそれだけで強度が高いし，かつ動機づけになり得るものだと思います。つまりは，「身につく」ことの入り口になるということですね。現象学的に言えば，失敗という経験が競技力を上げる上での過去把持（記憶）と未来予持（予期）のサイクルを的確に回す，ということになるでしょうか。過去把持と未来予持の志向性自体は無意識に，勝手に作動しているものですが，それを明確に目標として意識的に取り上げることもできます。もちろんそれに気づいてそれを活用するかどうかは，本人の意志の問題でもあるのですが，しかし指導者が指摘すべきポイントとも思います。その無意識的な働きと，意識的な選択と決断の両方が本人にも指導者にも必要になるのでしょうね。

**金子**：やっぱり「身につく」という問題は，失敗の経験が必要なんですよね。ところがそうなると，「身につく」ということは，最終的に身体が勝手にやってくれるという意味なのでしょうね。だから佐藤先生もたくさん練習をしながらも，いろいろな経験の中に自分の思い以上に動いてくれる手足を手に入れて身につけてきたのでしょうね。

**佐藤**：とっさに反応してくれる身体でないと，試合にならないですね。

**金子**：そういう無意識に身体が動くといった，技が身についた状態ということでいうと，体操だと，自分が失敗したと思ったときでも，とっさに身体が勝手に動いて良い結果になることもあります。そんなことが，経験が身についたかどうかの指標になるのでしょう。確率的に良い結果が出てくることが「身についた」と理解する人が多いのですが，試合などは一回きりの場面ですから，それは確率で語るものではないですよね。むしろ一回きりという場面での力は，あらゆるアクシデントに対応できる力が「身についた」という意味になるのではないでしょうか。だから，失敗に対応する力の方が「身についている」という感じがしますね。柔道でも，自分が技をかけられたと思ったら足が勝手に出て相手を倒した，とかあるのですか。

**佐藤**：そんなに私は多くないですけど，たしかにそういったことはありますね。そういうことがやっぱりセンスということなのでしょうか。カンが鋭い人で，そういうのがすごく得意な人はいますね。自然と身体が動いた，あまり練習していなかったけど，自然にこうなってこうなった，みたいなことです。私はあんまりカンが鋭い方ではなかったので，こつこつ努力していたほうですね。私は基本的に練習をしたことしか出ない選手でした。

**金子**：でも，先生はカンが鋭くないと言っても，身体が勝手に動いてとっさに対応することがあるということは，練習のなかで何かが残っているのでしょうね。

**佐藤**：それは結局，私の場合は練習の積み重ねでしかなかったんだと思います。私は0から1が苦手なんです。ただ，1を2にするのは得意なので，1に積み重ねるかたちでずーっとメニューを1時間やれ，2時間やれ，というのはできるんです。でも新しいものを開発して自分なりにやれ，っていうと動かない，動けなくなっちゃう。そういう意味では，練習の仕方や研究は性格上合ってたのかもしれないです。ですので，カンの鋭さということで言えば，最初からあったというより身につけたものとは言えるかもしれないです。

**武藤**：それは分かる気がします。私もそういうタイプです。とにかく一つずつ一つずつ，ちょっとずつちょっとずつ，0.1，0.1，0.1，ああ，やっと2になった，という感じで。芸術家みたいに，創造的に，自分の中で自由に好きな発想でポンと，好きなものを作ってって言われると固まっちゃいますよね。

**佐藤**：柔道にもそういう芸術家タイプの人はいます。誰もやらないようなことをやっちゃうような人。

**武藤**：そういう人って，センスとか才能なのか分かんないですが，ピーンと来て，「あ，面白そう」で飛びついて，それでできちゃう，みたいな感じですよね。

**佐藤**：そう。でも，自分にとってそれは，無いものねだりなんだなって思いますよ，やっぱり。学生を見ていてもその2パターンに分かれるので，センス系の人は上手さがあるんですけど，まあ，練習はあんまりやらないんですよね。コツコツできないので。コツコツ型の人は，まあ下手で。でも寡黙に練習する。そういう両方の人を見ると，どちらも無いものねだりなんだなと思います。

**金子**：体操競技でもセンスある選手はたくさんいます。自分が見ていた選手でも，こちらの指示を，何が分かったのかも分からないような反応で「ふん，ふん」と聞いて，すぐにできる選手たちがいました。でも，そのような選手は何でもできるから，すぐに飽きて他の技の練習に興味が湧く場合が多いですね。だから本当に「身につく」まで練習をしない選手もいました。逆に，何を指示してもまったく上手くならない選手もいましたが，それでも試行錯誤しながら人の何倍も時間がかかって覚えていました。逆にそのような選手の方が失敗の経験も多く，「身についた」ときは，試合でアクシデントに対応する力を持っていたような気がします。その時，「努力も才能」なのかなと感じましたね。

**佐藤**：たしかに。

**金子**：だからと言って，センスがある子が伸びないという話でもないのが難しいところで。今の子たちは，センスがあろうがなかろうが，さっきの失敗や努力の話で言うと，そこの本質的なところが分かってなくて，練習すれば覚えられる，身につくって思いこんでしまうようですね。

**佐藤**：ただ練習してるだけじゃ覚えないと思います。

**金子**：ですよね。反省や課題がそこまで明確でなくても，日々の練習でいつの間にか，「あっ，そうか，力抜けばいいんだ」ってことが自分の感覚として自分で掴まなきゃいけない。それを指導者が言ったら，その言葉だけ聞いて分かったみたいになって，逆にこちらから，「力を抜く感覚はどんなこと」と質問すると答えられない人がいますね。

**武藤**：難しいところですね。頭で考えることと身体で反応することについて，卵が先か鶏が先かって考えがちですが，でも原理的にはやはり身体が先です。頭で考えるということは言葉を使うということですが，その言葉が言葉として機能するのは，まず身体に感覚が何かしら生じてからです。そうでなければ何を語るのか，ということになってしまいます。対象を感覚して，それからそれを言葉で説明する，この順序は変わりません。言葉が先行する場合もありますが，でもそれはやはりすでに身体で体験したものがある程度積みあがっているという前提があるはずですし，それが必要です。これは崩れないと思います。

ただ，これまでのセンスの話とか，見えないものを見るという話で，柔道や武道のことを考えると，間合いを取る，取れるということが，これらの話を繋ぐことになるかと思うんです。柔道の場合は空間的な間合いももちろん，時間的な間合い，タイミングを逃さないかどうかというところにかかっていると思います。タイミングという意味での間を測る，このことをセンスというか，いつその良い所のタイミングを予測できるか，というのがカンの良さと言い得るのだと思います。強さや上手さというのは，このカンという意味での間合いをどうとらえるかが一番重要なんだろうなと思いますね。

## 10 理想像と指導

**武藤**：佐藤先生はお手本にした選手などはいますか？

**佐藤**：いえ。とくにいなかったです。とくに憧れの選手とかもなくて。誰かをまねて，というのがあまり好きじゃなかったんですね。自分は自分と思ってきた人間なので。たしかにあるとき誰かのこんな内股をやりたい，と思って頑張ったんですけど，結局できなくて。参考にはしますけど，「この人と同じ技をやるのって，多分不可能なんだ，私には」と思って真似はしなくなりました。というわけで，参考にするようなモデルみたいなものを作らなかったですね。

**武藤**：なるほど。そこは徹底的に自分に何ができるか，という考え方にしたんですね。

**佐藤**：そうですね。手足も長くないし，自分にしかできないもので頑張っていこうと思って。いろんなアイデアはいろんなところからもらったと思っていますが。誰かみたいになりたい，という理想像はあまり作らなかったです。作ると多分苦しくなると思ったので。

**武藤**：そうですよね。結局届かなかったらつらいですもんね。じゃあ，そういう先生方からの指導としても，「この人みたいにやれ」とかいう話もなかったということですか？

**佐藤**：なかったんです。人に技を教えてもらった記憶が正直あまりなくて，小学校の頃はもちろんベースとして，初めての背負い投げとか教えてもらったんですけれど，それ以降徹底的に手取り足取りこの技をこうやってやるんだ，っていう先生が正直いなかったんですよ。

**金子**：「指導者はあまり教えてくれなかった」となると，柔道の指導って何をするのかってことにもなりますね。先生は今，指導者としてどうしているんですか。

**佐藤**：(笑) そうですよね。それこそ良い組み手，「今行ける」というところにたどり着くまでの動作，相手にその良い所を持たせないような技術，「こっちをこっちから持ったほうがいいよ」とか，「これをこっち側に落とすとだめだから，こっちに落としな」とか，その方向性や方法ですかね。教えているのは。

**金子**：それこそ個別で教えるわけでしょう？

**佐藤**：はい。技に関してもそうですし，あとは試合の組み立て方ですね。「最初の 20 秒で大体分かるでしょ。その後はこうして，こうして」という感じで。もちろん話していることすべてが当てはまらないんですけど，試合の組み立て方，技単発，技に行くまでの組み手の過程の基本は伝えています。「こうやって持たれる場合がみんな多いよね。だからこれをこうやってずらして，ここを使うといいよ」とか，それで「足が止まっちゃったらまた投げられちゃうから，足と手も一緒に動かすんだよ。目線はここを見てね」とか。

**金子**：学生がやっているのを見てはそういう話をするのですか。

**佐藤**：そうですね。「今，こういう場面が多かったよね。一回集合しようか」みたいな感じです。「こういうときにこうしたらいいんじゃない」って。もちろん人によって当てはまらない体形とか体重とかあるんですけど，だけど全体的に「やっぱりここはみんなちょっと足りないよね」とは言いますね。とくに，先ほど話したタイミングのところですね。「今，入れるよ」とか，ちょっと良い形に誘導してあげたりして。投げられてあげたり，良い形をつくらせてあげたりはします。

**金子**：そうか，学生と実際に組んでいるんですね。

**佐藤**：そうです。でも，見てて「この子強いな」と思って組んだら「あら，大したことないな」という場合もありますし，組まないと分からないことがけっこうあったりもします。

金子：じゃあ一緒に組めば，良い所を持たせてあげて，本人にそれを覚えてもらう？

佐藤：そうです。

金子：動けるうちしかできないですしね。

佐藤：「もうあと何年かな」と思いながら。できるうちはなるべく。

武藤：この子の技の感じとか，体形の感じだったらここが良い所というのが，組んでいて分かるから，先生がその形に崩れるとか，先生のほうから選手を誘導していって，「この感じ。今の瞬間だよ」を体験させて覚えさせるということをやるわけですよね。

佐藤：そうです。

武藤：自分が攻めるだけじゃなくて，攻められることも当然できてないと，やっぱり指導者はなかなかできないという感じなんでしょうね。

金子：それは良い練習ですね。打ち込みと違って，かといって乱取りとは違ってね。やっぱりうまいところを誘ってもらって。その補助みたいなものかな。

佐藤：限界を感じるのは，これ以上，自分が身長が高くも低くもなれないということです。私の階級の子たちはいいと思うんです。1階級，2階級，前後は。でもうちにも重量級はいて。やってあげたいけど，実際やりますけど，「でも違うよな」と思いながら，「ごめんね」と思いながらやっています。

武藤：実戦にそのまま使えるものにはならないですよね。

佐藤：ならないです。そうなんです。背伸びしても「違うよね」みたいなのは残ります。だから難しいところですよね。

金子：やっぱり違うんだ。やり方？　攻め方？　何か違うんですか。

佐藤：そうですね，やっぱり動きとか，あとはさっき言った組み手が，小さい人はいわゆる前襟を持つんですけど，大きい人は，こう，首根っこを捕まえるパターンが多いので，この時点でまず，技の前に組み手の形が違うんです。私はそうやって持たないので，正直分からないんです。でも見てる時間が長いので，「こうじゃないの」と思いながら言うことは言います。「実際私はできないけど」と断って。ですので，やっぱり軽量級の先生がいる所の学校は軽量級の選手が集まってきます。本人が「軽い先生，女性に教えてもらいたい」と言う場合もありますし，高校の先生が「あの先生の所に送りたい」と，2パターンありますけども。

**金子**：やっぱり重量級の試合なんか見てると全然共感できないというか，自分の柔道の感覚にはないものを見ると理解できない点は多いですよね。

**佐藤**：何かもう，重量級の学生を見ていると「3倍速で技を掛けてくれない？」と思います。「もっと速く動けないの」と思いますし，「まあでも重いんだよな」と思いながら，「そこ今パッて行けばいいのに」って私の感覚で思ってしまうんですが，そのパッが難しいようで。強い人はできるんです，トップクラスになると。そこはもどかしいです，見ていて。「良い組み手なのに何でいけないの」のというのがある一方で，「まあでも体が重さでそうはならないんだよな」と思いながら。

**金子**：逆に自分では全然できないような，そういう重量級ならではの技というのもあるんですか。

**佐藤**：あります。くっついて巻き込むような，重量級だからこそ，「自分の身体をうまく遠心力を使ってるんだろうな」という感じの投げ方です。この身体に巻き付けて，「このままゴロンとするだけで，投げることできちゃうよね」って。たぶんそういう意味では体格を利用した柔道なんだなと。

**金子**：「自分にはない世界」ですかね。

**佐藤**：ない世界です。

**武藤**：もう1つ，指導者論として話をお聞きしたいのですが，指導者の人柄とか人格に対して，何か考え方がありますか？それはたぶんいろんな先生に佐藤先生も教わってきて，正直合う，合わないはあったと思うんですよね。熱心な指導者もいれば，全然放任の人もいるだろうしということもある。佐藤先生個人としては，何か理想の柔道指導者像みたいなものはありますか？

**佐藤**：そうですね，まず私自身が殴られたりとか蹴られたりとか，いわゆる体罰が本当になかったんですよ。そういうのがあって当たり前の時代にまだかかっているときに選手だったし，ほかの高校とかではやっぱりそういうのがあったようなんですけど。私はそういうのを受けてこなかったので，手は絶対に上げたくないというのは基本としてあります。厳しい練習を課せられるとかはありましたけど，そういうことはなかった。それは私の中で恵まれていたというか，よかったのかな，と。今は当然，絶対だめですね。

**金子**：そうそう。第三者が見ているということもあるし，そもそもそんなことをするのは指導力のなさとしか言えないですね。

**武藤**：体罰はありえないですが，選手との距離をものすごく，不適切なほど密接にしたがるような指導者がそういう危ういことをしてしまう可能性が高いとは思うんですよね。この距離感みたいなことというのはどのぐらいが適切なんだろうというのは，どうなんでしょうか。選手と近づきすぎて，「お前が考えていることと俺の考えていることを一緒にしなければならない」みたいなタイプの指導者もいれば，「いやいや，俺は俺の考え，あなたはあなたの考え」みたいなタイプもきっといると思うんですけど。

**佐藤**：いると思います。これはでも，指導者の性別も関わる部分があるかもしれないなとも思います。

**武藤**：うちの大学の場合，指導者も女子，選手も女子ですが，佐藤先生の場合どう感じていらっしゃいますか？同性ということで近くなる感じですか。

**佐藤**：近くならないようにしています。たとえばサボっているのも隠したって分かるので，理由を聞くと泣いてくることもあるんですが，同性ゆえにじゃないですけど，何というか諸々，心情とか分かってしまうこともあります。ああ，でもどういう意味で「近い」ということになるかな？

**武藤**：そうですね。たとえばですけど，競技に関係のないところまでいろいろとコミュニケーションを取りたがるような先生もいらっしゃるわけですよね。そこまでいくと，個人的にはちょっと近すぎると思うんです。相手のテリトリーに入りすぎて，「そんな私生活まで左右するの？」というところにまで指導者が手を突っ込んじゃう。「でもそのぐらいやらなきゃ私の考えは伝わらないのよ」というような人もきっといると思うんですよね。

**佐藤**：そこまではいきたくないです，私は。

**金子**：その距離感は，磁石のＮとＮみたいなもので，近づけば相手は離れる，相手が近づけばこっちは離れるみたいな感じですかね。

**武藤**：なるほど。こう，よきところの反発具合みたいな。

**金子**：私の場合，体育館以外はまったく別と考えていますね。体育館は仕事場でプロとして選手を叱ることはあっても，体育館を出たらもう関係ない。体育館の外で叱られた学生が変な顔をしていても，自分が叱ったのに「おう，どうした？」なんて平気で言っていましたね。卒業生に聞くと，何かそれが凄い疑問だったようですね（笑）。

**佐藤**：(笑)

**武藤**：(笑) ギャップに「お！？」となりますね。

**金子**：「何だよ，あれ，別の人？」とかっていうような感じですね。

**佐藤**：でも分かる気がします。外までは持ち出さないです。

**金子**：結局，感情じゃなくて叱っているんで，怒っているわけではないですからね。でも体操競技の練習は危険を伴うから，ちゃんと言うときには言わないと。「危ないよ」なんて言っているぐらいじゃ済まない場合もあるから，「やめろ」とか言うこともありますね。怪我をしてから「危ないよと言ったのに」と言ってももう遅いので。やっぱりそのときにはけっこう強く言います。でもそのことがお互いに分かっているし，そのための選手と指導者の関係なので。

**武藤**：「仕事」という言葉が結構重要なことなのかなと思って。さっき私が例に出したようなことってドメスティックというか，何かこう家族的，家庭的になりすぎちゃって。もう距離感がない感じになっちゃうと，たぶん柔道とか体操とは別の余計なことのトラブルが生じやすくなってしまうのかなという感じがするんですよね。だからそういう意味では，仕事ぐらいの適切な距離……「適切な距離感」って抽象的ですけど，そこの意識がやっぱり必要なのかなというのは，今お話で感じましたね。

**佐藤**：あと，選手が自分で戦えなくなってしまうと思います。格闘技なので，自分で考えて立ち向かわないといけないのに，指導者の顔色を窺って，依存しては勝てないです。

**武藤**：なるほど。

**佐藤**：高校まで全部チャンピオン，チャンピオン，チャンピオンになって，大学に行って自主性を求められていくと，もうそこで戦歴がガクンと下がる子がいます。今まで言われすぎてきたから，自分でどうしていいか分からなくなるんですね。

**武藤**：なるほどね。自分で立てなくなっちゃうんですね。

**佐藤**：そうです。強い高校生はどうしても寮生活とかになるので，部活と生活が切り離せなくなるんですよ。まだ子どもですから，指導者も世話を焼きすぎちゃうし。ですので，プライベートな話などは，するにはするんですが，深くは聞きません。でも，トラブル予防じゃないですけど，教育の場面として知っておいたほうが先手を取れるな，対応できるなということに関しては最初に聞いておきます。

**金子**：女性の指導者だからまだいいけど，これが男性の指導者だったら難しいですよね。

**佐藤**：そうだと思います。すぐセクハラとかも言われちゃう時代ですもんね，全然そうじゃなくっても。柔道なんて特に言われちゃうので，いろいろと大変だと思います。

**武藤**：そうですね。じゃあ，先生は今までいろんな先生とか指導者とかかわってきたなかでは，そんなに距離が密接になるようなタイプの指導者はいなかったというわけですか。

**佐藤**：出会わなかったですね。武藤先生が想像するような密接なという先生はいなかったです。

**武藤**：もう少しお聞きすると，指導者は皆さん個性的ですか？あるいは私が受けてきた指導の先生たちは何か共通点があるとかありますか。

**佐藤**：いや……中学校も高校で教えてもらったので，中高一緒なので，それと大学の共通点は，あんまり教えてくれないということ。

**武藤**：(笑) なるほど。

**金子**：逆にすごく教えるのがうまい指導者っています？

**武藤**：出稽古などで直接そういう人に教わったことはありますか？

**佐藤**：教えるのがうまいというのが，技術を教えるのがうまいのか，それとも盛り上げ方がうまいのか，色々と種類があると思います。乗せるのがうまい先生がすごいなと私は思っていて，それが欲しいなと思います。コントロール不足というか，そのへんの盛り上げ方がまだね。

**金子**：でもどこかの先生で，たとえばいつもあそこに送ると，すごい選手を育ててくるという所があるでしょ。

**佐藤**：いますよね。

**金子**：体操なんかでもいますね。それも過去に決して優秀な選手だったんじゃない人が良い指導をしていて，「ああすごいな」と思うことが多いですね。

**佐藤**：分かります。

**武藤**：何を伸ばしているのですかね。

**金子**：まあ，いろんなものが見えるんだろうとは思いますが。結局全日本レベルの大会などに選手を出場させるコーチで，過去に一流選手だった人は希ですね。結局，選手としての技能が高かったことと，指導者としての技能の高さとは簡単に一致はしないようです。

**佐藤**：でも技術指導ということではないんですが，教育というか，性格悪い子にはなってほしくないな，というのはやっぱりあります。でも，性格悪い子のほうが強いという現実もちょこっとあったりして。

**武藤**：うん，よく分かります。

**佐藤**：でもやっぱりそうはなってほしくないと……。性格が悪いほうが格闘技は強かったりするっていう一般的なイメージが悔しいので，そうならないようにとは……。学校教育の場なので，実業団だったらもういいのかもしれないですけど。プロだったらば。

**武藤**：プロは結果しだいですからね。

**佐藤**：はい。教育の場面にいるから，やっぱりそこは捨てたくないな，というのはあります。そこでいうと，本学は歴史がない柔道部で，やっぱり信頼を第一にと思います。先輩，OG 方が一生懸命築いてくれましたから。

**武藤**：なるほど。佐藤先生，もう一つだけ。先生から指導者のほうに話を聞きに行くというようなことはけっこうありましたか？　指導を乞いに行くみたいなかたちで「先生のお話を聞きたいです」みたいなこととか？

**佐藤**：中高一緒の先生だったので，その先生に「教えてください」はなかったです。大学もその先生に「教えてください」はほぼなかったです。周りにいた強い人とか，どこか違う所の出稽古で，ほかの大学とか，ほかの大学の先生とかには聞きに自分で行ったり，あとは高校の先生が「聞きに行ってこい」と言われて聞きに行ったりしたことはあります。

**武藤**：何というか，さっきの研究の話もそうですけど，やっぱり横のつながりのなかで，選手同士で話し合って高め合ったというような感じなのですね。

**佐藤**：私はそうでした。「この先生についていきました」みたいなのは，ありませんでした。感謝はもう本当にしているんですけど……。

**武藤**：そういう感じなんですね。周囲の人たちとの切磋琢磨というようなことで力が付いてくると。

**佐藤**：そうでした。いいとこ取りをさせてもらったみたいな感じですかね。誰かにずっとついていくというよりは，時と年齢を重ねて，強化選手の人もそうじゃない選手の人にも，そういう場面場面で良い人に聞いて，良い人に聞いて，それで作り上げていった柔道なのかなという感じはします。だから「みんなにお世話になったな」と，本当に今は思います。

**武藤**：そういうような横のつながりでの高め合いもあれば，一般的な師弟関係として縦のつながりでというのもあるし。どちらか良いという話ではないのかもしれないですけど。

**佐藤**：そうですね，合う，合わないもきっとあると思うので。

## 11 おわりに

**金子**：最後にお聞きしたいのですが，柔道の研究ってあまりないような気がしますが，論文とかはどうなんですか。

**佐藤**：ああ，技術の論文ですか。

**金子**：技術というか分析や解説のような。

**佐藤**：ないわけではないのでしょうが，遅れている，という感じでしょうか。科学とけんかするじゃないですけど，あまり相性が良くないのか，ないですね。最近でも，センサーをつけて何か角度とかを測るような，そういう研究はあるみたいですけど。

**武藤**：モーションキャプチャーみたいなやつを付けてというやつですね。

**佐藤**：そうなんです。でも実戦的でないので論文が進まないし，その論文は現場の人に，「いや，そんなのもう机の上だけの話でしょ」みたいに一蹴されることもあります。その対決で結局，なかなか進まないようですね（笑）

**武藤**：「背負いに入るときの角度がこれなんだ」と言われたって，そんな角度は試合の中で一度も来ない，考えてもない，みたいなことですね。

**佐藤**：そうそう（笑）。その分析が正しくても「あの人だからできるんだよ」みたいになっちゃって，それで終話がわるんです。

**金子**：自分の運動伝承研究会誌でも，柔道の研究では，過去に野瀬清喜先生が「内股のコツの伝承（伝承 3 号　2003)」という論文が書かれただけですね。どのような研究が柔道の実戦に役立つのか，今後改めて考える必要がありますね。

**佐藤**：そうですね，技術ではなく，減量しすぎると脱水になってとか，パフォーマンスが下がるとか，そういう論文はあります。筋力は，このトレーニングをしたら筋力が何キログラムアップとか，そういうのはわりとあります。昔はなかったのですが。あとは月経が止まってしまうとか。そのへんはわりとあるんですけど，技術に関しては踏み込めてないですね。言葉じゃ解決しないところがありすぎて。

**武藤**：そうですね。

**佐藤**：難しい……。

**金子**：でもね，それを書けるようにならないと……そうじゃないと，それこそ伝承が起こらないしね。

**佐藤**：そうですよね。オリンピックで背負い投げが何回使われましたとか，そういうのはあります。

**金子**：そう，そういうのはいっぱいある。データの集計はね。

**武藤**：数えればいいだけですからね。

**佐藤**：それはあります。ルールが変わってからの技の回数の変化とか，それはあるんですけど。できた，できないとかに関しては，誰も踏み入れられない。でもそのようなことが研究できるようになれば，素晴らしいですね。

**金子**：さて，時間もずいぶん経ってしまいました。今回の鼎談，大変有意義で楽しかったです。ありがとうございました。

**佐藤**：とんでもないです。何か答えになったかどうか全然わかりませんが。

**金子**：今回はこれで一応終了になりますが，この辺少し掘り下げたいなとか，こういうこと少し聞きたいな，みたいなことがたくさん出てきたので，またの機会をお願いしたいと思います。

**佐藤**：もちろんです。私で良ければ。

**金子**：今回，この鼎談はスポーツ運動学・現象学講座 3 巻に掲載する予定ですが，このような多くのアスリートが実際に経験してきた感覚の世界を今後も開示していきたいと思っています。

私たちスポーツ運動学者の仕事は，このような実践経験の話が，スポーツ運動学として学問として厳密に分析され，多くの人に伝えていくことだと思っています。まさに，最後のお話の柔道の関する研究の遅れは，柔道に問題があるのではなくその研究方法が実戦と乖離していることを意味しているのだと思います。スポーツ運動学は実践理論としての学問ですから，このような優秀な選手の経験から，それを整理しながらどのようにして次の世代の人たちがそのような感覚を身につけられるかを明らかにしていくものです。そのためには，フッサール現象学を基礎に置くことが必至であり，現象学者の武藤先生との鼎談となったわけです。

あらためて，ポーツ運動学としては，柔道に関する実践的な研究をとりあげ，実戦の柔道家の人たちに役立つ論文として提供できればと思っています。

**武藤**：非常に興味深いお話をうかがうことができた鼎談でした。その興味深さというのは，やはり「感覚を語る」ことにつきます。科学の作法において曖昧とされた一人ひとりの感覚にこそ現実があり，現象として目の当たりにしている我々が，真摯にそれを語ることに大きな意味があると，スポーツ運動学も現象学も考えています。稀有な体験を持つアスリートの自己分析や感覚に基づく技の解説が，それらの学問的な基礎づけを得ることによって，これからのスポーツと武道の研究の焦点となっていかねばならないと思います。このスポーツ運動学・現象学講座でシリーズ化された鼎談は，まさにその一助となるでしょうし，そうした研究の新たな一方法としてトレンドを作り出す上での指針になればと思っています。今回の鼎談がそれを実現するための一歩になれば幸いです。

読者の皆様にはこうしたかたちでの学術的な研究が可能であるとご理解いただき，是非参入していただければ，スポーツや武道の研究が大きく変わるのではないでしょうか。このような研究から，「研究自体の新しい価値観」が生まれることを望んで，今回の鼎談を結びたいと思います。

# 習練形態と動感意識

佐藤　徹

## Ⅰ．運動学習における目標形態

### [1] 目標感覚形態としてのノエマ

運動を学習したり指導するときには，めざす運動形態の内容が明確にされていなくてはいけません。学習目標として「逆上がり」というような名称を掲げると，その内容はさまざまに理解されます。たとえば，低鉄棒で片足の振り上げを行って上に上がる運動形態をイメージする学習者もいれば，高鉄棒で懸垂姿勢から腕による引き上げを行って後方に回転運動を始めるという動きをイメージする学習者もいます。

また，コツの指導のように具体的な動き方の指示になると，その表現は非常に多様になってきます。近年は，ユーチューブ等の動画を使ったスポーツ運動の上達のための情報提供が，広範囲に数多く行われています。それらの情報提供者は，実技も指導も経験豊富な者ではあるのですが，説明内容はまったく多様です。ときには，同じ運動部分の指摘であっても，まったく逆の内容が説明されていることもあります。それらを見て学ぼうとする者は，どれをめざせばよいのか悩むのは当然です。

学校体育においても，課題の運動名は与えられても，それをどのように行えばよいかという動き方については何の提示もなく，生徒はめざす動き方がつかめないまま練習に取り組んでいるということは多々あると思います。ときには誤った，あるいは的外れの練習方法が提示され，学習の大きな障害となることさえあります。

このような不都合な事態を，金子は「ノエマ的意味存在論の欠落」[*1]と呼んで，体育の「教材研究も，動感発生のマニュアル発見に直行し，ノエマ的意味の構造分析はまったく無視されることになる。とりわけ，わが国の教材研究は，そのノエマ的意味内容の存在論的分析の不可欠さに気づかないまま，もっぱら学習方法論だけが前景に立てられていく」と指摘しています。

ノエマ的意味とは，大まかにいえば意識対象ということで，何か運動を行うとき思い浮かべている動きの内容です。たとえばサッカーボールを蹴ろうとするときには，インステップで蹴るのかインサイドで蹴るのかなど，どんな蹴り方をするのかが意識されています。さらに上級者になれば，蹴りたい方向や高さに応じて足首の動かし方なども先取り的に意識されています。それをめざして遂行していくわけです。運動を指導する際には，このめざしていくことになる動き方が，きちんと説明されていなければなりません。教師と生徒のあいだで，このめざす動き方が異なったものであれば指導はうまくいきません。

金子が指摘する「ノエマ的意味存在論の欠落」という問題は，どのような感じで動けばよいのかという「動く感じ」が意識対象となっていない学習活動のことをいっています。つまり，「逆上がり」という課題だけが提示されて，それに必要な「動く感じ」がどのようなものかが提示されないままで，課題が出されている状態を指摘しているのです。これは同時に，指導者が学習者にどのような感覚を身につけさせたいのかが不明であることでもあります。「存在論の欠落」というのは，そのような問題があることすら顧慮されないということです。そのことが不適切な指導，非効率的な学習につながっている例は少なくありません。そのような例を紹介します。

---

＊1　金子明友（2015）：『運動感覚の深層』明和出版　247 頁

### [2] ノエマ的意味の欠落した習練形態の問題性

一輪車の初歩段階では，手すりにつかまってゆっくり進む練習がよく行われます。その際，左右の足（ペダル）を，前後に置いた状態から，ペダルを踏み込み車輪を半回転させて同じ姿勢（足は前後が入れ替わっている）で止まるようにします。この練習はたいていの指導書でも奨励されていて，その有効性を疑う人はいないでしょう。

ところが，その習練形態の動き方，つまりペダルのこぎ方について解説しているものはあまりありません。実は，一輪車に乗れるようになる重要な技術[*2]がこぎ方にあるのです。つまり，自転車のように下向きに強く踏み込むのではなく，ペダルを後ろにひっかくようにして，下向きに強い力がかからないようにこぐことが重要です。具体的にいえば，足が真下で止まらないようにするのです。それをやりやすくするために，ペダルは上下ではなく前後に置いて静止するのです。こぎ方としては自転車ではなく，子どもの三輪車に近いかもしれません。自転車に慣れた者にとっては，局面化意識の改変が求められることになります。このような動き方の説明がない場合には，学習者は不安定な体勢で時間をかけて，こぎ方の感覚を自分で探し出して身につけていくことになります。その場合，この特有のこぎ方を意識の対象としながら練習していく場合とは，効率は大きく異なるでしょう。

この習練形態を奨励する指導者は，自分では当然このようなこぎ方を習得している熟練者なのですが，その動き方を他者に説明できるかたちで把握していないので，見本を見せるか，あるいは経験的によいと思われている習練形態を提供するだけになっているのです。そのため，この車輪が半回転だけ進む習練形態は，連続する回転運動のうちの単なる180度回転という部分的抽出にすぎなくなってしまっているのです。

細かなことを意識しなくても上手に乗れる熟練者も，習得する段階では動き方に関して多様な内容を意識していたはずです。そのときの動感意識に現象学的検討を加えて固有のこぎ方の感覚図式がノエマとして構成されていれば，その図式を含む動感形態が練習対象とされ，具体的な動く感じを呈示しながら指

＊2　佐藤徹（2020）：『動感意識の本質記述』 スポーツ運動学研究 33 号

導に活用されていたと思われます。つまり，意味としてとらえられたノエマには，多様な体験の個々の内実は含まれていませんから，ノエマの具現化としての習練形態だけを孤立的に提供されても，学習者はその外形的特徴を認識することしかできません。それゆえ，習練形態は具体的な動く感じの呈示も合わせて学習者に提供されなければならないのです。

## [3] 習練形態について

ある目的のために繰り返し練習する運動形態が習練形態ですが，このとき何を目的とするかによって内容は変わってきます。スポーツ運動学で扱う習練形態は，スポーツや体育で行われる自己目的性を持った動感形態であり，健康増進や体力向上のためのエクササイズ（媒介運動）ではないことはもちろんです。したがって，スポーツ競技であれば，ルールなど価値観に沿った範囲内で，できるだけ大きな成果を上げ，かつ効率的な実施ができる運動形態が目標となります。体育授業などでは，レディネスに応じた技能で，その運動を楽しみながら学習できるものが目標となります。

さらに，ここではもう少し習練形態の内容を細かく確認しておきます。逆上がりとかインステップキックといった運動形態は，体育授業やゲームなどに必要な基本技能として練習の対象となるのは当然ですが，それらの全体経過のなかの部分的な運動も練習対象として考えなければなりません。たとえば，クロールを学習するときビート板につかまったバタ足練習は，初心者では手と足の協調が難しいために部分に分けて行う習練形態です。球技における戦術の練習においては，身につけるべき戦術が典型的に現れるような部分を取り出して繰り返し練習し，それぞれのパターンをシンボルとして獲得することがめざされます。これらのような部分的に抜き出した習練形態を，目的に応じてどのように設定するのかは指導者にとって重要な能力となります。

運動学習において活用されるこのような習練形態に関して，『感覚の意味』を著したシュトラウスは「準個別運動（Quasi-Einzelbewegung）」[*3] という概念を用いています。その内容について，「仕事やスポーツにおける何らかの技巧を習得する際には，先行する静止体勢および後続する静止体勢によって一種の枠

＊3　Straus, E.（1956）：『Vom Sinn der Sinne』Springer-Verlag. S.246.

組み（Umrahmung）を作り，その中で自己運動は準個別運動へと形成される」と説明しています。運動は部分部分が孤立して存在しているのではなく，流れのなかで移行の形態として成立します。ですから，なにか特定の運動部分を練習しようとする際には，その前後に静止体勢を設定することによって，その部分的運動を際立たせることができると考えられます。それが「準個別運動」と呼ばれます。

シュトラウスは，このような部分練習によって，運動全体の遂行時には注意を向けることが難しかった細部にまで意識を向けることが容易になってくるといいます。つまり，行う運動を始めと終わりのあるまとまりとして俯瞰的な見方（意識の仕方）をすることが可能となります。それによって，それまで情念的内容（pathisch；はっきり言葉にできない感覚的内容）であったものから，認知的（gnotisch；認識的，覚知的）内容となり，繰り返し実行できる練習対象とすることができると述べています。

この場合，どの部分を取り出すかは任意です。習得目標の内容に応じて最適な部分の始まりと終わりを設定することが重要となります。この準個別運動として取り出す方法，具体的には「区切り方」，つまり練習対象とする運動の始まりと終わりの設定が，その効果に対して大きな影響をもつことになります。その際に土台となるのは，指導者の動感に対する認識であることはいうまでもありません。

## Ⅱ．志向体験と習練形態

なぜ動き方が練習目標として提示されないのか，ここではその理由を考えていきます。

学習者がめざす動き方はノエマとして保持されると前述しましたが，そのノエマとなる動き方を指導者が適切に提示できない理由として，金子は「＜ノエシス契機の原発生地平＞が分析されていないから，そこに潜む感覚質のノエマ的意味が浮上してくるわけはない」[*4] といっています。原発生地平とは，過去把持と未来予持を含む人間の時間意識を意味していますが，なぜノエシス契機

＊4　金子明友（2015）：『運動感覚の深層』 明和出版　245 頁

の体験が欠けているとノエマ的意味の存在論の欠落につながるのか，その意味を考えてみましょう。

### [1] 運動遂行における志向構造

われわれの志向性は，ヒュレー（素材）－ノエシス－ノエマの関係の上で成立しています。ノエシスは意識の作用であり，ノエマは意識の対象であるとされます。志向性は，ある素材が，さまざまな感覚や意識活動（志向体験，ノエシス）によって生気づけられ（意味づけされ），「～として」とらえられることによってノエマが形成され（内在），その存在が確信される（超越）という意識活動の構図を表しています。

物体の知覚の場合には，ある素材（たとえば黒っぽい固まりのようなもの）を見て，たとえば犬だと認識しますが，その際にはいろいろな角度から見直したり，色や毛の状態など，さまざまなことを思考します。そのとき，見えかた（体験，実的内容）はその都度変化しますが，そのたびに対象が変わったとは思いません。つまりノエマとしての同一性を保っています。

これが運動の知覚の場合には，このようには経過しません。物体の知覚では，ノエマとして「知覚されたものそのもの」（＝知覚意味）が意味としてもたれた後も，もとの対象物（素材）はその場に残っています。ところが，運動は音楽メロディーと同様に時間ゲシュタルトですので，知覚された後にはもとの素材は消え失せてしまっています。もっとよく見るとか，別角度からもう一度見直すということはできません。

さらに，自分の動きをとらえるという場合には難問が生じます。他者の運動を見るときには，身体という物体の位置移動を視覚的にとらえて，その意味をノエマとして構成したのですが，自分の動きの場合は，素材となるのは自分の感覚という見たり触ったりすることはできないものです。この対象としての自分の感覚は，これはこれでひとつの意識ということになります。感覚することそれ自体がすでに意識だからです。自分の意識を自分で意識するという複雑な仕組みとなっています。素材としての自分の感覚がノエシスによって意味づけられノエマとして構成されるのは，“動き方の感覚図式”ということになります。これもまた，直接見たり図示したりすることなどができないものです。

消え去ってしまうものを，どうやって意識に残すことができるのでしょうか。金子は「原発生の過去把持地平の＜たった今＞を感じるとき，それを我々は意味（センス）発生の＜ノエシス契機＞と呼ぶ」[*5]といっています。ここで，なぜ「＜たった今＞を感じる」ことがノエシス契機なのか考えてみたいと思います。運動を見るときのように，見た瞬間から消えてしまう対象は物的知覚のようにじっくり見直すことなどできません。したがって，「過去把持地平の＜たった今＞」が感じ取られない場合には，ノエシス契機はできないことになります。フッサールの「内的時間意識」においては，「今」の瞬間は過ぎたばかりの「過去把持」とこれから来る「未来予持」を含んだ幅をもつものです。これらは明確な能動的意識の上に存在するのではなく，自我が関与することなく作動することから「受動的志向性」と呼ばれます。その過去把持における「たった今」をつかむ能力を，金子は「時間化能力」と呼んでいます。

しかし，「たった今」をつかむことができないということはあるのでしょうか。たとえば，未知の外国語を聞いたとき，声を聴覚的に知覚しているのは分かりますが，その語義はもちろん，言葉の句切りさえ分かりません。自分のなかで言葉として構成されていませんので，たった今聞いたばかりであっても真似ることができないのです。たった今聞いた音声（原印象＝感覚素材）が過去把持としてつかまれて（記憶されて）いるから，次に来る音声と意味の結合が構成され（ノエシス契機），一つのことば，つまりノエマができあがるのです。複雑な運動を見たとき，専門の審判員でさえ，どんな運動であったか判断できないことがありますが，これも同様の事情です。自分で行った運動でさえ，予想外の動きが生じたときなど，実施直後であっても「今なんだった？」と自問することはよく体験することです。このように，＜たった今＞をつかめるということは一つの能力といえます。

「＜たった今＞をつかむ」ことは，運動が終わった後に，行った運動についてあれこれ考えを巡らすこととは異なります。後者は，後述する本質観取にとって非常に意義ある反省活動ではありますが，再想起に基づく想像活動を意味しています。その再想起のもととなる素材がなければ，そのような活動は不可能です。その素材となるのが「＜たった今＞をつかむ」ことによって得られた意識となります。

＊5　金子明友（2018）：『わざ伝承の道しるべ』明和出版　382頁

### [2] 習練形態の基礎としての志向体験

「<たった今>をつかむ」ということは具体的にはどのようなことを意味するのでしょうか。端的にいえば，一回ごとの運動実施における動きの違いに気づくことができることだといえます。

「何か違った」感覚をもつのは誰しも経験すると思います。遊んでいる小さな子どもでも，ときにふっと親の顔を見て，「見てた？」というような表情を見せることがあります。このように，「何か違った」ことに気づくのは誰でも経験することであっても，その違いが具体的にどのような内容なのかと意識対象にすることは誰もが行うことではありません。「ちょっと違っていた」ような気がしても，気持ちよくできたといった程度の感想を持つだけで，練習を重ね上達していくことは一般的な過程です。この場合，技能は上達しても，どのような感じで行えばうまくいったのか，“感覚のまとまり”を言葉で表現することはできません。ですから，見本としてやってみせることはできても，動く感じをことばで伝える力はないのです。

それに対して，<たった今>を感じ取り，一回ごとの動きの違いを把握し，そのときの具体的な感覚の内容を自己分析し，それを次の試みに活用するという練習の形式をとる人もいます。その自己分析は実的分析といわれ，直接感じた意識を対象とします。感じた<たった今>の感覚素材と実的内容が，ノエシス契機を形成することになります。

動きの違いに気づくといっても，何に気づくのかが問題です。気づくときの源泉は実施における原印象（感覚素材）ですが，これは決まったものが最初からあるわけではありません。過去の経験において蓄積された意識的および無意識的な感覚のまとまり（空虚表象，空虚形態）を背景として，過去把持地平のたった今と，行おうとしている動きの感覚（未来予持）との関連の中で，違いとして意識にもたらされるのです。違いとは予測と現実が異なるということですから，未来予持は「志向が充実しないという体験が構成されるための要件となっている」[*6] と武藤は説明しています。

また，本来なら意識されずに流れ去る過去把持のなかから，なにか際立った

---

＊6　武藤伸司（2018）:『力動性としての時間意識』 知泉書館　108 頁

ものが自我に働きかけ（触発），自我がそれに向き合い（対向），意識にのぼってきます。その際，何が浮かび上がってくるのかについて，山口は，「どんな感覚素材が，どのように触発してくるかは，簡単にいえば，そのとき自分が一体どんな関心をもっているのか，に依ります」*7 と述べています。したがって，自分の動き方にどのような関心をもって遂行に臨むかが，的確な内容を気づきとして意識にもたらすために重要になってきます。自己分析の習慣のない人には，意識を引きつける触発の動機が訪れる機会は少ないといえるでしょう。

動きの感覚図式としてのノエマはノエシス契機と並行関係（どちらか一方だけでは成立しない）にありますから，ノエシス契機の分析ができない指導者は学習者に目標として与えるノエマ（動き方）の提示はできないことになります。「＜ノエシス契機の原発生地平＞が分析されていないから，そこに潜む感覚質のノエマ的意味が浮上してくるわけはない」*8 という金子の批判はこのように理解できると思います。

## Ⅲ．動感意識の形成

新たに開発されたばかりの新技や，きわめて高難度で，その感覚構造などまだよく分かっていないような運動であれば，めざす動き方を学習者に提示するのは容易ではないことは理解できますが，体育教材など多くの人々に親しまれ，練習法もある程度確立しているような運動であれば，これまで述べてきたような問題はあまり起こらないのではないでしょうか。広く普及している運動であれば，熟練者も数多く存在していますから，その人達のなかには，練習のなかでさまざまな試行錯誤を繰り返すうちに，このような動きがよいという確信を得た人も数多くいるはずです。それをもとに練習方法を構築していけば，効率のよい適切なものができあがるはずです。ところが，現実はそうではないことが少なくないのです。そこで本章では，そのような不都合な事態が生じる理由を探り，問題の解消に向けてどのような活動が可能なのか検討していきたいと思います。

---

＊7　山口一郎（2012）:『現象学ことはじめ』 日本評論社　170 頁
＊8　金子明友（2015）:『運動感覚の深層』 明和出版　245 頁

### [1] 運動指導の土台としての動感意識

運動を指導するとき，指導者は学習者に対して，どのように行えばうまくいくのかという動く感じを伝えようとします。その内容は指導者自身が「そのように動いたらうまくいく（はず)」だと思っているものであることは当然です。その動く感じは，指導者が自身で体験したことのある運動であれば，実施した際にうまくできたときの感覚に基づいていると思います。また，直接体験しなくても，類似した運動があればその感覚をアナロゴンとして，仮想的な感じを構成し，ことばで表現し伝えることとなります。

指導する内容が，自分の体験のなかでつかんだ動く感じの意識，つまり動感意識に基づいているのなら，指導内容の適否にとって意識の内容が重要であることはいうまでもありません。しかしながら，結論的にいえば，それが不適切である事例が多々あるのです。そのため，現実の運動指導（指導書などの記述も含めて）においてさまざまな問題が生じています。そのような問題のある事例をもとにして，動感意識の内実とその形成過程について考えてみます。

運動したときの感覚の意識を動感意識といいましたが，実際の運動時の意識は多岐にわたります。動いているときのキネステーゼのように，意図せずに意識していることもあります。ここでは，運動の指導に関係する内容に限定するために，動感意識を「自分がどのように動いたか感じ取り，その意識内容をことばで表現したもの」として扱っていきます。運動中に感じた恐怖感やからだが重い感じなど，運動経過と直接かかわらない内容のものを除外しても，なおさまざまな内容が意識されます。たとえば「スムーズにできた」とか「つまった感じだった」などの印象をもつことも日常的なできごとです。これらの内容は実施者の印象であり，これらを直接指導の材料にすることはできません。したがって，ここでは「動き方」に関する意識だけを対象にします。

### [2] 自分の動きの能動的把握

動感意識は，どのように私たちの頭の中でできあがってくるのでしょうか。運動の最中，あるいは運動後にはさまざまな内容が意識されますが，一方でまったく意識に残らないこともあります。しかし，練習において自分の動きがまったく分からないようであれば上達することはできません。それでは，意図的に自分の動きに関して注意を向けて実施すれば分かるのでしょうか。これに関して筆者の経験談を紹介します。

身体運動に関して，「できる」と「分かる」の違いについての例としてよく挙げられるのが自転車の乗り方です。だれもが上手に乗っているにもかかわらず，その動きについて説明できる者は少ないというわけです。筆者はかつてある授業において，自転車の乗り方の意識について大学生に尋ねてみたことがあります。漠然とした質問では答えにくいので，具体的に「右側に自転車が倒れそうになったら，ハンドルはどっちに切るか」と問いました。その際，物理学的知識などを思い浮かべるのではなく，自分が実際に自転車に乗っている気分になって，ハンドル操作を頭の中で行ってみるように指示しました。その授業には約 60 名の学生が出席していましたが，ハンドルを切る方向の答えは左右ほぼ同じくらいでした。次に，自転車で通学している学生も多くいたので，教室から出て実際に自転車に乗りながら，上の質問の答えを探すように指示しました。その結果は，やはりほとんどの者がよく分からないと答えました。

自分の動きの感覚を確かめながら乗るので，学生達は倒れる側の方向へハンドルを切ることを確認できると筆者は考えていましたが予想外れでした。倒れそうになった側の反対方向へハンドルを切ると答えた者もかなりいたということです。いずれにしても，自分の動きを感じ取るという意識をもって体験したにもかかわらず，自分の感覚について確信を持って答えた者はあまりいなかったのです。

このように，強い意志を持って自分の運動を観察しようとしても分からないことがあるということですから，「なんだかよく分からない」ような動感意識を集めても，指導に役立つ内容が取り出せるとは思えません。ところが現実には，運動をうまく行うためのコツのアドバイスを指導者はいろいろなかたちでもっています。また，それを記述した指導書はたくさんあります。それらは何をもとにしたのでしょうか。

「こうしたらうまくいった」といった経験は，誰にもあります。それがただちにコツをつかんだということにはなりません。次に同じ意識で行っても，うまくいかないということはよく経験することです。そのときはまた別の点に注意を向けて試行します。そのような経験を重ね，「ここがうまくいけば，だいたいうまくできる」というような自信が持てたら，とりあえずその段階でのコツ獲得といってよいでしょう。しかし，このコツ意識がそのまま指導内容となるかどうかは疑問です。これは，その本人だけの意識なので，他の人に通用するとは限りません。身体条件や学習レディネスなどが異なる他者に対して，自分の感覚だけを押しつけても受け入れられるはずはありませんが，そのような一方的な指示を出す指導者は少なくありません。それでも多くの学習者にとって，有用な公共性を持ったコツを表現する言葉があるのは事実です。これは，コツをつかんだ各人の意識を持ち寄って，それらのなかに共通する内容を抜き出したものといえるでしょう。つまり，それぞれが持ち寄ったコツ意識の表現をいろいろな学習者に試してみて，多くの者に対して効果がみられたものがよい指導内容となるというわけです。たしかに，そのような手続きを経て効果的なアドバイスとなっている表現も少なくないでしょう。ところが，そうでもない場合も少なくないのです。その例をスキー指導に関して調べてみました。

## [3] 動感意識と指導体系論

### 1）スキーのパラレルターンの技術構造

スキーでプルークボーゲンやシュテムターンがある程度できるようになったら，両スキーを平行に操作するパラレルターンの習得を目指すのが常道です。しかし，シュテムターンで現れる両スキー板で作られる三角形（いわゆる“ハ”の字）を完全に消すことは簡単ではありません。つまり，パラレルに近いシュテムターンにとどまることが多いのです。両者の運動構造には大きな違いがあり，シュテムターンからパラレルターンへと発展させるためには新たに固有の技術を学習しなければなりません。

シュテムターンとパラレルターンの違いは，谷回り局面のエッジ操作にあります。谷回りに入るときに，シュテムターンではハの字に踏み出した外足（ターン後の谷足）は最初から内エッジが雪面をとらえてターンを始めます。それに対してパラレルターンでは，ターンの開始で外足の内エッジではなく外エッジが雪面に着いており，その外足に体重を乗せながらニュートラルポジション（板が雪面に対してフラットになる局面）を経過してターンが始まります。その後，その同じ足の内エッジに荷重が移されることにより山回りとなり，一連のターンが完成します。この外エッジに乗った体勢からスキーをフラットの状態に持ち込む部分（谷回り）が難しいのです。この部分の技術を習得しないと，パラレルターンにはなりません。

### 2）体系論的欠陥

パラレルターンは，シュテムターンの習熟によって自動的にできるようになる運動ではないにもかかわらず，そのような認識が欠けていると思われる指導者は少なくないと思われます。たとえば，『日本スキー教程』では，初級者が上達してパラレルターンができるようになることを目標とした段階的指導内容が「基礎パラレルターンへの指導の展開」*9 として記述されています。パラレルターンへと発展する道筋として，プルークターンとシュテムターンの，いわゆるハの字の姿勢を含む動作からパラレルターンへと進むもの，および斜滑降というスキーを平行にした制動動作からパラレルターンへと進むものとの3種類の方法が説明されています。プルークおよびシュテムターンからの発展では，いずれも習熟度に合わせて徐々に踏み出す幅を狭くして，最終的にパラレルにもっていくという説明がなされています。この『教程』にはデモンストレーションビデオ（DVD）が添付されており，動きを映像で見ることができるようになっています。そこでは，熟練者がプルークあるいはシュテムターンを何度か繰り返すあいだに，いつの間にかパラレルターンになっているという動きの流動的な変化が示されています。これを見れば，プルークターンやシュテムターンが上達すれば，パラレルターンに発展できると誰もが思うでしょう。

さらに，いま挙げた3種のパラレルターンは，名称的には同一ですが運動構造的にはそれぞれ別様のものであり，練習のしかたも異なります。パラレルターンという名称は同じでも，その動き方はそれぞれ異なります。ここに「ノエマ的意味存在論の欠落」が見て取れます。

このような指導体系が，実際の運動発達の系統性として適切ではないという問題は，理論上の不都合だけでなく，現実として，不適切な指導へとつながっていることがあります。たとえば，シュテムターンの習熟が進んだ者に対して，“ハの字”の開きだしをやめて平行にしてパラレルターンへ移行することを勧めるのが一般的ですが，教わる方はいくら上手にシュテムターンを行ってもパラレルターンにならないことに悩むことになります。シュテムターンとは

---

*9　全日本スキー連盟（2014）：『日本スキー教程』 スキージャーナル社　60-91 頁

技術構造的に別種の身体操作が必要ですので，それを教わらなければできるようになりません。それなのに，スキーを“ハの字”から平行（パラレル）に移行できない者に対して，「強い意識をもって平行にする」とか「膝に紙をはさんだつもりで行え」などという指導者は珍しくありません。実施する者の意欲の問題にすり替えられているのです。また，かつては「ハの字に開くくせがつくので，シュテムターンはあまり多く練習しない方がよい」といった見解もみられました。これも，動きの構造の違いではなく，ハの字のくせをとればパラレルになるという的外れの解釈に基づくものといえます。実はこの問題は，すでに30年以上も前に長澤[*10]によって指摘されています。いまだに同じ問題が解決されないままになっていることに驚かされます。

### 3）気づきの誤解

なぜこのような技術認識，方法論的誤解が生じるのでしょうか。それは，指導員や一般スキーヤーなどが，「そのように行っている」と考えているからにほかなりません。つまり，「シュテムターンの開きだしを狭めていったらパラレルターンができた」という自分の体験からそのように認識しているのです。

しかし，何度もいうようですが，いくらシュテムの開きだしを平行に近づけたとしても，エッジで雪面をとらえるしかたはパラレルターンとは異なっています。ですから，ある時点で必ずそれとは別の，つまりパラレルターンに固有の技術を取り入れているのは事実なのです。多くの経験豊かなスキーの専門家達が，誰もそのことに気づいていないのでしょうか。この問題を指摘した長澤も，「自分の滑っているときの技術と，教えているときの技術が異なっていることに気づいていないことがあるのではないか」[*11]と疑問を呈しています。

実際には，おそらく多くの人が気づいた経験があると思われます。ターンの運動構造が大きく異なれば，それを実施するときの感覚構造も異なるのは当然で，パラレルターンの学習中に動きの感覚の質が変化したことに気づいたときがあるはずです。それを自分なりのコツだと意識した人も多いでしょう。本来なら，それが指導されるべき内容であるはずです。しかし，それは各人が自分なりにつかんだ個人的コツであり，公共性を持った技術と認識しなかったため

---

＊10　長澤靖夫（1990）『スキー指導技術の統合のための試論』 スポーツ運動学研究 3 号　15-25 頁
＊11　同　16 頁

に，指導内容とされなかったと思われます。これに関して長澤は，なぜ外足の操作（山足のピボット；外エッジから内エッジへの乗り換え）が指導されないのかが不可解な現実であることを指摘しています。この部分の習練形態の構成にこそ経験知が活用されなければならないのです。

## [4] 作られる動感意識

これまで説明したスキー指導論からいえることは，運動を遂行しても，必ずしも真実や事実だけが意識されるわけではないということです。専門家，熟練者たちがそのように意識していなかったら，そのような記述にはならないからです。「そのような」というのは，シュテムターンの習熟によって開きだしを狭くしていけば最終的にパラレルターンになるという考えです。これはその人達の動感意識でもあります。

なぜそのような動感意識をもち，実際に自分が行っているパラレルターンの固有の操作が意識されないのでしょうか。意図的にそのことを隠蔽などするはずはありません。ですから，本当に「そのように」行っていると確信しているのだと思われます。その確信に基づいて関係者は，スキー愛好者が効果的に上達していくことを願って練習プログラムなどを考案し，それがうまくいっていると考えているのです。ところが結果的に，そのような動感意識は不適切な指導論へとつながってしまいます。

そこでここでは，熟練者が気づかずに自分が行っていることと異なる内容を動感意識としてもっている場合の問題性とその解決のための方法について考えてみます。

金子が，動感意識は「私の運動意識であり，私の身体意識を意味している」*12というように，自分がどのように動いたのか，自分の身体がどのようになっているのか，などが意識に上ったものです。ですから，その意識内容が事実と一致しているかどうかは関係ありません。自分の運動のビデオ映像を見て，意識していた内容と大きく異なっていて驚くことは珍しくありません。

動感意識はいかようにも意識されうるもので，どんな意識をもとうともそれで自分が運動に上達していけば何も問題はありません。子どもに実施意識を尋

---

＊12　金子明友（2005）：『身体知の形成　上』 明和出版　308 頁

ねたら「分からない」という答えしか返ってこないことが多いとよくいわれますが，大人であればよく分かっているというわけでもないし，正確な言表ができるということでもありません。大学生でも，うまくできる運動にもかかわらず，どのように意識して行っているか尋ねると，かつて自分が指導者から教わったとおりの紋切り型の返答を受けることが少なくありません。

筆者は以前，バレーボールの上級者にアンダーハンドパスはどのように行っているか，またどのようなことを重点的に教えるか尋ねたことがあります。例外なく，「膝のまげ伸ばしで打つ」「手（腕）を振らない」と答えました。技術解説書などでも必ずそのように記述してあります。当時，筆者もそのような技術認識をしていて，体育授業でそのように指導していました。しかし，その指導では一向にうまくできるようにならない学生が少なからずいました。ボールを腕で打つのですから，腕の操作にこそもっとも重要な技術要素があるはずです。それについて説明している解説書はあまり見当たりません。たいていは「腕はまっすぐ伸ばして固定する」というように書かれています。しかし，これでは実際にはうまく打つことはできません。アンダーハンドパス特有の腕の動かし方を覚えなければなりません。

なぜ肝心の腕の動かし方ではなく，膝の操作が重視されるのでしょうか。もちろん膝の操作は，質の高いパスを行うためには不可欠の要素ではあります。しかし，まず習得すべきは腕の操作です。それが最初に習得すべき重点項目になっていないのは，上級者達は腕の操作は完全に習得済みで，どのように動かしているのか明確な意識に上らせることができないからなのです。このような現象を，金子は「動感匿名性」[*13]と呼んでいますが，匿名的に，つまり無意識的にうまく行っている運動はしばしば的外れの練習法につながることがあります。一例ですが，アンダーハンドパスの練習法で，「椅子に座り，腕を前に伸ばした姿勢から，立ち上がりながらボールを打つ」というものがありました。膝のまげ伸ばしのみを際立たせるような練習法で，およそ実際の感覚に即したものとは思えません。金子が「一流選手の動感経験からでっち上げられた似非（えせ）図式からは，次の世代に伝わる伝承可能な真の動感能力を確定することはできない」[*14]といっているように，上級者や指導者が入念な吟味もなく作り上げた

＊13　金子明友（2005）：『身体知の形成　下』 明和出版　89 頁
＊14　金子明友（2015）：『運動感覚の深層』 明和出版　69 頁

恣意的な練習法の影響を無視することはできません。練習方法が適切なものではなくても，自己創発能力の高い者は上達してしまいます。そしてさらに悪いことに，それを練習して上達した者は，その感覚こそ実施に重要なコツの感覚だと錯覚してしまうのです。たとえ指導者からいわれたこと以外の自分なりのコツを練習中につかんで熟練に至っていたとしても，そのことへの気づきはなく，指導者のことばだけが動感意識にすり込まれてしまっているのです。指導者の方も，自分が指摘したことを忠実に守って生徒が上達したと思い込めば，自分の動感意識の正当性を確信できることになります。こうして，その動きに関する先入観や指導者の威厳のある（と思われている）指導のことばなどから作られた動感意識ができあがってきます。それをもとに，次の世代にも同じような指導が続くことになります。

## Ⅳ．習練形態の構成

これまでの説明から，学習者がめざす動感形態を，指導者が練習対象として提供できるためには，指導者の動感意識が土台となることが確認されました。しかし，その習練形態が本当に学習者に適したものであるかどうかは，なお検討しなければなりません。慣習や思いこみなどによって勝手に作り上げられた形式的習練形態が少なくないからです。そこでここでは，適格な習練形態を設定するための手順について考えていきたいと思います。

### [1] 体験（ノエマ的意味）の記述

運動がうまくできたときの感覚，つまりコツをつかんでも，それを実施するときの意識は個人によって多様なので，その個人的なコツ意識をそのまま学習者にアドバイスしても，適合しない例があることは当然予想されます。したがって，多様に表現された動感意識のなかから共通性を導き出すためには，その意識が生まれた源泉，つまり体験に遡ってみることが必要になってきます。この体験は，「～を行った」といった一般的意味の体験ではなく，現象学における体験，つまり意識体験であることはいうまでもありません。具体的にいえば，素材としてのある何か（ヒュレー）がどのような過程（ノエシス）を経て意識の対象（ノエマ）となったかという意識対象性の問題になります。したがって，体験の解明とはノエマ的意味の解明ということになり，その記述は体系的な指導の基礎となります。それは現象学的反省によって進められます。

「現象学的方法は，徹頭徹尾，反省の諸作用の中で，行われ活動するのである」*15 とフッサールが述べているように，現象学に基礎を置くスポーツ運動学においても，意識体験の解明や研究成果の確信（明証性）は反省にもとづくものでなければなりません。そもそも意識体験の分析は，物体のように測定したり画像としてとらえたりすることは不可能ですから，「意識一般を認識するための意識の方法」*16 としての「反省」以外に依る方法は考えられないのです。

現象学的反省は，意識されるものすべてに対して可能ですが，さまざまな先入観や知識などを取りのぞいた（現象学的還元が施された）「意識されたもの」が対象です。それがノエマであり，さまざまな考察のための手引きとなります。物の知覚であれば，「知覚されたものそのもの」になります。

フッサールは「知覚されたものそのもの」*17 の記述の重要性を述べていますが，これは“知覚した意識をそのまま表現したもの”ではありません。「知覚されたものそのもの」とは「知覚意味」であり，直接的知覚を越えた内容をもっています。たとえば，転がっているボールを見れば，見えている面の裏側の球形も見ていることになります。メロディーを聴いたり運動を見たりする場合には，時間意識の幅が含まれたノエマ的意味をもっており，直接意識されていない前後の音や動きまで頭の中には存在しています。このような事情についてフッサールは，「知覚されたものそのものの現象学的解明は，知覚されたものを知覚の進行において知覚に即してその特徴にしたがって展開することと結びついているわけではなく，それは潜在的な知覚をありありと思い浮かべることによって，思われたものの意味のうちに含まれているものや，（背面のように）単に非直観的にともに思念されただけのものを明らかにし，それによって，見えないものを見えるようにすること」*18 だといっています。ですから，直接的には見えない（知覚されていない）ものを明らかにする作業，つまり発見がなければなりません。発見ということは，発明と異なり，対象がすでに存在していることが要件となります。ですから，他の者でも「言われてみればたしかに

---

＊15　フッサール／渡辺訳（1984）:『イデーンⅠ-Ⅱ』 みすず書房　467 頁
＊16　同　52 頁
＊17　同　110 頁
＊18　フッサール／浜渦訳（2001）:『デカルト的省察』 岩波文庫　94 頁

そうだ」というありありとした確信が直観を伴って得られることが必要となります。つまり，他の者が入念な反省を通しても見えるようにならないものは明証的とはいえず，独断となってしまいます。

知覚されたものそのものの現象学的解明は，スポーツ運動においてはどのように考えるべきでしょうか。ここでは，前に紹介したバレーボールのアンダーハンドパスに関する研究*19から考えていきます。

従来いわれていたコツ認識は「腕を固定して（振らないで），膝のまげ伸ばしで打つ」というものでした。これは，先人たちが，自分の動感意識の反省に基づいて構築した考えです。表現を変えれば，知覚したものに対する直進的反省内容を指導法に適用したということになります。ところが，これではうまく打てないことは明らかです。たとえば，上手な者に，膝をまげないで，伸ばしたまま実施させてみてもパスはうまくできます。もちろん，低い位置の球への対応などは難しいのは当然ですが，パス自体はうまくできなくなるわけではありません。また，棒のようにまっすぐ伸ばした腕を身体に固定して，膝のまげ伸ばしだけで実施してみると，どんなに力を入れてもとてもパスにはならないことが身をもって分かります。これらのことから，「腕ではなく膝で打つ」ことを主張していた人たちは「知覚したものそのもの」ではなく「知覚したものそのものだと思っていたもの」を指導理論の土台にしていたことが分かります。

そこで，前に説明したような腕の動きに制限をつけて実際にパスを行ってみると，従来いわれていた方法では何が欠けているのか理解することができます。つまり，「ボールに当たる瞬間に，ひじ関節を反り返るように伸ばす」動作が，うまく打つために不可欠なコツであることが体感できます。そう言われてみると，だれもが確かにそうだと納得がいくものと思います。しかし，だれもそのことを指導内容として明示していませんでした。もちろん，そのことを知っていて，指導もしていた指導者は少なくないかもしれません。しかし，その打ち方，つまり腕の操作を覚えるための習練形態を提示したものはおそらくなかったと思います。上手にパスができる者であれば誰でも行っている動き方であるにもかかわらず，その動き方自体は意識の対象（ノエマ）となっていなかったのです。このことからいえることは，知覚されたものそのものの解明が

---

＊19　佐藤徹（2007）：「指導者の運動感覚意識の覚醒の意義と方法－アンダーハンドパスの指導事例に基づいて－』 スポーツ運動学研究 20 号　17-31 頁

重要だといっても，その知覚されたものそのものは，なかなか我々の目に見えるようにはなっていないということです。ですから，その見過ごされているもの（動く感じ）を解明・発見して，誰の目にも見えるようにしていくことが，現象学に基礎を置くスポーツ運動学の課題といえます。

### [2] 反省的本質直観

前段で，アンダーパスの実施における意識体験の内実を反省にもとづいて記述しました。現象学における反省は，直進的な反省（自然的態度の反省，心理学的反省）についての反省だといわれますが，その反省の内容が問題とされねばなりません。つまり，どんな反省を行うか，反省によって何を見えるようにしていくかが問われなければなりません。

現象学的意味での反省は思考（思念）に対する思考のことで，「自己が自己を主題化する作業」*20 であり，反省の反省，つまり一般的意味での反省（自然的態度における反省）に対する超越論的反省活動ともいわれます。しかし，我々は「反省」といえば，どうしても過去のことを振り返る精神活動をイメージしてしまいます。そのため，過去のできごとを入念に，詳細に思い出せば現象学的反省にたどり着けると考えてしまいがちです。

想起されるものはかつての体験であるとはいえ，意識体験が自覚されていないことがらはどれほど努力しても思い出すことはできません。逆の視点からみれば，想起可能な内容，つまり能動的意識内容をどれほど集めても，そのなかに運動がうまくできるための本質的事項が含まれていないこともあるということです。自分の動きがどうなっているか分からないという初心者に，どれほどしつこく実施意識を尋ねても，“よく考えてみたら思い出した”という具合にはいかないのです。フッサールが，「反省の課題は，もとの体験を反復することではなく，それを観察し，そのうちに見出されるものを解明することにある」*21 といっているように，反省はもう一度よく思い出してみるという行動ではなく，観察し，意味を解釈するという積極的活動なのです。なお，これは推測とはまったく異なります。反省してみると，必ずその存在が確認できる意識ということです。

---

＊20　新田義弘（2001）：『世界と生命』 青土社　124 頁
＊21　フッサール／浜渦訳（2001）：『デカルト的省察』 岩波文庫　71 頁

### [3] 本質観取

反省によってある特性を取り出しても，それが誰にとっても有効かどうかは不明です。アンダーハンドパスにおける膝の動きが好例です。ここで必要となるのが現象学的（超越論的）反省にもとづく形相的還元（反省的本質直観）の方法です。つまり，これまで説明してきたような不適切な運動認識が生まれた原因は，一定の経験をもった指導者が自分の動感意識を反省し，重要だと思ったことをまとめたものでありながら，それは自然的態度における反省（心理学的反省）にとどまっていたからなのです。ですから，その段階では見いだせなかった内容を現象学的に取り出すことが求められます。自然的態度の反省で分かる内容のレベルを超えることができなければ，わざわざ現象学など持ち出さなくてもよいということになります。

現象学の重要な方法としての本質直観（本質観取，本質洞視）の内容は，『経験と判断』[*22] に詳しく説明されています。その内容は，ある事実的範例をもとに，類似した事物に関するあらゆる可能性を想像する活動，いわゆる「自由変更」(freie Variation) を経た後，重なり合った特性が自ずとまとまって持続的に保持されるようになったものを意図的に取り出し，記述するという能動的な活動です。

金子[*23] は，スポーツにおける「動感質発生への道は，まさに本質直観への道そのもの」であるといいます。たとえば，自由変更によって形成される想像的な「再生像としての形態発生のプロセスは，スポーツ領域における動感能力の＜統覚化領野＞における動感発生現象と全く軌を一にしている」のであり，「我々の動感運動学における本質直観の方法論は，すでに現象学的本質直観のそれに基礎づけられている」[*24] と述べています。スポーツ選手であれば，トレーニングのなかで“これだ”“こういうことだったのか”と自分の動き方に確信が得られ，そこに注意して実行すれば確実にうまくいくようになったという経験はよくあると思います。その段階に至るまでには，“もっと・・・してみよう”とか“こうすればよいのではないか”などとさまざまな動き方について考え，試みたはずです。また，ある程度うまくできるようになった後でも“この

＊22　フッサール／長谷川訳（1975）:『経験と判断』 河出書房新社　328 頁
＊23　金子明友（2015）:『運動感覚の深層』 明和出版　232 頁
＊24　同　237 頁

動きは違う”“こうなったときは失敗する”というように感覚が分化されていきます。このように試行と実践という能動的活動のなかで，受動的次元での動感共鳴[*25]を通して重なり合いをもった統一的類似感覚に対して「できる確信」を得た後，その内容をさらに能動的に取り出すことが本質直観としてのコツ把握といえます。

しかし，こうした個人的確信としての本質直観は，意識された内容がそのままのかたちで他者に動きの感覚を伝えることができるとはかぎりません。同じような感覚に対して，個人によって意識の仕方は多様であり，場合によっては，まったく逆の意味のことばで表現されることさえあるからです。このことは，個人の意識内容の記述のみでは，学習者に習得目標とさせる動きの感覚の表現としては不十分であることを示しています。この問題に関して金子は，「個人的なコツやカンが伝承発生に耐えうる本質普遍性をもつ＜モナドコツ＞＜モナドカン＞として確認されるのでなければならない」[*26]と述べています。したがって，指導にあたっては，対象とする運動の動感形相が確認されなければなりません。

なお，本質（＝形相）というと，なにか究極的な真実というイメージが持たれやすいかもしれませんが，本質は真実とか事実とは関係ありません。経験のなかで重なりをもった意識が取り出されたものですから，その経験の範囲が広がってくれば，当然その本質に対する認識も変化してきます。

運動に関しても，たとえば，ある個人がつかんだコツ感覚意識は，まぐれなどの一回限りの特定の経験でなく，多様な経験の中から見出した個人内での本質といえます。しかし，それは自分だけの印象から構成されていて，他者との感覚的すり合わせがなされていないものです。このような種的特殊化の最低層の本質（形相）をフッサールは「形相的単独体」[*27]と呼んでいます。この個人が確信しているコツ意識は，それ自体で貴重な指導財の材料となり得ますが，普遍的動感形相の抽出には，「形相的単独態としての体験より，より高次の類型的体験本質の概念的把握を目指す」[*28]ことが求められます。個人によって多様なとらえ方をされている動感意識を，他の学習者に適用できる普遍的動感形

---

＊25　金子明友（2009）：『スポーツ運動学』　明和出版　253 頁
＊26　金子明友（2015）：『運動感覚の深層』　明和出版　227 頁
＊27　フッサール／渡辺訳（1984）：『イデーンⅠ-Ⅱ』　みすず書房　38 頁
＊28　榊原哲也（2009）：『フッサール現象学の生成』　東京大学出版会　176 頁

相に高めるには，それぞれの表現内容の核となっている意味を反省的に取り出すことが必要になってきます。この意味，つまり動感意味核が普遍性をもった形相にあたります。

## [4] 事態の発見

これまでの説明から，運動の学習や指導においては，まずどのような動き方をめざすのかが確定されなければならないこと，その確定には実施における動感意識が土台となっていることが確認できました。その際，事物の知覚にしろ，自分の動く感じにしろ，反省によってその存在を感性的に直観することのできる内容を扱ってきました。しかし，はっきり目でとらえられるような知覚可能なものだけが習練の対象となるわけではありません。たとえば，とくに球技や対人競技では相手の動きを先読みすることは非常に大きな意義を持っていますが，その能力を高めるにはどうすればよいのかは非常に難しい問題です。たいていは，選手の個人的センスに頼っているのではないでしょうか。体系的なトレーニング法を考えるのであれば，まずすぐれた先読み能力を持った選手の動感分析が必要となります。相手選手の動きやゲーム状況の先を読む能力は直接的には目で見ること，つまり知覚することはできません。身体やボールの位置移動などを知覚することはできますが，それを通して，そこでのできごとの意味を理解することになります。ここで例を紹介したいと思います。

高梨*29は，ある卓越したサッカー選手に関して，相手の動きの意味の読み方について興味深い調査をしています。ドリブル等で，前にいるディフェンスの相手をかわして斜め前にパスを出す場面を想定してください。ディフェンスの選手が，自分のすぐ右横に蹴り出されたボールを止めることができなかったとします。ボールを止めるために右足を出すことができなかったのです。なぜなら，そのとき体重が右足に乗っていたからです。地面に右足が着いていて体重がそこにかかっていれば，右足を動かすことは不可能です。たまたまディフェンス選手がそういう体勢になることもあり，パスを取り損ねた場合もあるでしょう。ところが，すぐれた選手は，ディフェンス選手のそのような体勢の意味を読み取り，止められることのない安全な方へパスを意図的に出すというのです。

＊29　高梨克也（2020）:『ボールへの到達時間を予測する－サッカーの間合い』 In;『「間合い」とは何か』 諏訪正樹編　春秋社　85-108 頁

この例のように，相手の体勢の意味をとらえ，いわば相手の動きを先読みし，最適な対応を一瞬のうちに決断，実行できるのが一流選手の驚くべき能力ではありますが，この過程を重要な“できごと”として意識の対象にあげた高梨の観察力にも注目すべきです。たいていは単にパスが通ったという結果の認識だと思います。

このような“できごと”は「事態（Sachverhalt）」と呼ばれ，視覚などの直接的知覚ではとらえられません。金子は「＜事態＞というカテゴリー対象は，外在的な運動経過のなかに直接に視覚で捉えられない＜非直観的な出来事＞」[*30]だと述べています。非直観的というのは，見ても分からないというわけではありません。前記のできごとの内容を理解すれば，類似の場面があったときに理解できると思います。しかしその場合，先読みという事態そのものが見えるわけではありません。知覚直観とは異なる直観の仕方があるということです。フッサールはこれをカテゴリー的直観と呼んでいます。これは，見たり聞いたり触ったりして直接的に感じ取る作用ではなく，事態（こと，できごと）を理解したということです。

谷[*31]によると，フッサールにおいては，この「カテゴリー的（kategorial）」という言葉は「述定する」という意味で使われているとされます。つまり，述語を使って特性を説明するということです。ですから「カテゴリー的」は「構文的」「命題構成的」と同義です。つまり「･･･は～である」といったような述定的判断の対象となるものです。これは，物の知覚というような場合の，「いつ・どこで」が確定した直観ではなく，知的対象として「いつでも・どこでも」，つまり遍（全）時間的（allzeitlich）なものとしてとらえられます。具体的に言えば，「この・これ」といって特定できるものではなく，非実在的（イレアール，irreal）な対象ということです。このカテゴリー的な形式をもつ対象が「事態」と呼ばれます。フッサールは，この判断の対象としての「事態」を，判断は悟性の行為であることから「悟性対象性（Verstandesgegenständlichung）」[*32]とも呼んでいます。フッサールが，「あらゆる述語判断は恒常的な認識財産がうみだされる第一歩である」[*33]と述べているように，認識が知の財産となるた

＊30　金子明友（2018）：『わざ伝承のみちしるべ』 明和出版　238 頁
＊31　谷徹（1998）：『意識の自然』 勁草書房　264 頁
＊32　フッサール／長谷川訳（1975）：『経験と判断』 河出書房　185 頁
＊33　同　53 頁

めには言語で表現された構文的述語判断が必要となります。その論理的形成物が，「カテゴリー対象」あるいは「悟性対象」と呼ばれているのです。

しかし，先読みにしても，リズムがよくなったとか動きの中の区切り（局面化）がはっきりしてきたなどというような印象にしても，つまりそのようなできごと（事態）はずっと見ていれば，あるいは体験しているうちに自ずと分かってくるというものではありません。フッサールは「ことがらは『発見される』」*34といって，一般の知覚のような把握の仕方とは大きな相違点があることを強調しています。悟性対象性とは，すでにそこにあるもの（前もって与えられている）に対して，何かに触発されてそこに自ずと意識が向かう（対向）ような受容的把握とは異なり，明確な意識を持った自我が存在することが必要とされるのです。つまり，受動的（無意識的）にではなく，意識（意図）的にそこに問題点を見出し，探っていく高度な知的作業と理解されなければなりません。このことについてフッサールは，「判断からことがらを『とりだす』にはまずまなざしの変更が必要とされる。そのとき我々はもはやSという対象に目をむけているのではなく，『Sはpである』という『事実』に目をむけているのである」*35と述べています。

紹介したサッカー選手の先読み能力に関しても，高梨はなぜその選手のパスは危険そうに見えながら確実に通っていくのか疑問を持ち，動きの分析をし，それが意図的に行われていることを選手のインタビューの中から確信したといいます。つまり発見したということです。それまでは，パスのうまい選手という程度の認識であったものから，ことがらとしての先読みに支えられた動き方を発見したのです。このようなことがら（事態）の意味を直観（カテゴリー的に）した後には，類似の動きを見たときにただちにこの特性を見抜くことができるようになります。そして，それが志向対象の事態として認識されれば，その能力を鍛えるトレーニングのための具体的な習練形態を考案することが可能となります。視点を変えれば，そのような事態が発見できなければ，その能力を向上させるための習練形態を設定することなどできないということです。

---

＊34　フッサール／長谷川訳（1975）：『経験と判断』　河出書房　247頁
＊35　同　240頁

## [5] 動き方の直観体験

指導者は，これまで説明してきたような過程を経て，学習者がめざすべき動き方を特定し，習練対象として提示します。その有効性が一定の水準で確認できたら，その習練形態は一般に情報として提供され，さまざまな場で実践されることになります。その際に重要な点は，指導者がその習練形態に含まれる動感構造をどのように理解しているかということです。その理解なしに，習練形態の提示が連続写真やキネグラム，あるいはビデオ映像などの丸投げであっては成果はあまり期待できないでしょう。もし指導者が，学習者が身につけるべき感覚質を自身で体感し，その感覚を言語化できたら，指導の内容は格段に向上するものと思われます。これは，その運動ができることと同義ではありません。自分ではうまくできても，その運動の感覚構造は分からないままでいることの事例はこれまで説明したとおりです。うまくできる者が，できない者の表面的な形だけまねをしたところで，その感覚を十分に理解できるわけではありません。まだできない時点，つまり運動発生以前の自分に立ち戻ることはできません。

そこで勧められるのが，発生現象学の方法とされる「脱構築（Abbau）」の方法です。これは，解体とか分解，消去という意味ですが，運動でいえば，うまくできているところから何か主要なコツやカンなどを取り去ってみて，発生の機序を探る方法です。山口は，「脱構築する以前には，それまで直観にもたらされることなく隠れて働いていた，いわば“無意識的”に働いていた構成層が連合という動機連関を問うことにより露呈される」*36 と述べ，これが，無意識的（受動的）感覚を積極的に発見する役割を果たすと説明しています。

スキー靴を履いて階段を上ると，足首が固定されていますから，相当余計な力が必要になります。このとき，階段の昇降の際に普段どれほど足首のまげ伸ばしを利用しているか身をもって知ることができます。階段の高さに応じて，支え足の足首をどの程度伸ばせばよいのかが先取りされ，ちょうどよい力加減で実行されていきます。その場合，そのことに気づくことはありません。特別に意識を向けることのない運動でも，志向と充実という過程はつねに作動して

---

*36　山口一郎（2005）:『存在から生成へ』 知泉書館　188 頁

いますが，無意識のうちに行っている運動の場合，充実されても気づくことはありません。気づくのは，それがうまくいかなかったときです。あるいは，順調な運動の経過を何らかの原因によって阻害されたときです。ここでは，固いスキー靴によって足首の動きが阻害されたからです。このような状態を意図的に作り出せば，普段気づくことなくうまく行っている運動の感覚に気づくことができるはずです。

最初に挙げた自転車の例でいえば，乗っている最中にハンドルを固定してしまえば，倒れそうになったときにどちら側にハンドルを切るかは即座に身をもって理解できます。現実には，乗車中に突然ハンドルを固定することなどできませんから，実験することは難しいのですが，原理的にはそのようなことだと理解できると思います。前述したアンダーハンドパスの実験も，腕の操作をできないように制限して（解体して），腕の使い方の感覚を再認することを目的としたものです。

解体とか消去といっても，ハンドルを縛りつけるなど大げさな試みばかりする必要ありません。運動の実施に必要な感覚がはたらかないようにしてみればよいのです。そのような動感解体の実践例を紹介します。

マット運動の倒立を怖がる初心者は少なくありませんが，その多くは腹屈頭位，つまり首を前屈したままで実施しようとしています。そのために定位感が著しく損なわれ，恐怖心につながっています。その首の姿勢が定位感の喪失につながる原因であることは，外観からもすぐ分かりますから，指導者はそのことを指摘しますが，なかなか修正はできません。それは，単に首の姿勢だけの問題ではなく，実施者のもっている倒立のイメージ，つまりノエマがそのようなものだからです。うまくできる者にはそのような感覚が理解できなくて，指導の難しさを痛感することになります。

上手な者に対して，初心者がもつ定位感喪失を体験させるために，腹屈頭位を保ったまま倒立を試みさせてみます。その際，首の姿勢だけ，つまり外形だけの模倣ではなく，定位感が喪失するように，たとえば自分の腹部をしっかり見つめたままで倒立の実施を試みさせるのです。やってみれば，とても難しく，怖がる者がどのような心理状態で練習に取り組んでいるのか実感できます。

そのような体験は，初心者向けの習練形態を考案するときに有用なものとなります。習練形態の一例を挙げれば，腕立て伏臥支持で首の腹屈と背屈を繰り返し，前後の定位を確認させ，腹屈にすると前後が入れ替わるという感覚の混乱を意図的に体験させる方法があります。さらに，軽く足を振り上げて“かえる足たたき”[*37]をするなどさまざまな姿勢をとりながら同様の確認をさせます。このような練習を繰り返し，定位感の喪失からくる恐怖心の除去をめざします。

足たたきのような予備運動としての習練形態は一般に広く行われていて特段珍しいものではありません。しかし，できない学習者の動感を理解したうえで指導実践していくのと，マニュアルに従っただけの課題提供とではその効果には大きな差があるでしょう。もちろん，そのとき，実施者の定位感が保たれているのか損なわれているのかを見抜ける力が指導者になければなりません。

このほかにも動感解体の方法は考えられますが，肝心なことは，すでにうまくできる者が，気づかずに作動していた自分の動感感覚に直に（原本的に，原的に）出会い，それを直観するということです。この直観経験は，表面的な他者理解を超えた真の運動共感能力につながるはずです。フッサールは，「すべての原的に与える働きをする直観こそは，認識の正当性の源泉である」[*38]として，この原本的直観がもっとも疑いようのない認識に至る道であり，このことを原理中の原理と述べています。そのために動感解体は，その方法論的開発も含めて研究が進められ実践に活用される必要があるといえるでしょう。金子が，「＜原的身体開示性＞，つまり自らの身体感覚でその意味発生の機微を開示して，自らの動く感じをありありと自我身体で確認することこそ，指導者養成における実技実習を必修科目にする存在理由に他ならない」[*39]というように，指導者養成機関などにおいては必須の方法論といえます。

## おわりに

子どもの頃から野球を続けている大学生に尋ねてみると，ゴロやバウンドしてくるボールの捕球処理の仕方についてとくに教わった経験がないという者が

＊37　高橋健夫ほか（1992）：『編集器械運動の授業づくり』　大修館　48 頁
＊38　フッサール／渡辺訳（1979）：『イデーンⅠ-Ⅰ』　みすず書房　17 頁
＊39　金子明友（2018）：『わざ伝承のみちしるべ』　明和出版　419 頁

多くいて驚きます。子どもの頃は，全力でボールの所へ走り寄ってキャッチするという程度の意識で，指導者からもただ「つっこめ」と叱咤されていた記憶しかないと言います。“千本ノック”を通して，ひたすら身体で覚え込むことを求められていたわけです。このような事実は，指導者が適切な習練形態を提供することができなかったことを示しています。

バウンドしてくるボールは，グラブの出し方など動き方も大事ですが，バウンドのどのタイミングで捕球するかが重要で，それを間違えると非常に難しくなります。本来であれば，技能レベルに応じて，適切なタイミングを習得できるような習練形態が用意されるべきです。しかし，指導者自身も，初心者の頃には捕り方について説明を受けることなく，いつのまにか技能を身につけていたと思われます。自分がどのような過程を経て上達したのか意識されていないのですから，必要な感覚を養成する習練形態を自分の体験をもとにして構成することができないのは当然です。

一方で，さまざまな工夫を凝らした習練形態を提供し，学習効果をあげている指導者も数多く存在します。とくに近年は，目標とする運動に近い感覚を身につけるための「アナロゴン」が体育授業においても多様なかたちで活用されるようになりました。しかし，それらの中には運動の外的特徴だけから構築された的外れの習練形態も少なくありません。

習練形態は固定したものではありません。学習者のレディネスや技能レベルに応じて適用されるべきもので，その選択判断は指導者の重要な能力といえます。習練形態の効用は，どれだけの生徒ができるようになったかということではなく，どのような感覚を身につけたかという点に求められます。その場合，学習者達の平均的な感覚を抽出するというわけにはいきませんから，習練形態の適否判断の根拠となる個別の学習者の感覚について探ることになります。究極的には個人のある特定の時点の原本的感覚が判断の基礎となり，それが対象の原点という意味で「原対象」と呼ばれます。さまざまな対象のなかの余分なもの，重要ではないもの，本質的ではないものなどを取りのぞいた後，最終的にたどり着く（それ以上遡及できない）のが原対象であり，個物（個体；正確にいえば「事象内容を含んだ本質が具体物であるような，ここにあるもの」*40）といっ

*40　フッサール／渡辺訳（1979）:『イデーンⅠ-Ⅰ』 みすず書房　94頁

てもよいでしょう。フッサールが，「原対象こそ感覚的対象である」[*41] といっているように，感覚的対象である特定の時間位置における特定の個人の動感の意識が原本となってさまざまな分析が進められることになります。

個人の意識体験を探るのですから，当然その方法は現象学に求められます。運動を行うときの人間の意識は，それまでに過去把持されたすべてを背景として，たった今の過去把持と未来を予感する未来予持がつながりをもって今の意識が成立しています。これらはそれぞれが順を追って処理されるのではなく同時に作動しています。生物学者の福岡は，「同時性が科学では扱えない」[*42] といっていますが，因果関係を解明しようとする自然科学では，（物理）時間的なずれがないもの（こと）は対象とはならないことを意味しています。人間の行為においては，「コツとカンの差異化現象」[*43] や「回転扉の原理」[*44] など，同時性においてしか説明できない事象にあふれていることから自然科学の手法で本質を解明することはできないのは明らかで，これを扱えるのは現象学しかありません。運動の学習や指導における意識体験の解明をめざす動感論的運動学が現象学の理論を基底に据える根拠はそこにあると思われます。

---

＊41　フッサール／立松・別所訳（2001）:『イデーンII-I』 みすず書房　20 頁
＊42　池田善昭・福岡伸一（2017）:『福岡伸一，西田哲学を読む』 明石書店　268 頁
＊43　金子明友（2002）:『わざの伝承』 明和出版　500 頁
＊44　ヴァイツゼッカー／木村・浜中訳（1975）:『ゲシュタルトクライス』 みすず書房　59 頁

# 伝承「論」の原理と方法に対する現象学からの一考察

武藤伸司

## Ⅰ．はじめに[1]

スポーツ運動学は体育学において特有な位置を占めていると言えます。その理由として，以下の諸特徴が挙げられるでしょう。一つめは，運動やその技術に対する分析や考察の対象が運動者や指導者の「感覚」であるという点です。通常，体育学の領域ではバイオメカニクスに代表されるように，運動やその技術を数量的に解釈できる単位を用いて客観的に計測します。力学や生理学をはじめとした自然科学的な研究手法によって，速度やタイム，パワーなど，すなわち計量できるものを指標にして，動きの解明が試みられるということです。しかしながら周知の通り，スポーツ運動学は，その創始者であるクルト・マイネルが述べるように「運動モルフォロギーというものは，スポーツ運動の感覚的知覚徴表と関わり合いをもつ」[2]ということ，すなわち「感覚として生じる現実的な動きのかたち」を出発点として，人間の運動において不可避に生じる主

1　凡例：フッサール全集（Husserliana）を Hua. と略記し，そこからの引用は，巻数をローマ数字，ページ数をアラビア数字によって，注に示す。
2　クルト・マイネル『マイネル・スポーツ運動学』金子明友訳，大修館書館，1981 年，pp. 122-123.

観的な体験そのものから研究を進めるという方法を採ります。したがって，研究の方法論自体が一般的な科学研究のように客観的で定量的なデータから動きを分析するものではない，ということになります。

このことから，スポーツ運動学では人間一人ひとりに生じているそれぞれの固有な運動の感覚を取り上げて，「自分の身体がいかにして動いているのか」という主観的な感覚の変化の意味を解釈することが求められています。それは金子明友によって，その感覚における動きのかたちを学問的な明証性をもって研究するために現象学の諸理論が組み込まれ，「身体運動の志向性の分析」という研究手法を持つようになりました[3]。要するに，我々の意識における志向性という原理によって構成される一人ひとりの動きの意味や価値，すなわち「技」の主観的で定性的なデータを用いて，その内実を分析するということです。

そしてもう一つの特徴的な点は，運動やその技術の感覚それ自体と，それに伴う意味や価値がいかにして「発生」するのか，という視点です。感覚として現れる動きのかたちは，その動きの瞬間瞬間の局面，すなわち微視的に見れば，刻一刻とその動きの形態が流れつつ複雑に変化していきます。他方，そのようなその都度の動きのかたちの諸変化を大きな時間スパン，すなわち巨視的に見れば，できなかった動きができるようになるという，その人固有の運動技術の「発展史」として理解することもできます[4]。スポーツ運動学はこれら両方の視点を相互に参照し，対照していくなかで，技が技として作り上げられていく現象に着目するのです。端的に言えば，この「できるようになる」という現象が「技の発生」であるということができます（この考え方は，逆に技ができなくなる，すなわちスランプやイップスなどの，能力や技の水準が後退するような現象にも応用可能です）。したがって，このような技の発生にまつわる原理や要件を明らかにしていくことが，スポーツ運動学の中心的な課題となっています[5]。

そして，スポーツ運動学における重要な課題はまだあります。これこそが，

---

3　この点について，金子明友『わざ伝承の道しるべ』明和出版，2018 年，第 1 章§ 6 を参照のこと。

4　この点について，拙論「時間と発生を問う―時間意識と受動的綜合の相関性について―」『わざの伝承―加藤澤男・金子明友の〈あいだ〉―』所収，金子一秀，山口一郎編著，明和出版，2021 年，pp. 167-194 を参照のこと。

5　こうした運動や技の発生に関わる原理や要件は，我々の時間意識という本質規則性に基づいており，運動体験の記憶と予期の編み合わせによって成立していると考えられる。つまり，発生という技の学習していくプロセスの時間的な流れに着目することが，技を身につけるという現象の理解に必要になってくる。この詳細については，拙論（2021），pp. 179-184 を参照のこと。

体育学のなかで，スポーツ運動学が特有性を示す最も重要な特徴です。それは運動技術の「伝承」という問題です。運動技術は，前に述べたように極めて主観的なものであり，かつ個人の努力や才能，発想によってその人独自のものとして形成されていくものです。この点は技の発生という現象の成立要件を考える上で不可避の観点であり，かつ実際にそれらによって現実の技が成立しているといえます。ということは，運動の技術とは，非常に私秘的なものであるということです。しかしながら，そのように個人に発現した技術は単に自得に頼らざる得ないかといわれればそうではありません。そうした私秘的で感覚的な技であっても伝えていくことが可能であることは，体育やスポーツを経験した人には自明なことでしょう。そうでなければ，運動指導という事態やコーチの存在が無意味なものとなってしまいます。それは逆に言えば，伝えていかなければ，私秘的ゆえにその人のなかで技術が絶えていくということでもあります。こうした個人的，主観的な技術を他者へ継承するという問題意識は，体育学におけるさまざまな研究分野を見渡しても，スポーツ運動学にしか見られない特有のものであるといえます。

もちろん，昨今ではコーチング学という比較的に新しい学問領域が成立しており，体育学という学界内で指導方法やマネージメントの手法が研究されています[6]。しかしながら，スポーツ運動学がそれと異なるのは，それらの一般的な技術の伝達方法ではなく，そもそもそうした考え方が成立する基盤である「間身体性を基盤にした志向的な伝達（コミュニケーション）」から議論が組み立てられているという点です。つまり，スポーツ運動学における伝承ないし技術指導とは，コーチングやそこでのマネージメントのように，指導者から選手らをコントロールするような指示の出し方やタイミングといった，一般化された，マニュアル的に最大公約数で「これさえしておけば，注意しておけば」という運用云々ということではありません。そうではなく，生徒や選手などの学習者と指導者間の身体と思考の**志向性における関わり合い方**から運動指導，すなわち伝承の可能的な条件と，そして指導の現場で何を見て何を為すべきかという

6　この点について，日本コーチング学会編『コーチング学への招待』日本コーチング学会，大修館書店，2017年を参照のこと。ただ，スポーツにおけるコーチング学の範囲は幅広く，スポーツ運動学の理念がその定義に含まれているという事情もある（前掲書第2章第4節参照）。「コーチング科学」ではなく「コーチング学」としてその範囲を広げているところで，本論で述べられるようなスポーツ運動学と背反するものではないともいえる。

ことを解明することが主眼となっているのです。したがって，これら身体「間」や思考「間」における志向性の伝達という観点が，つまり本来的な意味での技の伝承を可能にすることがいかなることかという点への研究が，まさにスポーツ運動学の核心であり，最終的な目標であるといえます。

以上のことから，本論考において，スポーツ運動学における最も重要な伝承の問題を改めて考察することが主題となります。具体的には，運動技術の伝承が成立するための原理を明らかにするために，伝承という現象に対する現象学的な考察を試みることになります。そのため本論考は，

1. 技の伝承を根本的に可能とする間身体性の内実を明らかにし，
2. 自己と他者の間における志向性の「伝達」という現象を確認する

ことになります。これらの考察によって，技の伝承という現象が，まさに伝承「論」として学問的に成立し得る可能性を呈示することになるでしょう。

## II．間身体性について―他者と通じ合うことの根源―

間身体性とは，現象学者であるメルロ＝ポンティが提示した概念として周知のものではあります。しかし，伝承という問題を考えるとき，あらためてその内実がどのようなことであるのかという点を理解しなければなりません。なぜなら，それは本論の，そしてスポーツ運動学における伝承論の「前提」となっているからです。それは，理論的にも実践的にもそうだといえます。つまり，この点を勘案せずに，技の伝承ないし運動技術の仕組みを理解することも，指導を成立させることもできないということです。したがって，まずはこの概念の内実を確認することから始めます。

この概念の内実を端的に述べるのであれば，以下のような理解になるでしょう。つまり間身体性とは，すでに成人した我々が行使するような思考や認識，感情といったレベルの他者理解よりも，さらに深い次元での，いわば無意識下における感覚の共有関係，すなわち「身体の共鳴」というもっとも根源的な現象を表す術語である[7]，ということです。この身体の共鳴という現象が生じる可能性の条件を理解することが，本節の目的となります。

7　M. メルロ＝ポンティ『シーニュ』1，竹内芳郎監訳，みすず書房 1969 年，および，M. メルロ＝ポンティ『シーニュ』2，竹内芳郎監訳，みすず書房 1970 年を参照のこと。

### 1）間身体性の前史―フッサール現象学における感情移入

身体の共鳴といっても，それ以前にそもそも我々は，他人の思考や感情といった心で生じることですら直接に知ることはできません。相手を理解するといっても，それはせいぜい言語を介して思考の共通理解を図っているにすぎません。そのようななかで，我々は他者と共通認識を図る際に，言語や記号という間接的なものを用いてもどかしさを感じながら，互いに生活しています。ところが，たしかに他人の心は直接的に触れられないとしても，それでも共感したり，考えてることがぴったりと一致したりすることがあります。それは言語を介してではない，体感としての素朴な実感というものに留まるにしても，互いに目を合わせて，状況に居合わせて，「通じた！」と間違いなく体験している事実があります。このように，分かるようで分からない他者の主観や感覚の把捉や一致は，いったいどのようなこととして理解し得るのでしょうか。

メルロ＝ポンティが研究したフッサールという哲学者は，こうした自己と他者の関わりについて「感情移入（Einfühlung）」[8] という間主観性の在り方を示しています。間主観性ということを端的に述べれば，個々の主観は最初から独立して存在するのではなく，他者の主観と関わり合うことで，その**他者の主観とともに自己の主観が生成され**，**複数の主観によって客観性を成立させていく**，ということであると理解できます[9]。このことを現象学的に述べれば，他者の主観，すなわちその認識や存在について探求する際，「我々は，感情移入を通じて，有機的な個体を，生気が与えられたものとして統握する（auffassen）」[10] ということになるでしょう。さらにこのことを端的に言えば，私の感覚や意志，思考を，あなたも私と同じようなものであるから，それらを移し込んで同様の存在として認識しましょう，ということになります。

ところが，この言明において注意しなければならない重要なことは，感情移入という現象が「身体的な現出における意味の理解である」という点です[11]。フッサールは『デカルト的省察』という著書のなかで，この感情移入が生じる

---

8　Vgl. HuaI, § 43- 45, 51.

9　この点について，山口一郎『現象学ことはじめ【改訂版】』日本評論社，2012 年，第 8 章第 3 節を参照のこと。主観性を排除した客観性はあり得ないということが現象学の志向性論の基本である。

10　HuaXIV, S. 116. ここでの「統握」とは，差し当たり，対象に対して主観が意味付与し，解釈する，ということであると理解されたい。

11　Vgl. HuaIV, S. 224.

のは，「固有領域」[12]において生じるとしています。この固有領域とは，「超越論的還元」[13]によって見出される未だ主観と客観の区別が生じていない自他未分の状態にある意識の在り方です。ここには，「私やあなた」といったようには形式化されていない感覚与件（ヒュレー）やモナド[14]が，むき出しの内容として，いわば生のままあります（後述しますが，これは「私」や「あなた」といった人称化されていない匿名的な身体の状態です）。このような状態において，そこでの意識は，「連合」[15]という似ているものをまとめ上げる働きを通じて，形や色，音，匂い，手触りなどの感覚与件を形作っています。つまり，この固有領域では感覚与件が，すなわち身体的な与件が形成されているのです。

その際，ここで生じている連合は，諸感覚与件の統合地点として，その中心を身体ないしモナドとして作り上げています。つまり，身体が感覚しているというより，感覚によって身体が形作られていっている，ということです。そしてそれと同時に，その作り上げられた身体にさらに連合を働かせ，中心化されている身体とは別の，しかしよく似ている身体が見出されます。これがまさに私と似た身体を持つ他者です。このような「似ているが別のもの」という，感覚与件間の，すなわち複数の身体間（中心化される身体と非中心的な諸々の身体）の類似性と差異性から，一度に自己と他者を成立させる無意識的な意識の働きがここでは生じているのです。その働きが「対化（Paarung）」[16]と呼ばれます[17]。したがって，このような連合や対化という意識の働きが総じて感情移入という間主観性の原理となっている，ということが理解されます。またそのことから，私とあなたたが身体という根源的な領域において互いに等しい（等根源性）ということも見出すことができるのです。

以上のことから，この対化という，自己と他者の接触によってもたらされる両者の類似性と差異性の際立ちは，まさに対立する二項が，逆にその対立によ

---

12　HuaI, S. 124.

13　この術語は現象学的還元とほぼ同様の意味として理解できる。自然的態度をエポケーして内的意識に立ち戻ることが現象学的還元という方法であるが，そのような内的意識がそれとして成立している場としての超越論的主観性であるということを見出すのが，超越論的還元である。

14　モナドとは，部分を持たない存在の総体を指し示すライプニッツの術語であり，極めて単純化した表現をすれば，一個の存在単位ということである。

15　連合の内実について，拙論（2021），pp. 186-190 を参照のこと

16　HuaI, S. 142.

17　この無意識的な意識の働きを，現象学では「受動的綜合」と呼んでいる。詳細については，エドムント・フッサール『受動的綜合の分析』山口一郎・田村京子訳，国文社，1997 年を参照のこと。

って二項の関係という数多性やそれらの全体性を弁証法（矛盾や対立を超えた統合）的に成立させているといえるでしょう。簡単に言えば，他者がいなければ自己が自己として認識されることはないし，他者と自己の数多性がなければそれらの全体や複数ということも言い得ない，ということです。このような二つの異なる主体の接触，すなわち異なる二つ以上の身体が接触することによって生じる感覚は，心理的な意味での意識の働きによる投影とはまったく異なる次元で互いの感覚の共有を果たしているといえます。

たとえば，自己と他者の身体を，異なる二つのシステム（系）であるとして，力学的な観点から考えてみましょう。一方の系が他方の系の変数に時間とともに影響を与える場合（単純に言えば，私とあなたが関わり合いを持つ場合），それらの系は「カップリングしている」といわれます[18]。このようなカップリングの現象は，身体以外の例で考えてみると，以下のような事象があります。容器に入った流体を加熱したとき，容器の上部と下部の温度差が一定の値（臨界）を超えると，流体は上下方向に渦巻き状の運動を見せます。この場合，影響している変数は温度ということになります。つまりここでは，上部の流体と下部の流体の温度のギャップが生じており，これらのギャップを持つ温度の接触によってそれまで生じていなかった現象（渦巻）が生じているということです。このような状況をカップリングと呼びます。このことを私と他者の関係で言い換えれば，私というシステムと他者というシステムが出会うことで「私とあなたとの関係や協同」という新たに別のシステム，それらの全体という大きな，総合的なシステムが現出する，ということになるでしょう。要するに，対化ないしカップリングとは，一方の変化が他方の変化と連動して，それぞれの在り方はもちろん，それに収まらないその全体によるまた別の現象を形作っていくということであると理解できます。

では，こうしたカップリングという現象を考慮して，「複数の身体の関係」を考えてみましょう。身体における能力や動作の運動性（変化や持続）は，何らか一定の形態（リズムやパターン，強弱など）を持ちます。それは，いわば動

18 Cf. Bechtel, W., Abrahamsen, A., *Connectionism and the Mind.* (2nd ed.), Oxford: Basil Blackwell, 2002. p. 242. カップリングとは，システム（系）間相互の力学的な仕組み，すなわち創発に関する力学系理論としての考え方の一つである。この点について，拙論「現象学と自然科学の相補関係に関する一考察（3）」『「エコ・フィロソフィ」研究』第 11 号，東洋大学「エコ・フィロソフィ」学際研究イニシアティブ，2017 年 a，pp. 113-124 を参照のこと。

きのメロディーやその流れを持つということです（スポーツ運動学的に言えば，動感メロディーといわれる現象です）。そうであれば，両身体の動きは，同期するメトロノームのように，二つの系同士の引き込み現象として運動性が共鳴していく，類似する，一致していくなどのことがあり得ます。このことはそれほど不思議なことではなく，物理的にも説明可能な範疇にあるものです[19]。こうした理解からすれば，各系（各身体）の境界は単純には区切れず，その接地面において相互に浸透し合っているし，少なくとも影響し合っているという理解は可能です。メルロ＝ポンティはこのことについて，「〈私の行動〉と〈他人の行動〉という二つの項をもちながら，しかも一つの全体として働くような〈一つの系〉」[20]を指摘していますが，これがまさにカップリングの現象として指摘できるでしょう。もちろん，力学的なモデルの援用はある種のメタファーであり，精神－物理的な身体が接合するという事象にそのまま合致するとは簡単にはいえません。しかしこうした事象について，フッサールは対化という受動的綜合における無意識の能作を指摘している[21]し，メルロ＝ポンティは間身体性における身体の共鳴ということを主張するのです。

したがって，こうした無意識的な感情移入が生じているからこそ，我々は他者に対して自分と同じような生きた身体を持ち，感情や思考といった心的な現象を自然に（無意識的に）持つのです。そしてこのことを基礎にして，我々は「他者経験の発生」についても語ることができるようにもなります。

### 2）現象学における「発生」という術語の内実

この点に立ち入る前に，まず「発生」ということについて確認しましょう。フッサールは，「我々の経験の中に，我々のあらゆる事物知覚の中に，可能的な経験の地平（Horizont）が横たわっていて，そしてそのこととともに，可能的な経験の地平は，それらの段階形成を持ち，その段階形成に相応している低次の統覚，低次の経験の仕方が制限された地平と共に発展せねばならないといった，経験の発生を指し示している。〔その経験の発生は，〕さらに新たな経験

19　どんな運動にも，リズムや振動が生じる以上，引き込み現象は生じ得るだろうと考えられる（蔵本由紀編『リズム現象の世界』東京大学出版会，2005 年，第 2 章を参照のこと）。
20　M. メルロ＝ポンティ『眼と精神』滝浦静雄，木田元訳，みすず書房，1966 年，pp. 135-136 参照。
21　拙論「幼児身体学の概要と課題」『東京女子体育大学・東京女子体育短期大学　紀要』所収，東京女子体育大学・東京女子体育短期大学第 52 号，2017 年 b，p. 46 参照。

の連関を通じて，新たな経験の統一，高次の地平を通り抜けた高次の段階の経験などに発展する」[22]と述べています。我々の経験は，単に外界の諸情報を素朴に受け取るだけで成立するのではなく，意識における構成のプロセス，すなわちここで言明されている段階的な形成によって成立しているのです。

たとえば，我々の目の前にリンゴがあるとします。そのリンゴに対して我々は，そこから得られる赤い，丸い，甘い匂い，光沢感，ツルツルした手触りなどの感覚与件を得ています。しかし，そうした単純な感覚の情報だけを集めれば，即座に「リンゴ」という判断が成立するわけではありません。それらの感覚的な与件の集積に，リンゴという「意味」や，その意味にまつわる「記憶」，「イメージ」など，様々な周縁の情報（差し当たり，これら感覚や記憶を含めた諸々情報（意識されている，されていないにかかわらず）が「地平」と呼ばれているものです）が付加されることにより，「これはリンゴである」という諸情報の綜合された表象，知覚，判断が生じるのです。たとえばリンゴを見たとき，単に果物のリンゴとしてではなく，「幼いころ祖母と一緒に食べたリンゴ」といった思い出もその眼前のリンゴに見出すことがあるでしょう。つまり我々の認識や経験は，こうしたさまざまな階層の総合，感性的な直観（受動的綜合）を得て，さらに悟性的な判断（能動的綜合）をする，という段階的な構成のプロセスを持っているということです[23]。それは，このように単に認識のレベルの話だけではなく，スポーツのような体の動かし方の場合においても同様です。自転車に乗れるようになるために何度も転んだときの痛み，父とキャッチボールをして褒められたときの達成感，一回目の動きの良い感じと二回目の動きの良くない感じなど，運動の技術とともにその時々の感覚や感情が積み重なって動き方の学習をしているということが思い起こされるでしょう[24]。

そして，このような意識の構成において重要なことは，意味の学習や記憶の蓄積といった経験の積み重なり，すなわち感覚に意味付与される内容が「歴史的な発展も同時に含まれている」ということです。それはまさに歴史的な発展

22 HuaXIV, S. 115.

23 Vgl. HuaXIX/2.

24 ただ，認識の場合も運動の場合も，「できる」ようになると，できなかったときのことを思い出すこと（再想起）はできても，動きの感じをはっきりと思い出せなくなる。動きの感じのような体験は思い出とは異なり，更新されて「できる」に移行すると不可逆的になり，「できない」に戻れなくなる。この不可逆的な運動の感覚の発展は，思い出とは異なる残り方（過去把持）をしている。この詳細については，拙論（2021），pp. 176-178 を参照のこと。

ということから，学習や記憶という過去と未来にかかわる時間性（過去把持と未来予持）を意識が有していることに他なりません。感覚与件を所与することや，理念的な意味内容を獲得すること，すなわち今現在における認識や経験の意味が新たに獲得されるということ，更新されていくということは，そうした過去の記憶を留め，未来への予期を投企することの編み合わせによって成されています。前述のリンゴや動き方の例のように，その人固有の記憶が今目の前にあるリンゴに対して，今できる自分の動きに対して，自分だけのリンゴや動きの意味を形成することと同様のことです。つまり，発生ということの内実には，そうした時間性も含まれていることも見逃してはならないということです。したがって，フッサールが述べるところの「段階の形成」とは，構成プロセスと歴史性ないし時間性を同時に意味しているのです[25]。こうした感覚の時間的な段階的，発展的な形成が，発生という現象の内実となります。

### 3）間身体性の原理

間身体性の考察に戻りましょう。メルロ＝ポンティは，このようなフッサールの述べる感情移入の考え方をさらに発展させ，身体の類似性の直観という，感覚や感情といった感性のレベルでのコミュニケーションの成立に注目しています。メルロ＝ポンティは，まさにその根源的な人と人の感覚的な体験のコミュニケーションの発生が他者経験の起源であるとしています。その起源における現象が身体の共鳴であり，ここに伝承が成立する原点ないし前提であると考えられるのです。これについてさらに詳細に見ていきましょう。

たとえばメルロ＝ポンティは，「私の右手は，私の左手に能動的触覚が到来するのに立ち会っていた。私が他人の手を握るとき，あるいはそれをただ見つめるというときでさえ，他人の身体が私の前で生気を帯びてくるが，それも事情に変わりはないのである。私の身体が「感ずる物」であり，それが触発されうる―私の身体が，であって，単に私の「意識」だけのことではない―ということを学び知ることによって，私は，他の生命体（animalia）や，おそらく他の人間もいるということを理解する準備を整えたことになる」[26]と述べています。この「整えたことになる」ということが，フッサールの言う連合や対化の

25　拙論（2021）を参照のこと。
26　メルロー＝ポンティ（1970），p. 17 参照。

働きに他なりません。しかしここでさらに重要なことは，自分自身においてであろうが，他者へ触れるときであろうが，「触れる－触れられる」という能動と受動の相関的な関係が生じるということです。

触覚性ないし諸感覚の次元に起こるこのような現象について，メルロ＝ポンティは，「もし私が他人の手を握りながら，彼のそこにいることについての明証をもつとすれば，それは，他人の手が私の左手と入れかわるからであり，私の身体が，逆説的にも私の身体にその座があるような「一種の反省」のなかで，他人の身体を併合してしまうからなのである」[27]と述べています。この言及はつまり，自分の身体が感じるものでありつつ，また感じられるものでもあるという根本的な在り方を指摘しています。これを「キアスム（交叉）」と言います。そのような感覚における「感覚する－される（触る－触られる）」関係の変換ないし循環という体験（キアスム）が，自らの身体はもちろん，自己の身体が接触する他者の身体ないし物体への受動的な感覚の移し入れを可能としています。つまり，自分の身体に直接的に感じられていない事象であっても，その現象の変化に自らの身体の感じられ方を映し（移し）込んで現象をとらえることができるという体験も認められ得るのです[28]。これがまさに身体における感情移入であるということができます。そうでなければ，身体で感覚されていない現象にそうした言及はそもそもできないし，またその現象の様態の意味を見出すことも解釈することもできなくなってしまいます。したがって，メルロ＝ポンティやフッサールの現象学的な記述とその分析から，私と他者の身体の互換が可能である，ということが明らかとなるのです。

以上のことから，メルロ＝ポンティは「私の二本の手が「共に現前」し「共存」しているのは，それがただ一つの身体の手だからである。他人もこの共現前の延長によって現れてくるのであり，彼と私とは，言わば同じ一つの間身体性の器官なのだ」[29]と述べ得るのです。ここで前述のことをまとめると，一つは，メルロ＝ポンティの間身体性の概念を理解するには，まず感ずるものとし

27　メルロー＝ポンティ（1970），pp. 17-18 参照。

28　拙論（2017b）を参照のこと。物の場合，例えば「風船が膨らんで破裂しそう」という認識を持ったとき，風船のゴムの見た目や動きから，自分の身体的な膨らみや膨張の感覚やイメージを風船に移し込んで「破裂しそう」という予期が立てられます。自分の感覚や経験が物だからといって移し入れて捉えることができなければ，危険を回避することはできないだろう。

29　メルロー＝ポンティ（1970），p. 18 参照。

ての身体の特性を理解しなくてはならない，ということがいえます。つまり，私とあなたの身体やそこで生じている感覚，動きの感じでさえも，こうした意味での身体性こそが，すなわち「この感覚的な経験こそが，認識作用の行うあらゆる構築作業の「権利上の基礎」をなす」[30]と理解されるのです。

また，もう一ついえることは，この感覚の二重性，すなわち「感覚する－される」関係における変転現象（キアスム）が間身体性を成立させる根本的な条件になっている，ということです。簡単に言えば，感覚が変転し得るということは，「私以外のものがたしかに感覚されていると感覚している」からそれが起こり得るのです。ここに，他者の身体の存在の明証性が保証されています。したがって，これらの体験の明証性に基づいて，互いに感覚を持つ者同士がその二重感覚というキアスムによって自己と他者が「繋がり合うこと」を生じさせている，ということが理解されます。この感覚の特性による各身体の一致，「同じ一つの間身体性の器官」ということこそが，メルロ＝ポンティが主張する間身体性という概念の要点であり，理由でもあるのです。

### 4）間身体性の発生―乳幼児期の体験におけるモナドの時間化

そしてさらに，そうした人間同士の「間身体的な感覚」―たとえば他者の動きの意図を直観できたり，他者と動きがそろったりするということ―がいかにして発生してくるのか，ということを考えれば，乳幼児期の身体性を分析することによってそれが見えてくるようになります。たとえばメルロ＝ポンティは，「幼児の対人関係」という講義録において，「幼児が他人の身体と自分自身の身体とを，いわゆる〈身体〉として，つまり心を持った物体として同一視するようになるのは，それらを全体的に考えて同じものと見るからであって，けっして〈他人の視覚像〉と〈自分自身の内受容的身体像〉との対応関係を一点一点組み立てていくからではない」[31]と述べています[32]。つまり人間は，人間をそうした精神－物理的な存在として最初から認識してはいないということです。

30　メルロー＝ポンティ（1970），p. 16 参照。

31　メルロ＝ポンティ（1966），p. 132 参照。この点についての具体例として，メルロ＝ポンティは感覚の議論から鏡像，伝染泣きなど，間身体性の実例と見られる事象を多数分析している。

32　「考えて同じものと見る」と述べられているが，幼児においては当然そのような思考が未だできないであろうし，しているわけではないだろう。この点は事象に即して理解すべきであり，言及のそのままの意味ではないと捉えなければならない。

一般にいわれているように，生まれて間もない乳幼児は母親や養育者の顔真似をします。しかし視覚がそれとして（生理的な意味でも経験的な意味でも）未熟であり，またそのような乳幼児が視覚情報から顔を顔として認識し，それを自分の表情筋の操作へと転化して「意図的に」動かしているとは考え難いでしょう。こうした乳幼児の顔真似現象についてメルロ＝ポンティが主張するのは，「幼児がまず真似るのも，人ではなく動作」[33]であるという点です。これについてメルロ＝ポンティが「他人が絵をかいているのを見るばあい，私は絵をかくことを一つの行為として理解することはできますが，それというのも絵をかいているの動作がそのまま私の運動性に訴えかけてくるからです」[34]と述べるように，他者の行為は理解ではなく，運動性の共感として生じている，ということです。それは，絵を描く際の指や腕の動きなど，一つひとつの身体の部分や動作のポイントに注目したり抽出したりするのではなく，動きの形態（ゲシュタルト）全体をそのまま自分に移し込んで「生きてしまっている」という状態を指摘しているのです。

これはまったく自明なことで，ある身体が表現する運動性は，その他の身体に運動性を惹起させてしまうという特徴があり，それを疑う人はいないでしょう。たとえばボクシングの試合を見ていて，ついシャドーボクシングをしてしまったり，フィギュアスケートの演技におけるジャンプを見ていて，ふと下腹に力を込めてみたりなど，枚挙に暇がないほどそのような体験を我々はしています。このような体験はみな，気づいたら体がそう動いていた，というものです。こうした他者の動きが自己の動きに影響を与える現象について，メルロ＝ポンティはさらに「身体図式」という説明を施します。

前述した運動性についてメルロ＝ポンティは，それを「体位図式」ないし「身体図式」と呼んでいます。それは，「鉛直線とか水平線とか，また自分がいる環境のしかるべき主要な座標軸などに対する〈私の身体位置〉の知覚」[35]というものです。自らの運動性に対する感覚は，内的な体験（手足を動かすことや筋肉や骨，関節の力感）や外的な体験（何らかの物体にぶつかったり押されたり，動かされること）が絡み合って一つの運動「系」として統一されています。ま

33　メルロ＝ポンティ（1966），p. 134 参照。
34　前掲書同所参照。
35　メルロ＝ポンティ（1966），p. 135 参照。

さにこうしてできあがるのが身体図式であり，前で述べた身体感覚の中心化という現象です。したがって，身体を何らか動かせたり，何らかの身体にまつわる感覚を持っていたりする人は誰でも身体図式という（無）意識を持っています。そして，身体がこうした図式ないし系であるならば，「それは私自身の身体の或る感覚領野の与件から別な感覚領野の与件に移すことも比較的容易なのですから，同じようにして他人という領域にも移すことができるはずでしょう」[36]と，メルロ＝ポンティは述べています。これが前に説明したカップリングや対化，すなわち身体の共鳴に他なりません。ある身体の感覚的な固有領域と他の身体の感覚的な固有領域を移し入れたり接合したりするという事象が成立するのは，その機構（連合，対化，キアスムなど）が私たちには備わっているからであると理解できるのです[37]。

以上のことについて，現象学者の山口一郎は，「フッサールのとる立場は，両項の成立するこの時点以前に，両項の意味の発生と成立をたどり，本能志向性を介する生命体と環境世界との原交通，つまり，間の領域を開示」[38]することであると指摘しています。ここでいわれる原交通とは，まさにこれまで述べられてきたメルロ＝ポンティの間身体性の議論と同じものであるといえます。これについて，「幼児と周囲世界との原交通，つまり，自他の身体の区別がつかない匿名的間身体性を媒介にした交流」[39]と山口が述べるように，未だ自我が発達しておらず明確な自己意識のない幼児の身体は「匿名的」なものとして理解されます。しかしかえってその匿名性によって，間身体的な交流が可能になると山口は主張しているのです。

たとえばこの身体の匿名性とその交流については，メルロ＝ポンティが『見えるものと見えないもの』において，「私は私の緑のうちに彼の緑を認めるからである。ここには，〈他我〉（alter ego）の問題などは存在しない。なぜなら，見ているのは私でもなければ彼でもなく，ここに今ありながら至る所に永久に放射し，個体でありながら次元でもあり普遍でもあるという肉の第一義的な特

36　メルロ＝ポンティ（1966），p. 135 参照。

37　以上の議論は，貫成人「スポーツにおける身体の現象学的分析―メルロ＝ポンティを手引きとして―」『わざの伝承―加藤澤男・金子明友の〈あいだ〉―』所収，金子一秀，山口一郎編著，明和出版，2021 年，pp. 135-165 を参照のこと。身体間の引き込みや身体図式，間身体性の議論について詳細に論じられている。

38　山口（2012），p. 216 参照。

39　山口（2012），p. 244 参照。

性によって，無名の可視性，視覚一般がわれわれに住みつくからである」[40]と述べています。このことを山口は，「自己の心身関係と他者の心身関係が，同時に，相互覚起することをとおして，意識にもたらされる以前に，匿名的間身体性が生じ，それにより，自他の等根源性が獲得」[41]されることであると説明しています。ここで述べられている相互覚起とは，自己と他者が感覚し合うという相互の触発によって，無意識的に認識（能動的な，自我的な意識）を呼び覚まし合う働きです[42]。それは，前述のメルロ＝ポンティの言及における肉の概念に照らし合わせれば，身体の癒合的かつ転換可能な特性としても理解されます。つまり，肉という生々しい，生き生きと確実に存在するこの身体が，そうした特性を持って互いに媒介し合うということなのです。こうしたことから，間身体性という事象は，自他未分の等根源的な「場」でもあるのです[43]。

さらに山口は，「自我の発展以前の乳幼児と，初めての授乳のさい覚醒化されてくる本能志向性に即応している母親とのあいだに，授乳衝動の志向と充実が経過していくという事例」[44]を挙げています。母子の間において，授乳という行為が本能ないし衝動において出現してくるとき，「その衝動が志向され充実されることで，そのつど，衝動充実という時間内容が成立」[45]します[46]。母がお乳をあげたいという本能と，子がお乳を飲みたいという本能が合致して，互いの本能を満たす授乳という行為が実現するということです。そしてさらにこの場面で重要なことは，このような両者の志向の充実だけでなく，その充実が，たとえば子の方の空腹や眠気などによってそれまで満たされていた感覚の

---

40　M. メルロ＝ポンティ『見えるものと見えないもの』みすず書房，1989年，p. 198参照。ここで言及される肉とは，当然物理的なものではなく，かといって精神的な観念でもなく，またそれらの総和でもない。メルロ＝ポンティによればそれは「〈存在〉の「エレメント」」（メルロ＝ポンティ（1989）p. 194）であり，「場所と今に結びついている」（前掲書同所参照）ものである。表現は非常に難しいが，肉とは言わば，言葉や認識がそれを切り刻む（分節化する）以前のシームレスな状態の世界の在り様である，ともいえるだろう。

41　山口（2012），p. 268参照。原文では「当根源性」と表記されているが，これは誤植である。「等」が正しいため，引用に際して修正した。

42　この相互覚起について，拙論（2021），pp. 186-190を参照のこと。

43　「世界とは肉だとしてみれば，身体と世界の境界をどこに置くべきだろうか」（メルロ＝ポンティ（1989），p. 192参照）という言及からもそのことが窺える。

44　山口一郎「メルロ＝ポンティの「肉」とフッサールの「受動的綜合」」『メルロ＝ポンティ研究』第20巻，日本メルロ＝ポンティ・サークル，2016年，p. 55参照。

45　前掲書同所参照。

46　この衝動志向性における時間化について，筆者は未来予持的な傾向から分析している。拙著『力動性としての時間意識』知泉書館，2018年，第三章を参照のこと。

充実がしだいに非充実へと変化していくという現象です。このような子の感覚の非充実に母が対応することによって，再度子に感覚の充実が訪れます。この充実と非充実の繰り返しがリズムとなり，すなわち感覚の時間的な流れが子に成立していきます。いわば，母の時間と子の時間が同期していくいくのです。

ここで成立する両者の時間について，山口は「両モナドの志向の充実として相互内属的（ineinander）にともに原創設（urstiften）されて，一つの共創される「生き生きした現在の立ち留まり」であることです。モナド間に共現在化としての共時間化が生起しているのです」[47]と述べています。フッサールはこのモナドという存在の単位に志向性という相互作用の原理を見出し，各モナドに「窓がある」としました[48]。このことが，山口の主張する「両モナドの志向の充実として相互内属」の意味です。そのモナド間の相互内属とはつまり，母子の両身体の接触において，互いの感性的な志向，身体的な運動の志向，すなわち二人のキネステーゼが充実して一致する，ということです。この根源的な身体の運動感覚（キネステーゼ）の一致が，我々の意識生の最も根源的な，原初的な土台の設置がなされるということで，原創設と呼ばれます。換言すれば，「人は他者と本能や衝動を満たし合うことによって人間に成る」と言うこともできるでしょう。さらにそれが，キネステーゼの一致であれば当然感覚変化の一致（充実と非充実のその都度の一致）でもあることから，その各身体の時間性も一致するということに繋がります。つまり，各身体のキネステーゼ，すなわちそれぞれの身体の感覚－運動系の一致が，まさに対化現象における原交流の現場なのです（だからこそ，他者と運動をともにするという意味で，幼児期の運動群れ遊びが重要視されるし，学校教育で体育が必修になるのです）。

したがってこれらの議論から，異なる個体（モナド）にもかかわらず，キネステーゼ的な志向の充実がともに満たされるとき，「同じ時間を生きる」という共時間化の構成が成立するということが理解できます。総じてこのことが間身体性における「身体の共鳴」に他ならないといえるでしょう。

以上のことから，身体の構成原理であるキネステーゼという感覚の時間性が無意識的な連合や対化という能作によって自己の身体と他者の身体の共鳴を生

47　山口（2016），pp. 55-56 参照。
48　モナドの概念について，武藤（2017b）を参照のこと。

み出し，間身体性を成立させる，ということが明らかとなりました。この間身体性という基盤が原初的に構成されているからこそ，山口が「受動的綜合としての対化と，その際，成立している自他の身体の区別をとおして，相互主観性が確証できます…（中略）…直接的キネステーゼの有無によって，自他の差異（自己の自己性と他者の他者性）が意識されます」[49]と述べる通り，その（先）構成の後に成立する間主観性の構成へと理解をつなげることができるのです。他者を他者として明確に意識するこの私という確立された主観というものは，間身体性の共時間化と対化という性質ないし能力にその出自を持ちます。いかに主観が成熟した自我ないし精神であったとしても，主観的な意識を身体から切り離して，つまりその根を切り離して枝葉だけを取り出して，共感や分かり合うことの内実に意味や現実性を持たせることはできないのです。

## Ⅲ．意志や思考の伝達の可能性について―他者と理解し合うことの条件―

以上のような間身体性の原理は，伝承的な諸現象，運動技術の指導という現実にいったい体どのようにして繋がるのでしょうか。我々の間身体性が成り立っていれば，即座に伝承が成立するということは当然ありません。そうであれば伝承どころか指導も教育も必要ないということになります。たしかに前項の考察では，未だ間身体性が伝承の大前提となっているということしか述べられていません。だとすれば，さらにその大前提に続く伝承の可能性の条件と，そして現場でそれを可能にする方法が考察されねばなりません。

そのために本項では，まず1）現場の指導者や教育者，研究者たちは，何をもってして伝承が成立していると判断すればいいのか，という判断基準と，さらには，2）どのようにして伝承を成立させる指導をすればいいのか，という方法論を示すこととします。したがって本項ではこれらの点について，伝承という現象の実践的な側面，指導者と学習者間の技の受け渡しという現象が成立する条件やプロセスを考察していくこととします。

49　山口（2012），p. 268 参照。

### 1）伝承が成ったといえる現象とはいかなるものか—「伝達」の現象学的な分析

スポーツ運動学において，端的に「伝承が成った」といえる場面は，指導者の指導が学習者の技の成功ないし獲得が成立した場合でしょう（もちろんその瞬間だけ，一回だけ技が成り立てばいいということではなく，学習者の技がある程度の再現性（正確には運動の安定性）を呈示し得る場合であるということはいわずもがなです）。これは，現象として非常に分かりやすいものです。しかしながら，その結果を見るだけであれば，その現象が伝承によって成ったのか，単なる自得なのか分かりません。そうであれば，当然ながら結果が生じるまでのプロセスこそが伝承において重要であるということになるでしょう。技の学習や成果，すなわち指導者の理想像を学習者がどのようなプロセスで実現したのか，そのプロセスの中で両者のどのようなコミュニケーションがあったのか，これらを分析しなければなりません。

自分の意図が他者に伝わるという現象について，フッサールは『論理学研究』の補遺集第2巻において，「ともに判断すること（Miturteilen）」[50]（以下から便宜的に「共判断」と言い換えます）が重要であると述べています。この共判断は，両者が何らかの事態に対して同じ「確信（Gewissheit）」[51]を持つことによって成立します[52]。これらのことはある程度の客観的な事態に対する知覚や理解（記号や文字，声，信号など）であれば，単に見て聞いて分かる確信として当然のことであり，とくに困難はありません。しかしながら，技の学習や獲得といった，未だそれを持ち得ない学習者がそれを発生させるといった場合，あるいは指導者にとっても学習者にとっても新たな技を模索し，実現させようという場合は，両者において共判断のための確信それ自体を，単なる感覚や知覚それ以上のところで成立させねばなりません。この点が最初の問題となります。

たとえば前に挙げたような技の学習過程，未だない新技の開発途上において，指導者がどんなに技の理想像を明確に持ち，技の仕組みを熟知して言語化して説明したとしても，学習者が指導者の持つ技のかたちに対する確信と同じものを持つかどうかは分かりません。ともすれば，学習者が指導者の確信を「受け入れない」場合もあり得ます（指導者のいっていることが分からない，そも

---

50　HuaXX/ 2, S. 38.

51　Ebd.

52　この点について，鈴木崇志『フッサール他者論から倫理学へ』勁草書房，2021年，pp. 144-145を参照のこと。フッサールの「伝達」概念を理解する上で重要な研究書である。

そも指導者を信用していないなど)。このような両者の確信のずれが「伝わらなさ」として現象するわけですが，こうした確信の不一致に対し，フッサールがその一致において重要と指摘するのは，判断のための確信の対象となっている事態(イメージとしての理想像や説明における音声，文章などの具体的な内容)に対する確信よりも，むしろ指導者が確信を持って理想像や説明に対して明確に「判断すること」を遂行しているかどうか，という点です[53]。このことはつまり，現象学的に言えば指導者の判断内容(ノエマ)よりも判断作用(ノエシス)に対する学習者の受け取りが確信を左右する，ということです。

我々の意識は，「ノエシス－ノエマの相関関係」[54]を持っており，意識作用と意識内容が常に相関してその都度の意識を成立させています。前のことで言えば，指導者が持つ理想像や説明内容がノエマであり，それらに対して，たとえば「間違っていないだろうか」という自分自身に対する「疑念」や，「おそらく正しいだろう」という自信なさげに「推論すること」や「思考すること」など，指導者自身がさまざまなノエシスを働かせることができます。このことについてフッサールは，『形式論理学と超越論的論理学』という著書において，「話している際にこのようにして表現の中心機能(まさに何かを表現する機能)に属する各体験」[55]があると指摘しています。こうした話をしているときの体験とは，判断することだけでなく，願望，意志，疑問，推測，思念などがすべて「思考すること (denken)」[56]という「作用 (Akt)」，すなわちノエシスなのです。そしてさらにフッサールは，「この心の付与の成果こそ，言葉と論述全体がそれら自身の内部で思念をいわば身体化し，その身体化されたものを，それら自身の内部で意味として保有し伝達する」[57]とも述べています。

たとえば指導者が学習者に対して，疑念や確度の低い(自信のない)推論といったノエシスを働かせて相対すれば，当然ながらその指導者のノエシスに引きずられて学習者の判断作用も鈍ります。ノエシスという志向的な体験は，身体的な感覚そのものではないにしても，たしかに体験としてあり，「話す」という身体的な行為や表現に含み込まれ，切り離すことはできません。つまり指

53 Vgl. HuaXX/ 2, S. 38.
54 武藤 (2021)，pp. 169-170 を参照のこと。
55 HuaXVII, S. 27.
56 HuaXVII, S. 26.
57 HuaXVII, S. 26f.

導者がそのように「語る」という行為の在り方に学習者が引き込まれて同調してしまえば，指導者に対して確信を持てない状態になるのです。だからといって，何もかもを無理やり自信満々に語ればいいわけでもないし，指導者だけが学習者の意図や態度を無視して独り相撲をすればいいわけでもありません。これ以上ここで指導者の態度云々を語ることは控えますが，目下において重要なことは，こうした自分のさまざまなノエシスの作動という志向的な体験が他者の志向的な体験にも影響を及ぼす，ということです。こうしたことが生じる理由は，まさに我々が上で考察した間身体的な共鳴，互いのキネステーゼやその時間性の一致といった，志向的な体験間の共感性が根底に働いているからである，ということに他なりません。つまり，ノエシスという志向的な体験も共鳴するのです。したがって，指導者がどんなノエシスでもって指導内容を遂行するかということによって，学習者の確信が変化することになります。

もちろん，この例示の場面は言葉や思考のやり取りという両者の判断作用のレベルにあり，その部分だけで見れば，感情移入や間身体性のレベルとは異なります。ところが，このレベルにおいても両者の共鳴ないし一致が求められるのです。このことについて，こうした互いの判断や確信のために，指導者ないし伝える側の思考を学習者ないし伝えられる側へ移し入れること（これをフッサールは「思考移入（Einverstehen）」[58]と呼びます）には，段階があります。この段階について，現象学者の鈴木崇志によると，まず共判断が成り立つのは，聞き手が「話し手と「同じ態度を採っている」」[59]場合であると述べています。そしてフッサールは，「彼〔＝話し手と同じ態度を採っている者〕は，単に聞いているのでもないし，単に理解しているのでもないし，単に思考移入しているのでもなく，ともに判断しているのである」[60]とも述べています。ここで，「単に〜でない（nicht nur）」と指摘されている「聞く」，「理解する」，「思考移入」は，逆に言えばこれらが共判断の条件になっているとも考えられます。つまり，聞くということで聞き手が話し手の意図をまず受け入れ，そして話の内容を理解し，さらに話し手の思考，すなわちノエシスを聞き手が自らの内に移入することによって，最終的に共判断が成立するということです[61]。そしてこれ

58　HuaXX/ 2, S. 35. この邦訳については鈴木（2021），pp. 143-146 を参照のこと。
59　鈴木（2021），p. 146 を参照。
60　HuaXX/ 2, S. 38. この邦訳の〔 〕内は，鈴木（2021），p. 146 を引用した。
61　この点について，鈴木（2021），p. 147 の表 4 を参照のこと。

らの諸条件の段階的なプロセスの中で，話し手と聞き手が同じ態度にならなければなりません。したがって，共判断が成り立つ場面で，「同じ態度を採ること」と，聞くことから思考移入までの「諸作用のプロセスを経ること」が必要であるならば，とくに前者の態度の問題は，前述した確信の問題に繋がる重要な契機であると考えられます。

### 2）共判断を成立させるには—代行と借問

以上のことから，共判断成立の条件である互いの確信とは，確信を持たせるべく指導する指導者の諸ノエシスを遂行する志向的な体験の在り方と，それによって指導される学習者の態度変更による「語りかけの受け入れ（Aufnahme der Anrede）」[62]という二つのことを要求する，ということになります。そしてこれら二つのうちでより重要な要件は，後者における指導者の語りかけを受け入れる態度を学習者が持ち得るか否か，ということになります。この要件はまさに，伝承に四苦八苦する指導者が常に重要であると念頭に置き，試行錯誤している問題でしょう。この難問をいかにクリアするかが伝承の究極的な目標と言って過言ではありません。

この難問について，スポーツ運動学の伝承論にはすでに以下の実践的な方法が呈示されています。それが「代行」と「借問」です。まず代行とは，金子によると「学習者が運動感覚能力を図式化するのを助けるために，指導者が自らの運動感覚世界で，学習者の代わりに運動図式を構成化」[63]するということです。このことは，学習者の運動の感覚や目指す技のかたちといった，学習者の内的意識において生じているさまざまな構成契機やその構成の成立過程を，指導者が代行してイメージしたりトレースしたり，あるいは記述する，ということになるでしょう。こうしたスポーツ運動学の発生分析にかかわる方法論は，間身体性がベースとなって互いの身体の共鳴が生じていなければ到底できることではありません。しかし，学習者のそのような志向的な体験に入り込み，それをイメージしたり記述したりするという，その豊かな体験の場面をありのままに掴まえる感情移入や代行は，実際のところそう簡単ではありません。

これについて金子は，「学習者がもっている運動感覚の類似図式を模索して，

62　HuaXV, S. 476.
63　金子明友『わざの伝承』明和出版，2002 年，p. 526 参照。

それを統覚し，図式化してやる代行能力が主題化されるのだから，指導者自身の運動感覚の創発能力の実力が試される」[64]と述べ，その能力自体の訓練の必要性を指摘しています。こうしたことは，現場における経験と感性に裏打ちされた言わば職人技であり，一般の人が容易に，即時に取得できるわけではないでしょう。こういった観察技法は，どれほど対象に触れたかという経験（指導者自身の競技経験や理解，あるいは選手に接する時間など）の蓄積を必要とます。また，学習者らがそれぞれ個性や歴史を持つことから，観察技法や指導方法を単に一般化したりマニュアル化したりできるわけでもありません。しかしそうであれば，指導者に競技経験や指導経験が少なければ，代行はできないのでしょうか。いわゆる「見抜き」のような鋭い感性的な直観が指導者に乏しければ学習者の運動感覚やパトスに指導者はアクセスできないのでしょうか。そこで，このような指導者にとって重要な代行の能力を成立させ，成長させるために，もう一つの借問という方法が重要になります。

借問とは，「次つぎとたたみかけていくような質問形式」[65]のことですが，これはただ指導者が学習者へむやみに質問を投げかけていくことではありません。金子は，「伝え手自らの運動テクストの志向分析ができていること」[66]がこの借問成立の前提条件としています。つまり，まずは指導者自身の技の動感や伝えるべき技の構造や理想像の求められる動感が分析され，理解されていなくてはならないのです。自らが分かっていないものを教えることができないというのは当然です。その上でこそ，学習者への動感の代行を担うための借問が意味を成します。したがって，この指導者自身の技の動感分析が，借問する上での，学習者へ質問を投げかける上での前提であり，かつ指針になるのです。

この動感の指針に沿って借問における質問が展開されるならば，その借問の途上で，指導者の側では学習者が何を分かっていないのか，どんな動感を持って現状の技を行使しているのかなどを探ることができます。学習者の回答が明確ならばそれに即して指導内容を処方すれば良いし，不明確であるならば，さらに学習者の非顕現的な契機を掴み出す借問を続けていけば良いのです。これを適切に実行できるのであれば，指導者に競技経験や指導経験が不足していた

---

64 上掲書同所参照。
65 金子（2002），p. 524 参照。
66 上掲書同所参照。

としても，その途上で代行を厚くしていくこともできるでしょう。

他方，学習者の側では，その借問の問いかけにより，無意識的であった自らの技の動感が主題化され，反省の契機となっていきます。そして借問の途上で指導者が用いた言葉を知ることで，言語化が促進されもします。こうしたやり取りを通じて，指導者の理想像と学習者の技の実現として一致するところを目指していくのが借問という方法の実際であると理解できるのです。

このことを金子は，「伝え手と承け手の無限に続く運動感覚交信における解釈学的循環の営み」[67]であると述べています。つまり，自分と相手の動感の分析を，両者が相互に行った場合に，「技の伝承」が実現するということです。ともすれば「質問をする」ということで，それが問いかけを主導する指導者側の一方通行の単なる会話に陥ることも実際に多々あることですが，ところがそれでは両者の「対話」，すなわち借問ではなくなってしまいます。つねに指導者は代行と動感分析を先行させ，準備し，かつ学習者の思考や動感へ入り込むことを最優先とした借問の仕方を行う必要があります。この両者が動感を明確化させながら互いに循環させていくというプロセスを採ることができれば，経験の乏しい，見抜きの未熟な指導者であっても，学習者に「ともに進んでくれている」という体験や，あるいは「私を理解しようとしてくれている」というポジティブなパトス，有り体に言えば「信頼」を生じさせ，自然と学習者の態度を変化させることができるでしょう。それはつまり，共判断の前提である「話し手と聞き手の同じ態度」の成立に他なりません。そしてこの両者一致した態度こそが，共判断の条件である確信を導くのです。さらには，この借問の方法によって，その方法の行使の経験の積み重ねによって，未熟な指導者が自己批判や反省をする契機となり，成長していくことにも繋がるのです。

そうした意味で，代行や借問は，方法論的な仕組みとして理解される以上に，現場におけるその方法論の実践そのものであるということが要点となります。とくにここで考察された代行と借問の要件は，前者が「技に対する動感分析（指導者の持つ技の動感分析と理想像に必要とされるであろう動感分析）」であり，後者が「他者中心の対話（問いかけの中心を学習者の動感に向けること）」と「態度の一致（指導者の問いかけの志向に学習者の思考と身体の志向を一致させる

---

67 金子（2002），p. 525 参照。

こと)」であるといえるでしょう。これらが伝承において最低限必要とされることであると理解できます。どれも実際に遂行しなければ無意味なものです。実践においては，学習者の動感の地平が感覚の「変化」や「強度」だけでなく，意志の「動機」や「目的」なども含むことから，指導者は常に複数の着眼点を同時並行的に考慮せねばなりません。代行し，借問し，最終的に伝承を成立させるために，指導者は単に運動の現場におけるその瞬間を見れば済む話ではなく，学習者らとの生活のなかで，両者の成長のなかで代行と借問を実行する必要もあるでしょう[68]。

以上のことから，指導者から学習者への技の伝承における可能性の条件が明らかとなりました。それは，間身体性における身体の共鳴を前提とした確信の共判断であるということです。そして互いに確信を持った共判断を成立させるために，実践的な方法として代行による技の動感分析と，借問による対話，そしてそれによって生じる態度の一致が重要であるということです。身体の共鳴だけでなく，ノエシスという志向的な体験を指導者と学習者の間で合致させることも，つねに探り出し，探り合わねばならないということが，現象学的にも言い得るのです。

## Ⅳ．おわりに

これまでの考察により，伝承という現象を成立させるためには，指導者側が熱心になるだけでは足りず，「互いに」熱心さを持ち得るということが重要な契機になっていると理解されるでしょう。この「互いに」とはつまり，身体の共鳴といった受動的綜合の領域（無意識的な運動感覚）と，共判断といった能動的綜合の領域（意識的な動感分析）という意識の両領域（階層）のどちらも両者の間で一致している状態なのです。両領域が両者ともに一致するために，指導者と学習者が互いに技を理解し合い，認め合う状態を目指して，無限に試行錯誤していかねばなりません。この無限の試行錯誤は，運動の一回性の原理と同じように，指導者と学習者のその都度の出会いとやり取りという個別的で具

68　この点について，武藤（2021），pp. 191-192 を参照のこと。

体的な事例としてしてしか現象しません。成功事例が生じたとしても，簡単に次の指導に，次の学習者に適用できるわけではないのです。しかし逆に言えば，そうしたその都度の成功事例を例証分析として多くの指導者や研究者が蓄積し，公開していくことによって，その他の指導者や研究者が本質直観を成すことも可能となります。したがって，指導者や研究者は，この伝承「論」が論足り得るために，自らの指導経験や試合の解説などを記述し，積み上げ，他者へと提供していくことが求められるのです。

今やスポーツにおける伝承は，ある特定の閉じた師弟関係のように秘匿されるものではなく，開放性を持ってさまざまな指導者や学習者に行き渡り，種目全体として，関わる者全員がその内実を明らかにしていく段階にあると思います。このようなことが行われてこそ，スポーツ運動学の伝承論が本当の意味で成立するのではないでしょうか。伝承にかかわる例証分析が今後増えていくことを期待しています。

**参考文献**

**〈Husserliana〉**

Bd. I: *Cartesianische Meditationen und Pariser Vorträge*, hrsg. von S. Strasser, 1950.（邦訳：『デカルト的省察』浜渦辰二訳，岩波書店，2001 年）

Bd. IV: *Ideen zu einer reinen Phänomenologie und phänomenologischen Philosophie.* Zweites Buch. Phänomenologische Untersuchungen zur Konstitution, hrsg. von M. Biemel, 1952.（邦訳：『イデーン II』全 2 冊（II-1, II-2）立松弘孝・別所良美訳（II-1），立松弘孝・榊原哲也訳（II-2）みすず書房，2001 年（第 1 巻），2009 年（第 2 巻））

Bd. XIV: *Zur Phänomenologie der Intersubjektivität.* Texte aus dem Nachlass. Zweiter Teil: 1921-1928, hrsg. von I. Kern, 1973.（邦訳：『間主観性の現象学 I　その方法』浜渦辰二・山口一郎監訳，ちくま学芸文庫，2012 年）

Bd. HuaXV: *Zur Phänomenologie der Intersubjektivität.* Texte aus dem Nachlass. Dritter Teil: 1929-1935, hrsg. von I. Kern, 1973.（邦訳：『間主観性の現象学 III　その行方』浜渦辰二・山口一郎監訳，ちくま学芸文庫，2015 年）

Bd. HuaXVII: *Formale und transzendentale Logik.* Versuch einer Kritik der logischen Vernunft, hrsg. von P. Lanssen, 1974.（邦訳：『形式論理学と超越論的論理学』立松弘考訳，みすず書房，2015 年）

Bd. XIX/2: *Logische Untersuchungen.* Zweiter Band. Untersuchungen zur Phanomenologie und Theorie der Erkenntnis. Zweiter Teil, hrsg von U. Panzer, 1984.（邦訳：『論理学研究』第 4 巻，立松弘孝訳，みすず書房，1976 年）

Bd. HuaXX/ 2: *Logische Untersuchungen Ergänzungsband.* Zweiter Teil, hrsg von U. Melle, 2005.

**〈その他の文献〉**

Bechtel, W., Abrahamsen, A., *Connectionism and the Mind.*（2nd ed.）, Oxford: Basil Blackwell, 2002.

エドムント・フッサール『受動的綜合の分析』山口一郎・田村京子訳，国文社，1997 年

金子明友「運動観察のモルフォロギー」『筑波大学体育科学系紀要』第 10 巻，筑波大学体育科学系，1987 年

――『わざの伝承』明和出版，2002 年

――『わざ伝承の道しるべ』明和出版，2018 年

蔵本由紀編『リズム現象の世界』東京大学出版会，2005 年

クルト・マイネル『マイネル・スポーツ運動学』金子明友訳，大修館書館，1981 年

M. メルロ＝ポンティ『眼と精神』滝浦静雄，木田元訳，みすず書房 1966 年

M. メルロ＝ポンティ『シーニュ』1，竹内芳郎監訳，みすず書房 1969 年

M. メルロ＝ポンティ『シーニュ』2，竹内芳郎監訳，みすず書房 1970 年

M. メルロ＝ポンティ『見えるものと見えないもの』みすず書房，1989 年

武藤伸司「「身体学」の研究課題」東京女子体育大学・東京女子体育短期大学紀要第 51 号所収，東京女子体育大学，2016 年

――「現象学と自然科学の相補関係に関する一考察（3）」『「エコ・フィロソフィ」研究』第 11 号，東洋大学「エコ・フィロソフィ」学際研究イニシアティブ，2017 年 a

――「幼児身体学の概要と課題」『東京女子体育大学・東京女子体育短期大学紀要』所収，東京女子体育大学・東京女子体育短期大学第 52 号，2017 年 b

――『力動性としての時間意識』知泉書館，2018 年

――「時間と発生を問う―時間意識と受動的綜合の相関性について―」『わざの伝承―加藤澤男・金子明友の〈あいだ〉―』所収，金子一秀，山口一郎編著，明和出版，2021 年

日本コーチング学会編『コーチング学への招待』日本コーチング学会，大修館書店，2017 年

貫成人「スポーツにおける身体の現象学的分析―メルロ＝ポンティを手引きとして―」『わざの伝承―加藤澤男・金子明友の〈あいだ〉―』所収，金子一秀，山口一郎編著，明和出版，2021 年

鈴木崇志『フッサール他者論から倫理学へ』勁草書房，2021 年

山口一郎『現象学ことはじめ【改訂版】』日本評論社，2012 年

――「メルロ＝ポンティの「肉」とフッサールの「受動的綜合」」『メルロ＝ポンティ研究』第 20 巻，日本メルロ＝ポンティ・サークル，2016 年

# マイネル感性学の復活とスポーツ運動学

金子一秀

## Ⅰ．大学体育とスポーツ運動学

### §1　コロナ禍から見えてくる教育界の危機

**〈教育界を揺さぶるコロナ禍〉**

「世界保健機関〔WHO〕」が新型コロナウイルス感染症の流行を「パンデミック〔世界的大流行〕」と宣言し，100年に一度の危機と言われたコロナ禍は，現在も世界中にその爪痕を残しています。我が国でも，この感染症蔓延防止のため緊急事態宣言を発出し，人々の接触を自粛しコロナ禍の収束に取り組んできました。そのなかで，世界中で人類が自然科学の叡智を結集し，短期間でワクチン開発に成功した一方で，コロナウイルスは変異を繰り返し，人間の叡智を嘲笑うかのごとく，その性質を変化させています。以前のような日常生活は取り戻せるのか，多くの人々は不安に駆られ毎日を過ごしていますが，ようやく収束の兆しが見えてきたようです。

このコロナ禍において感染拡大防止の対策が講じられてきましたが，とくに学校教育関係では臨時休校を余儀なくされ，さらに教育機関は大きな影響を受け，以前のような対面授業による教育を展開することは難しくなりました。その対応として，緊急避難的にオンラインを活用した遠隔授業に置き換え，何とか教育を維持・継続してきました。

しかし，コロナ禍でキャンパスに入構できない新入生は，友達を作ることもできず，自宅で遠隔授業を受けることになり，夢のようなキャンパス生活の実現は遠いものとなりました。サークル活動など新しい友人との出会いを求め，受験勉強の苦労を乗り越えた生徒の夢は絶たれ，退学する新入生も少なくないようです。緊急避難的な対応としても，今まで想定していなかった大学での遠隔授業について，文部科学省が「新型コロナウイルス感染症の影響による学生等の学生生活に関する調査」をしました[1]。その結果，肯定的な意見としては，「オンラインでも質が保たれる授業はあったため，コロナ後も適宜導入すべき」「コロナ禍以前に戻すことなく，新しい大学の在り方を考えてほしい」でした。一方，否定的な意見としては「孤独や学修への意欲の低下を感じる」などの意見がありました。全体的には，不満に感じる割合より満足に感じる割合の方が多かったようです。

**〈GIGA スクール構想とは何か〉**

2019年12月に文部科学省が発表した教育改革案，〈GIGA〔Global and Innovation Gateway for All〕スクール構想〉は，1人1台端末と，高速大容量の通信ネットワークを一体的に整備し，多様な子どもたちを誰一人取り残すことなく，公正に個別最適化され，資質・能力がいっそう確実に育成できる教育環境を実現することを目的とするものです。数年かけてICTを活用した〈GIGA スクール構想〉への環境整備は，コロナ禍によって遠隔授業を取り入れざるを得なかったことで拍車がかったようです。もはやポストコロナにおいて，オンラインを活用した授業との併用は必至であり，そのための整備が着々と進んでいます。コロナ禍の終息後，このデジタル化の流れに逆らうように，以前のような授業を展開していれば，もはや「時代遅れの授業」という評価さえ受けかねません。

一方で，すべての対面授業がオンラインを活用した遠隔授業に置き換えられ

1　文部科学省：https://www.mext.go.jp/content/20210525-mxt_kouhou01-000004520_1.pdf

るのであれば，教師が教壇に立ち学生に直接語りかける授業は消え，通信制の大学の授業との区別も消え，ついにはキャンパスという広大な敷地も必要なくなってしまいます。オンライン授業にすべて置き換えられてしまう危機感からなのか，大学の教育活動について「授業以外の人間形成の学びの場」の大切さにも注目が集まってきています。大学教育は全人格的な形成も含むから，授業外の部活動やサークル活動などの重要性を語っても，いままで大学教育において卒業要件でなかった活動を急に引き合いに出しても，違和感を持たざるを得ません。今後，教育の質保証において遠隔と対面とのハイブリット授業へと向かうことになる可能性に対して，「対面授業や遠隔授業はどのような独自の教育効果をもたらすのか」ということが慎重に検討されなければなりません。

## §2　加速するデジタル化社会の使命

### 〈教育成果をどう捉えるのか〉

世界中で現在600万人以上の人がこの感染症により亡くなっている一方で，その爪痕は人間教育の再考という課題を突きつけてきました。パンデミックが起こらなければ，十分な議論をしながらデジタル化社会に向かう問題点を明確化し，新しい教育の展開が見えてきたのかもしれません。ところが，人との接触を避けるコロナ禍ですから，オンラインを活用した〈GIGAスクール構想〉など，デジタル化社会の構築への期待は高まるばかりです。

一方で，〈新学習指導要領〉が施行され，小学校から順次〈新学習指導要領〉での学びが始まっています。その改訂は，知識の理解の質を高め資質・能力を育む「主体的・対話的で深い学び」を軸に，①知識及び技能，②思考力，判断力，表現力等，③学びに向かう力，人間性等の3つの柱で再整理されました。当然，このコロナ禍を視野に入れた改訂ではありませんから，アクティブ・ラーニングなどを進めようとしても，このような情況下では，この趣旨を充分に活かした新たな教育の展開は苦労を強いられます。

### 〈遠隔授業は何を生み出すのか〉

このコロナ禍において，オンライン授業を取り入れざるを得なかった大学では「オンライン授業の評価」を調査し，オンライン授業の良い点として，「自分のペースで学習できる」「復習に取組みやすい点や課題に対するフィードバックがある」「授業の進め方に学生の意見が反映される」など，今までの対面授業での問題点が浮き彫りになってきました。新学習指導要領では，主体的・対話的で深い学び（アクティブ・ラーニングの視点からの授業改善）が求められていますが，これも双方向通信技術を駆使し，画面上の討論でも可能という結論に導かれる可能性もあります。

一方で，「遠隔授業は，孤立感がある」という，オンライン授業への否定的な意見もあります。しかし，「孤立感がある」という意見に対しても，それは「授業内容とは異なる主観的な問題」と排除される可能性は否定できません。〈孤立感〉という主観的な問題は，それを取り出し，別の方法で解決すれば良いと考えるのでしょうか。成果主義に没頭し，目的を達成するために必要のないことは排除する効率化は，人間教育にとって正しい選択なのでしょうか。たしかに，製品等の品質管理にはこのような考えは必要だと思います。より高い品質を求めれば，余計なものを排除することは当然のことと考えられますが，果たして人間教育も同じように考えられるのでしょうか。

**〈主観的経験はデジタル化できない〉**

我々にとって，デジタル化というのは，今までアナログだったものをデジタルへと進化させていくものです。たとえばレコードは，レコード針の振動を音声信号の変化に直接対応づけたアナログ記録方式でした。ところが，〈CD〔コンパクト・ディスク〕〉は，音声信号を数値の列に変換したデジタル記録ですから，ノイズは排除されクリアな高品質の音が再生できるわけです。レコードを聞き慣れていた人が初めてCDの音楽を聞いたとき，レコード針が盤面を擦る音が消え，まったくの無音から一気にメロディーが奏でられる衝撃に感動したものです。また，音質のデジタル化は，複製をつくっても劣化しないことから，複製を防止するコピーガード等のテクノロジーも進歩しました。

しかしながら，CDの音楽に慣れ親しんでいた若者が「デジタル音楽のCDの音質よりも，昔のレコードの音質の方が暖かみがある」と時代に逆行するように，レコードでの音楽を好む人が増えてきているようです。ところが，デジタル化思考は，「暖かみを感じる」という人間の主観的判断も，その原因を探し取り込めば，CDでも〈暖かみがある音〉が再現できると考えることになります。「音に暖かみがある」というのは，音質の問題だけなのでしょうか。そもそも各音を繋いでメロディー化しているのは，私たちの主観的な経験なのです。私たちが「甘い香り」というのも，嗅覚が味覚のような甘さを感じる訳ではなく，そこには自らが刻んできた生きた経験の歴史も背景にあります。「他人の痛みが分かる」といっても自分の物質的な身体に直接的な痛みの原因は見つかりませんし，またその痛みを感じない人もいます。

このようなデジタル化社会の発展は，「人間特有の主観的な経験とは何か」という問題をどのように考えるのでしょうか。AI を駆使し「AI の判断は人間を超える時代が来る」といっても，自分が嫌いな食べ物を AI が判断したとしても，それを解決できるはずもありません。だから，AI が導き出す結論と，私たち人間の主観的経験が絡み合う〈生きる世界〉の問題との慎重な棲み分けが必要になるのです。

## §3　対面授業に置き換わるデジタル化の是非

### 〈人間の教育成果とは何か〉

先生と生徒が対面し教室で授業を受けてきたことは，まさにアナログ的な授業といえるでしょう。そこでは，雑談をする生徒を注意したり，それを見て襟を正す生徒がいたりと，対面授業ならではの独特な授業が展開されていました。ところが，コロナ禍で対面授業が自粛され，人との接触がないオンライン授業では，見慣れた友達の横顔や後ろ姿は消え，友達と私語をする機会も消えてしまいました。

文部科学省も大学設置基準では「面接授業により実施する授業科目は，主に教室等において対面で授業を行うことを想定したもの」であり，コロナ禍でも対面授業を何とか行うことを推奨しています。しかし，それは対面授業の教育的意義を説明しているものではありません。「大学教育は全人格的な教育である」といっても，数多く展開される授業のどこでそのような教育が展開されていたのでしょうか。

レコードのようなアナログ再生では雑音が混じり，デジタル音楽の CD の音質は雑音がなくクリアな音質であることは理解できます。ところが，ここでいう〈雑音〉というものは，「いらないもの」なのでしょうか。このレコードの雑音に魅力を感じる人は，音楽そのものを理解するレベルにないのでしょうか。食事が生命を維持するための単なる栄養摂取と考えれば，きれいに盛りつけられた料理などはその関心から外れてしまいます。

このようなデジタル化社会への加速により，あらためて大学体育は危機にさらされ，ついには学校体育にもその教育意義を問われる時代がそこまで迫ってきています。コロナ禍は経済界を巻き込み，冷え込んでいる経済を活性化する手段として，さらにデジタル化を加速させていくことになります。一方で，それに追いつくように人間教育の意義の再考が早急に求められるのではないでしょうか。ところが，その検討はきわめて難しく，「部分や要素の集合が全体」という視点から，面接授業の教育効果を分析し，切り刻んだところで，それを綜合しても同じ教育効果は生まれません。その理由を学問的に開示できなければ，人間教育は科学主義に翻弄されてしまいます。懐古主義的に今までの教育にすがることなく，「新たなデジタル化社会での教育とは何か」を検討することはきわめて重要なテーマです。

**〈コロナ禍における大学体育の在り様を問う〉**

このような背景から，第 20 回〈運動伝承研究会総会〉[2] では，コロナ禍での大学体育の授業展開について，研究会員にその実態調査を行いました。緊急避難的とはいえ，対面授業でない体育授業を経験した先生方は，どのようなテーマを掲げ，どのような工夫をしたのでしょうか。個別の意見を集約した調査結果では，全体としては「通常の体育授業の技能習得についてはほぼ展開できなかった」ようです。今まで遠隔授業というものを実施してこなかった体育実技にとって，コロナ禍でも何とか授業を進めなければ，卒業単位が不足し留年生が増すばかりです。さらには，授業を行わなければ「授業料の返納」の声が上がること必至です。だから，大学構内への立ち入りを禁止しても，何らかの形で授業を行わなければなりません。そのことで，今まで対面での体育の実技授業が急遽，講義形態の「運動に関する知識の獲得」へとシフトした例も多くあるようです。言い訳を探せば，「世界的なパンデミックであり，コロナ禍においては仕方がない対応であった」ということになるでしょう。しかしながら，〈動かない運動〉という矛盾のなかで，理論だけを教え体育実技の成績評価をつけざるを得ず，心を痛めた先生方も多くいたと思います。

2　運動伝承研究会編（2021）:『第 20 回運動伝承研究会総会』資料

アンケート調査の結果では，遠隔授業では「技能習得が十分にできなかった」という多くの意見があり，だから「施設の充実した学内での対面実技授業が必要だ」と主張したくても，そのような運動技能を習得する理由が明確でなければなりません。充実した専門施設でしか習得できない運動技能であれば，「本当にその運動課題は適切なのか」「学修時間の予習・復習はどう考えるのか」ということが問われてきます。しかし，「コロナ禍が収束すればまた元のような体育実技授業を展開できる」と考えたいのですが，どうもそう簡単にはいかないようです。本来，体育の専門家を養成しない大学での体育授業は不要と思う人たちは，コロナ禍を逆手に取り「実技を行わないでも体育の授業が成立するのか」「実技を行わないでも体育授業が成立するなら，体育実技はいらない」「課題を出して自分で覚えれば良いならば，体育教師はいらない」などと，コロナ禍を機に再び〈大学体育不要論〉が巻き起こるとも考えられます。

## §４　コロナ禍における大学体育の瓦解

### 〈大学教育の特殊性を問う〉

大学とは学校教育法において「大学は，学術の中心として，広く知識を授けるとともに深く専門の学芸を教授研究し，知的，道徳的及び応用的能力を展開させることを目的とする。大学は，その目的を実現するための教育研究を行い，その成果を広く社会に提供することにより，社会の発展に寄与するものとする」[3] と規定されています。高校生が大学進学を目指すとき，高等学校までの教育のなかでとくに自分の関心のあるものについて，専門的に学ぶために大学の進学先を選ぶのが一般だと思います。いま各大学では，〈ディプロマ・ポリシー〔Diploma policy〕〉〈カリキュラム・ポリシー〔Curriculum policy〕〉〈アドミッション・ポリシー〔Admission Policy〕〉という〈3つのポリシー〉の公表が義務づけられています。受験生を受け入れるための〈アドミッション・ポリシー〉は，各大学で求める学生像を公表することになります。例えば大学の経済学部では，「社会・経済活動全般に積極的に関与したいと考える人」などを，求める学生像として示すことになります。その上で，入学後は公表している各大学の〈ディプロマ・ポリシー〉の獲得に向けて，その資質・能力を育むカリ

3　文部科学省：学校教育法　83条

キュラムで学ぶことになります。教育課程の編成や授業科目の内容および教育方法についての基本的な考え方は〈カリキュラム・ポリシー〉で公表され，それに則り教育を受けていくことになります。学習指導要領などの定めがない大学教育では，各大学で独自の教育理念に沿った教育課程を編成し公表しなければなりません。

**〈大学体育は不要なのか〉**

この〈アドミッション・ポリシー〉で，体育・スポーツに関心のある学生を求めるのが，いわゆる体育大学です。高校生は自分の興味関心のある体育・スポーツ領域を学ぶために体育大学を受験します。また，教育学部等で体育の教員を養成する大学においても，同様に体育・スポーツへの関心がある生徒が受験することになります。だから，経済学部など他の学部では，体育・スポーツの専門教育を受ける必要はありません。その理由から，大学での一般教養としての体育に対して，以前「大学体育不要論」[4]が雑誌に掲載されました。その後，1991 年の大学設置基準の緩和により，大学での保健体育科目は，実技と講義各 2 単位の計 4 単位必修であった卒業要件が廃止されることになりました。そのことで，多くの大学でカリキュラムが変更され，教養科目としてのいわゆる〈一般体育〉へと姿を変えたようです[5]。したがって，現在の大学における体育授業は，体育の専門大学や体育教師養成機関での体育・専門スポーツ実技と，他学部での教養科目としての体育・スポーツ実技と，その目的は異なることになります。

**〈大学体育が抱える問題とは何か〉**

たとえば，教養としての一般体育実技において高度な運動技能の習得を全面的に打ち出せば，受講生から「なぜ，プロや専門的な指導者になるわけではないのに，高度的な技術を学ぶのか」と非難を受けることになります。その技能レベルの差が成績として評価されればなおさらです。一方で，体育大学などで専門スポーツ技能を習得することを目的とした場合，健康・体力づくり程度の

4　岩下誠徳（1988）：“大学体育教育不要論” 正論 6 月号　162 頁以降

5　梶田　和宏他（2018）：“わが国の大学における教養体育の開講状況に関する悉皆調査研究” 体育学研究　63 頁

授業内容では，自らの運動技能を高めたい受講生からは不満の声が上がります。また，体育指導者養成機関で指導法を学ぶなかで，自らが専門的な運動技能を習得するのは，「体育教師に必要な技能だから」というのが理由なのでしょうか。しかしながら，自らが運動課題を習得できても，覚えなければならないのは生徒です。教師自らが教えるべき運動課題ができるということが，指導に繋がる理由はどこにあるのでしょうか。「名選手必ずしも名コーチにあらず」といわれるなかで，体育授業で自らが運動を覚えた経験がどのように指導に活かされるのでしょうか。「生徒の前で見本を見せる」という程度では，老いてしまえば体育教師は務まらないことになります。

**〈一般教養としての大学体育とは何か〉**

他の学問分野を専門に学ぶ大学においては，大学での一般教養の体育は高度な運動技能の習得や指導法などを学ぶものではありません。だからといって，そのような教科は必要ないともいえません。高大接続という教育問題が問われる今，高等学校で学んだ体育を大学でも維持継続していくことはけっして無駄ではありません。新学習指導要領の体育の目標は，「心と体を一体として捉え，生涯にわたって心身の健康を保持増進し豊かなスポーツライフを実現するための資質・能力を育成する」ことを目指すものです。高等学校までの体育授業ですべてが完結するものではありませんから，一般教養としての大学体育もあらためてその教育内容を検討する必要があると思います。

さらに，コロナ禍は体育にかぎらず大学教育の教育内容に揺さぶりをかけることになりました。今まで全人格の形成という大きな枠組に保護されて，どんな授業でも学生を一堂に会せば，学生同士のコミュニケーションの場ができ，友人づくりの場ともなります。ところが，対面授業に隠れていた人間形成の側面は，コロナ禍によって引きはがされ，各授業は「友人づくりやコミュニケーションの場でもある」とその重要性を指摘しても，それは授業本来の目的としていないから遠隔授業で代替できたのです。こうして，大学教育にかぎらず，義務教育を含め学校教育の再考が求められるのではないでしょうか。

## §5　浮き彫りになる運動技能習得の問題性

### 〈運動技能習得と健康体力づくりの関係を問う〉

一般に体育授業の独自性といえば，実技授業において本人が運動技能を習得することにその特性があります。運動技能の習得を求めない健康・体力づくりであれば，街中にあるジムやスポーツクラブに通うことでも十分効果は求められます。その健康・体力づくりの授業の成績評価が，単に数値化した結果で判断をするのであれば，教科として展開する必要もありません。それぞれが自分の思う時間に好きな運動を行ったり，ジム等に通い健康体力の向上を目指せば良いことになります。教科としてクラス全員で健康・体力づくりの体育授業を行う意味は失われてしまいますが，我々が生きていく上で健康・体力づくりは，きわめて重要です。何をするにしても，豊かな人生を歩む基本的な力として，健康であることは誰しもがその必要性を認めることでしょう。しかしながら，体育授業で健康体力づくりが第一の目的といえば，このような問題が浮き彫りになってくるのです。

一方で，運動技能の習得を中心に据えれば，「なぜその運動課題を覚えなければいけないのかな」という問いに答えなければなりません。「豊かなスポーツライフを実現するための資質・能力を育むこと」を目標に掲げ，新学習指導要領への改訂は，「体育分野の知識は〈形式知〉だけでなく，勘や直感，経験に基づく知恵などの〈暗黙知〉を含む概念である」[6]といったところで，運動課題それ自体の必要性は不問に付されているのではないでしょうか。苦し紛れに運動課題ができない生徒に，最後は「努力したからよい」と教育者の顔を覗かせ〈教師の隠れ蓑〉[7]を纏うのでしょうか。それでは「努力が大切なら，他の運動課題のほうが良かった」と切り替えされてしまいます。こうして〈運動技能習得〉と〈健康・体力づくり〉という二項対立は，体育の教育内容にいつも揺さぶりをかけてきました。

### 〈学校体育の歴史的変遷を問う〉

学校体育の歴史を紐解けば，1872（明治 5）年の学制改革で，初めて学校教

6　文部科学省編（2018）:『中学校学習指導要領（平成 29 年度告示）解説保健体育編』東山書房　8 頁
7　金子明友（2002）:『わざの伝承』明和出版　80 頁以降

育に参入した〈体術科〉は，翌年には〈体操科〉と改称されました。その後，第二次世界大戦中の〈体練科〉から，戦後は〈保健体育〉へと名称変更されました[8]。その理由は，敗戦後にアメリカ教育使節団が，わが国の健康意識の低さを指摘したことに起因し，体育に保健の教育内容を取り入れる〈保健体育〉へと変更されました。そのことで，現在に至るまでわが国では，保健の授業と体育実技とを行う〈保健体育〉という授業形態が確立しました[9]。その後，経済発展を遂げたわが国では健康志向が高まり，健康体力づくりが国民の意識に浸透していきました。それと相まってか，保健体育という教科は「健康体力づくりの教育」としての理解が浸透し，運動技能習得の目的は隅に追いやられ，影を潜めているようです。体育の運動技能習得過程で怪我でもすれば，「身体的損傷を伴うから安全で簡単な運動課題にすべきだ」という意見が噴出します。子どもたちが運動技能の習得に苦労をすれば，簡単で安全な課題へと変更するのでしょうか。運動技能習得の「努力過程に教育的意義がある」と主張し難しい運動課題を課しても，そこで獲得される運動技能は，本人を努力させるための〈手段〉に他なりません。

答えに詰まり，わが国の「知育・徳育・体育」を教育の柱として捉える思想を引き合いに出し，「だから体育は必要だ」といっても，「別にその運動課題ができなくても，社会に出て困ることはない」という生徒や保護者の声が消えるものではありません。こうして，体育の運動技能習得の目的を再考するには「這えば立て，立てば歩めの親心」というように，未熟なまま誕生した人間の運動習得過程に注目する必要が出てくるのです。

## §6　人間にとっての教育の意義

### 〈教育の判断対象は何か〉

このような問題に切り込むには，そもそも人間にとって「教育とは何か」という壮大なテーマを確認しておく必要があります。教育の語源たるパイダゴォギケー（paidagogikê）は，子どもの指導を意味している故，パイス（pais）つまり，子どもの時期にかぎり，子どもが学校に入り卒業するまでが教育であると

8　金子明友（2005）①：『身体知の形成（上）』明和出版　201 頁
9　金子一秀（2015）：『スポーツ運動学入門』明和出版　198 頁

理解されるのが一般です[10]。しかしながら，それは狭義の〈学校教育〉を意味するもので，人間は何らかの形で生涯を通して，多くの人たちから教育を受けるものです。

幼少の頃野獣に捕えられ，動物の間で育てられたものは，その知力が動物以上の水準に達するものでないから[11]，その教育者は人間でなければなりません。

つまり，「人はもしそのための教育を受けないならば，人間となることはできない」のであり，「人は真の教育を受くれば，最も温順しく，最も神聖な動物である。けれども若しも人が全然教育を受けないか，あるいは誤った教育を受くれば，世界中で最も手におえぬ動物」となってしまうのです[12]。だから，教育とは単なるエピステーメとしての所産だけを意味するものではなく，教育は「人間を人間たらしめる働き」であって，「人は教育によってのみ人となる」のです[13]。

**〈なぜエピステーメからドクサ経験なのか〉**

コロナ禍における学校教育は，人との接触が断たれリモート授業が多く展開されてきました。その対応は「人間が関わらないとできない教育とは何か」という問題を放置したまま，教育のデジタル化を加速して，人間の叡智としての〈エピステーメ〉の獲得こそ，真の教育であるかのごとく世の中が進んでいます。こうして主観的な〈生活世界〉の素朴・自明の世界経験の領域としての〈ドクサ経験〉は排除されていく一方で，コロナ禍は「人と人が直接会う」大切さを浮き彫りにしてくれました。ビデオ電話で友人と会話できても，やはり「直接会いたい」という願いは，まさに現代社会で失いかけてきた〈ドクサ経験〉を目覚めさせます。他人との接触をコロナ禍での自粛生活は「冷蔵庫の前で一人で飲むビールよりも，店のカウンターで一人で飲むビールの方がおいしい」ということをあらためて感じさせてくれました。コロナ禍の自粛生活は，人間が失いかけていた〈エピステーメ〉の基礎となる〈ドクサ経験〉を目覚めさせ，私たちに警鐘を鳴らしているのかもしれません。

このような問題を開示するには，人間という生命の誕生とその教育にまで言

10　稲富栄次郎（1977）:『教育の本質』稲富栄次郎著作集 1　学苑社　20 頁以降
11　コメニウス／稲富栄次郎訳（1965）:『大教授学』玉川大学版　76 頁
12　コメニウス／稲富栄次郎訳（1965）:『大教授学』玉川大学版　73 頁以降
13　稲富栄次郎（1977）:『教育の本質』稲富栄次郎著作集 1　学苑社　26 頁

及する必要があります。「人間が人間を生む」という生命の誕生は，他の動物と比べ未熟であり，それは「生理的早産」とも呼ばれます[14]。ところが，人間は養育者の手によって育てられ人間らしくなり，やがて他の動物とは比べものにならない高等動物に成長します。大人は「自分は自分である」という自我の認識がありますが，乳幼児にはまだそれはありません。自分と他人の区別がつかないまま，生まれた乳幼児はどのようにして自我を形成していくのでしょうか。素朴な経験が経験として積み重なって，私たちは人間らしく成長していくのです。

# II．デジタル運動学とスポーツ運動学

## §7　自我の形成以前に受動発生する運動習得

### 〈間身体性は響き合うのか〉

私たちは「いつから自分が自分であることに気付いた」と聞かれても答えられません。自覚できる以前の自分の過去があったとしても，それは自分という自覚がなかった過去ですから，自分に分かるはずもありません。地球の空気を吸って初めて呼吸をしたときから，我々人間という生命が誕生します。誕生した人間は，まだ仰向けになって手足を動かしているだけです。しかしながら，成長とともに身体の大きさは変化し，色々なことができるようになっても，その物質身体の原形は大人と同じです。まだ他人の手を借りないと生きていけない乳児は，他人を理解し自らの欲求を他人に知らせるために泣いているのでしょうか。養育者がかける言葉に反応するのは，大人が他人の話を聞いて理解するのと同じなのでしょうか。

こうして，養育者と乳幼児の関係を眺め，単に想像を膨らますだけでは研究にもなりませんが，それを学問的に分析し開示したのがフッサール現象学です。厳密な学として，〈現象学的還元〉という方法によって，このような問題が開示されました。

乳幼児の〈喃語〉は，養育者の声が他人の声として聞こえる以前の発声で

14　アドルフ・ポルトマン／高木正孝訳（2005）：『人間はどこまで動物か』岩波新書　60 頁以降

す。〈伝染泣き〉は，他の乳児の泣き声と自分の声との区別がつかないどころか，他人に対する視覚的知覚が未発達なことにより生じるといわれています[15]。こうした経験が積み重なっていくうちに，たとえば〈喃語〉にしても自分の声帯の動く感じと，聞こえる声の間に裂け目が生まれ，〈本能キネステーゼ〉から〈ゼロのキネステーゼ〉が形成されていくことになります[16]。

フッサールによれば，ライプニッツのモナドという言葉を借り，さらに志向的経験において「モナドには窓がある」[17]ことに言及し，自我のない乳幼児と自我意識のある母親とのつながりは，「モナド間の本能コミュニケーション」として開示しました[18]。このようなモナド間のコミュニケーションは，大人になっても他人同士の間で生じています。「他人の痛みが分かる」という私たちは，まさに自分の身体に痛みがあるのではなく〈感じる〉ことは，乳幼児期の〈間身体性の響きあい〉が息づいているのです。

やがて自分が自分であるという自我が形成され，〈自我〉と〈他我〉を構成し大人に近づいてきます。この自我身体意識は物質的な身体の輪郭を超えて構成されますから，近くに来て欲しくない人には「そこにいて」と伝えます。一方で，ベンチに座っている子どもが隣の席を差して，母親に「ここに来て」といいます。物質的身体からの隣という距離の隔たりは，子どもの自我身体意識においては〈そこ〉ではなく〈ここ〉なのです。

### 〈身体知は受動綜合化されるのか〉

このような人間の〈身体性〉という基盤において人間社会が形成され，学校教育も展開されています。だから，画面を通して遠くにいる友人と話す違和感は，〈身体性〉の陰りに他なりません。スポーツ観戦もテレビで見れば，撮影者であるカメラマンの工夫によってある選手だけを追ったり，スロー映像で再生されたりします。単にスポーツを観戦するだけであれば，これでも十分でしょうが，いまだ生のスポーツを観戦するために足を運ぶ人がいます。そこでは，テレビで味わえない，その場に居合わせないと感じない，独特の雰囲気や空気感があるといいます。

15　メルロ＝ポンティ／滝浦静雄他訳（1972）:『目と精神』みすず書房　146 頁
16　山口一郎（2012）:『現象学ことはじめ〈改訂版〉』日本評論社　204 頁
17　フッサール／浜渦辰二他監訳（2012）:『間主観性の現象学　その方法』筑摩書房　345 頁
18　山口一郎（2009）:『実存と現象学の哲学』放送大学教材　126 頁以降

こうして〈間身体性の響き合い〉を始原とする私の身体は，やがて多くの運動を習得していきます。乳幼児の運動習得の現実は，エピステーメの獲得以前から〈動きかた〉が習得されることを露わにします。そこには，私たちが運動を覚える知能としての〈身体知〉が息づいているのです。見よう見まねで練習をしているうちに，幼児でも一輪車に乗れるようになります。一方で，「一輪車にどうしたら乗れるか」というテーマを深く考え，その知識を学び思索を重ねても覚えられない大人もいます。このような受動綜合を始原とする身体知の構成化を分析するのはきわめて難しく，自然科学では分析不可能だから，スポーツ運動学では現象学的分析を施すことになるのです。

受動発生する〈動きかた〉の習得は，自我の発生とともに，やがて言語的思考の獲得により，この身体知の構成化に能動的にかかわることができるようになります。能動的に自らの身体と対話し，思索を重ねコツを掴む営みは，その後多くの運動習得に役立ってきます。「コツが分かるとすぐにできるようになる」という経験は，老いても何か新しい運動を覚える意欲が活性化します。ところが，「何も考えずに反復することでしか運動は覚えられない」という経験にとどまれば，充実したスポーツライフの道に陰りが生じることになります。だから，自らの身体と対話し能動的に身体知を構成化する営みは，教育のなかで展開する必要があるのです。

幼児期の受動綜合化されている身体知の営みから，その後の教育の中で身体知に能動的にかかわることを学ぶから，体育の教育的意義が生まれるのではないでしょうか。そのことが主題化されるのであれば，体育の運動課題は〈身体知の獲得〉という視点から再考されなければなりません。さらにその身体知の獲得の営みは，健康体力づくりということにも資することになります。運動技能習得と健康体力づくりという二項対立は，能動的な身体知の獲得によって解消される可能性が拓けてきます。

この身体知の構成化の問題圏が放置されているから，スポーツ科学の素晴らしい研究成果を伝えても，覚えるのは本人の自得に任せるだけとなってしまいます。ICTを活用した体育授業でも自らが運動を覚える身体知の構成化は不問に付し，統計標準化によってその有効性を語っても，「どのようにして，できるようになったのか」というその人の身体知の謎は深まるばかりです。

この身体知を分析し，開示するのがスポーツ運動学であり，その分析方法はフッサール現象学と軌を一にするのです。マイネルはこのような実践的な問題を学問的に開示する〈運動学〉を構築しましたが，マイネルの遺志は，シュナーベル教授によって二つの道に引き裂かれてしまいました。

## §8　シュナーベルのサイバネティクス運動学

### 〈知ること，できることの違いは何か〉

人間の運動もサイバネティクス理論で考えれば，運動の指令を出す脳と，関節を動かす筋肉，さらにそれをつなぐ神経という関係でとらえられます。それによって，その情報システムとフィードバックにより，我々の運動が学習されると考えることになります。さらに，心理的要因等も絡めていくなど，人間の運動にかかわるそれぞれの専門学問領域を横断し，より精度の高いシステム論の構築を目指すから，横断科学とも呼ばれることになります。しかし，スポーツの自然科学が情報と制御の視点からシステム論を展開しても，「どうしたらできるか」という〈主体の営み〉の問いに答えるものではありません。ここでいう〈主体の営み〉とは，パトス的葛藤の中で我が身を駆使して試行錯誤し，問題の解決に向かう主体の営みを意味します。

どんなにスポーツ科学が運動問題解決への結論を出したとしても，自分の手足を動かすのは〈科学〉ではなく，〈私という自分自身〉であることは否定できません。いつの時代も，運動の指導実践場面で〈理論と実践の溝〉といわれるのは，「科学研究は〈普遍的真理〉を探求するものであり，分析的観点に立って知識を構築しようとする。指導実践では主として，個々の人間の〈個別的真実〉を探求するもの」[19]という理解によるものです。つまり，自然科学的な運動研究と指導実践場面において目指される方向が本来的に異なるというのです。その上で，総合的観点に立って知恵を創出しようとする努力が求められると考えるようです。だから，スポーツ科学者は「何度も検証された客観的なデータは絶対であり，選手に科学的知見に基づいたアドバイスをするのはコーチの仕事である」と問題をすり替えるようです。自然科学的研究成果を生かすのは選手やコーチであるといっても，それは「指導実践場面に馴染まない」と取り扱わなければ，たちまち非科学的な練習と非難されます。この非科学的な個

19　高松潤二（2001）:「スポーツ科学の役割　後編」 2001.7.Vol.509　月刊国立競技場　日本体育・学校健康センター　8頁

別的な実践事例を通底した，主観的な営みとしての〈私が動く〉という〈実践可能性〉の学問的開示に立ち向かったのがマイネル教授なのです。実践の〈個別的経験の事実〉を通底する学問的開示も知らないまま，このような運動学的研究は〈実践研究〉という別の枠組みで扱われるようです。

**〈マイネルの感覚分析とは何か〉**

マイネル教授は，1960 年に “Bewegungslehre”[20] を上梓し，運動の実践理論として江湖に送り出されました。しかしながら，旧東ドイツの社会的背景の制約のなかで出版されたこの本は多くの誤解を生んできました。さらにマイネル没後に，その後継者であるはずのシュナーベル教授は，マイネル運動学をサイバネティクス理論へと舵を切ってしてしまったのです[21]。たとえば，マイネルは動きの本質徴表を捉える〈カテゴリーによる把握〉において 8 つのカテゴリーを挙げています[22]。その諸カテゴリーの最後に〈運動の調和〉について述べていますが，そのカテゴリーは「現実の運動経過やフィルムを初めて印象分析をするときには最初に取りあげられる」ものです[23]。さらにその〈調和〉が欠けている傾向を見つけ出した上で，他の諸カテゴリーにおいてより詳しい質的徴表を捉えていくという，発見法的な特質を持ち，そのカテゴリーは運動の分析をしたあとで，結論的価値判断をまとめていく意義さえもつものです[24]。そこではまさにゲーテのモルフォロギーの思想が前面に出され，動感身体で見抜く〈本質直観分析〉[25] の重要さに言及したものです。ところが，マイネルの〈感性カテゴリー〉はよく理解されずに，シュナーベルが編集をした改訂版では，〈調和〉は抹殺されてしまい，若干の異質の概念を加えてサイバネティクス的な運動協調の発現と理解されてしまいました[26]。さらに，シュナーベル教授は動作のコーディネーション〈協調性〉は，簡単なサイバネティクスモデルで明確にできるといいます。動作コーディネーションにとって重要な機能としては，「情報の受容・伝達機能（求心合成）。動作行動の予測・プログラミング機

---

20　Meinel, K（1962）：『Bewegungslehre』Volk und Wissen Volkseigener Verlag
21　金子明友（1998）：『マイネル遺稿　動きの感性学』大修館書店　150 頁
22　マイネル／金子明友訳（1981）：『マイネル・スポーツ運動学』大修館書店　153 頁以降
23　マイネル／金子明友訳（1981）：『マイネル・スポーツ運動学』大修館書店　252 頁
24　マイネル／金子明友訳（1981）：『マイネル・スポーツ運動学』大修館書店　252 頁
25　金子明友（2015）：『運動感覚の深層』明和出版　230 頁以降
26　金子明友（1998）：『マイネル遺稿　動きの感性学』大修館書店　47 頁

能。現在値と目標値，つまり再求心情報とプログラムとの比較機能」があるといいます[27]。

人間の運動のサイバネティクス理論への試みは，人が機械に命令を与える場合と，人が他人に命令を与える場合の生ずる状況とは本質的に違わないことを前提にして，人間にも動物にも機械にも通用する工学的制御の理論が成立すると考えます[28]。マイネル／シュナーベルの共著として，現在でもこの考えに基づいた改訂版“Bewegungslehre Sportmotorik”が出版されているから[29]，マイネル運動学がサイバネティクス理論であるという誤解が後を絶ちません。

マイネル上梓した初版本“Bewegungslehre”の冒頭一章の「運動問題の発展」で，「人類はこれまで，数えきれないほどの運動問題を理論的方法だけで解決してきたのではなくて，実際に活動しながら，また，労働しながら頭から学び，頭は手から学ぶといった，いわば，実践的思考を通して解決してきたのである。」[30]といいます。さらに，「西ドイツでは，今やスポーツも“技術の呪縛”にかかり，スポーツ選手は“機械”になりさがり，“ロボット”化してしまって，“技術の完全さ”は生命ある人間の前を素通りしているという偏見に出会うことがある。」と批判しながら，「スポーツ技術の完全をめざすということは，どんな場合でも決して運動遂行の機械化や“魂のない自動化”を意味しはしないからである。それどころか，それは運動の完全な“有機的統一化”なのである」と述べています[31]。

しかし，シュナーベルによる改訂版は，マイネル運動学を二つに裂き，サイバネティクスの道へと舵を切ってしまいました。しかしながら，幸いわが国では，マイネルの初版本の運動学が翻訳されて出版されたことで，マイネルの遺志を継いだ運動学は，わが国では引き裂かれることなく純粋に深化してきました。その後，日本の研究者によってマイネル没後のメモが発見され，マイネルの遺志が明確化されました[32]。そのことにより，わが国ではフッサールの超越論的現象学を下敷きに，さらにマイネル運動学は発展し，〈人間化された運動

27　G. シュナーベル／綿引勝美訳（1991）:『動作学 – スポーツ運動学』新体育社　109 頁
28　ノーバート・ウィナー／鎮目恭夫他訳（2021）:『人間機械論』みすず書房　10 頁
29　Meinel/Schnabel（2018）: "Bewegungslehre Sportmotorik" 12 Auflage Mayer&Mayer Verlag
30　マイネル／金子明友訳（1981）:『マイネル・スポーツ運動学』大修館書店　2 頁
31　マイネル／金子明友訳（1981）:『マイネル・スポーツ運動学』大修館書店　36 頁
32　金子明友（1998）:『マイネル遺稿　動きの感性学』大修館書店

の知恵〉としての〈身体知〉の分析が主題化されることになりました[33]。

## §９　わが国のスポーツ科学の発展

### 〈スポーツの科学的分析とは何か〉

そもそも，わが国でスポーツ活動という人間の営みの自然科学的な分析は，遡ること1964年の東京オリンピックに向けての選手強化が始まりのようです。1959年のIOC総会において，「第18回オリンピック大会（1964）」の会場が東京となり，日本選手の強化を目指し，1960年に選手強化対策本部を設け，選手の強化に乗り出しました。そこで「スポーツ科学研究委員会」を発足させ，スポーツに科学的分析の手が差し伸べられることになります。ところが，正式なスポーツ科学研究委員会が発足されるまでは，日本体育協会医事委員会を基盤とし研究活動を行っていました。その成果は1961年上智大学における第一回コーチ会議で発表され[34]，この会議の閉会時に「今回の会議によって科学の世界とスポーツの世界のあいだに，完全にパイプが通った」と当時の副本部長が挨拶で述べています[35]。その3ヶ月後，「トレーニング方法の合理的改善に対して科学的な検討とその裏付けが必要である」という基本的な考え方のもとに「スポーツ科学研究委員会」が発足することになりました。そこでは，選手強化を目的として物質・物体身体の分析が中心であり，わが国でスポーツの世界に自然科学的分析が取り入れられるようになったのは，この時期と考えてよいでしょう。こうして，今では子どもでも，〈科学的トレーニング〉という言葉を口にするほど，日常生活にまで入り込んでいる〈常識〉となっています。

ところが，『東京オリンピックスポーツ科学報告書』の陸上競技の報告では「コーチの側からは選手を測定して，いったい何の役に立つのか，それは選手に精神的負担をかけるに過ぎないのではないか・・中略・・選手にとっても，自分たちの欠点だけ明らさまにするものであって，何ら自分たちの得にはならないのではないかという疑問を生ずるものであった」とコーチや選手の不満の声が書き記されています。それに対して，当時の委員会の感想は「スポーツ科学は日本の陸上競技には消化不良の栄養物に過ぎなかった」と締めくくられて

33　金子明友（2005）①：『身体知の形成（上）』　明和出版　4頁
34　日本体育協会（1965）：『東京オリンピックスポーツ科学研究報告書』日本体育協会　21頁
35　日本体育協会（1965）：『東京オリンピックスポーツ科学研究報告書』日本体育協会　22頁

います[36]

当時スポーツを科学的に分析することに否定的だった陸上競技は，その後科学的トレーニングを取り入れた成果なのか，日本人でも 100 m を 9 秒台で走る選手が続出しています。1964 年の東京オリンピックの成功に向けて，スポーツの自然科学分析を施し，発展してきたスポーツ科学は，まさに現代のスポーツトレーニングには欠かせない知見となりました。しかしながら，当時のスポーツの科学的トレーニングは，生理学的知見に基づく体力論を中心であり，身体条件が整っても私の身体を駆使する技能の獲得問題は放置されていたようです。

**〈形なきかたちを見る〉**

その後スポーツ科学はさらに発展を続けますが，陸上競技の名選手，金メダリストの織田幹雄は，ミュンヘンオリンピックの連続写真集のなかで，「この写真から学び取ってもらいたいことは，いろいろとある。しかし，その前にまず注意しておきたいことは，この写真から“形”だけを真似ないで欲しい」と注意を促しています。さらに「形から学ぶという観念はまず捨てるべきであり，陸上競技は形ではなく，動きなのである」と主張します。こうして形による技術指導の欠陥を指摘し，技術は〈形〉ではなく，〈動きのはたらき〉であり，同じはたらきが個性を通して，さまざまな異なる形になって現われていることを力説しています[37]。

このような指摘を横目に，運動の映像を比較しその図形変化の違いに欠点を見出すことに終始し，その改善こそが上達の道と考えるのでしょうか。指導実践場面に注目しても，身体条件が異なる人たちが同じ運動を行っていますが，その運動経過の〈形〉は人それぞれです。

指導者は異なった〈形〉に同じ働きを見抜く一方で，スポーツの自然科学者は，なぜ異なった運動の〈形〉を同じ運動として認識し分析できるのでしょうか。自らの身体知を磨き上げた織田幹雄選手は，まさに動感形態の発生問題に言及しています。この〈動きのはたらき〉こそ，自己運動としての身体知の営みです。それは，まさに指導者の目によって観察され見抜かれるものだから，

36　日本体育協会（1965）:『東京オリンピックスポーツ科学研究報告書』日本体育協会　38 頁
37　朝比奈一男他編（1980）:『スポーツの科学的原理』大修館書店　339 頁

直接対峙した指導が運動習得場面には求められるのです。

このコロナ禍は，指導者との対面による運動技能習得の自粛が求められました。まだ泳げない初心者にどんなに知識を与えても，水に入らないことには泳げるようになりません。リモートの水泳授業として，家で洗面器に水を張り，顔をつけて息を止められれば良いのでしょうか。その後，畳の上の水練として，手足の動きかたを覚えれば，切り刻んだ条件を満たしたから，総合して泳げるようになったとでも言うのでしょうか。結局，実際にプールなどで浮力に任せ，水に浮く感じを掴まないことには泳げるようになりません。それは，自らの身体を操作する本人委ねることになります。泳ぐというのは，水と自分の身体とが一体化する〈動きかた〉の習得なのです。遊んでいるうちに泳ぎを自得する子どももいますが，大人でも金槌の人がいます。運動に関する知識の獲得は，どのように運動習得にかかわっていくのでしょうか。

## §10　スポーツの自然科学とは何か

### 〈自然科学のテリトリーを問う〉

スポーツ科学といった場合の〈科学〉とは，英語でいえば〈Science〉であり，ドイツ語では〈Wissenchaft〉で，それは〈学〉という〈学問〉を意味するのが一般的です。〈JISS〔国立スポーツ科学センター〕〉の研究施設も，スポーツに関する自然科学的実験施設が充実し，まさにスポーツの自然科学的研究の施設となっていますから，近年では〈科学〉は狭義で捉える〈自然科学〉と理解する傾向が強いようです。そもそも自然科学とは，スポーツ運動にかぎらず「自然現象の中から再現可能な現象を抜き出して，それを対象として取り扱う学問」ですから[38]，誰もが共有できる客観的な成果が求められます。

新型コロナウイルス感染症のワクチン開発において，従来の弱毒化ワクチン開発の培養は長期間を要します。早急にこの危機を乗り越えるべき，新型コロナウイルスの〈RNA 合成ワクチン〉が短期間に開発されました。その安全性は実験によって追検証しながら，さらに臨床実験を経て人間への安全性が確認され，まさに天の恵みのように感染拡大を防ぐワクチンとして多くの人が接種することになりました。まさに，コロナ禍の収束に向かう道を切り拓いてきた

---

38　中谷宇吉郎（1988）：『科学の方法』 岩波書店　18 頁

のは自然科学の成果であるといっても過言ではありません。

スポーツ運動を自然科学的に分析するということは，人間が行うスポーツ運動を〈物質・物体身体〉の側面から客観的に捉え，再現可能な現象として分析をすることになります。「運動は常に消え去る」から，撮影した再現映像を分析することになります。それは「瞬間映像の連続であり，本物と見なしているだけだ」といえば，すべての自然科学的な運動分析の前提が壊れてしまいます。しかしながら，そのような議論が巻き起こらないのは，たとえば等質時空系で物体の運動を分析することで距離と時間が計測され，人工衛星などを打ち上げ軌道に乗ることができるからです。

ところが，それは物体の運動であり，その運動を引き起こすのも機械によるものです。スポーツの自然科学も，同様に人間の身体も物体であり，その運動を引き起こすのは脳からの命令であるという〈人間機械論〉を基本的な考えとします。「うまく運動が覚えられないのは，脳の問題であり，それが改善されればできるようになる」と説明されると，何となく納得した気になりますが，それは〈できない〉問題を解決する答えにはなっていません。

このような研究は，「原因によって結果がもたらされる」という因果決定論に支配されていますから，ある結果を精密に分析して原因を探ることになります。その原因と結果の因果関係を証明するには，同じ実験を繰り返し追検証することになるから，再現可能な現象でなければ自然科学的法則性は維持できません。物理時間では「原因は過去にあり，現在に結果がもたらされる」のですから，「未来に原因がある」ということはあり得ません。

ところが，飛行機など到着時間が計算されるとき，その場所にはまだ到着していませんから，到着地は未来の場所に措定されることになります。到着地までの距離が計算され，一定の速度が維持できるという前提から予測到着時間が計算されます。この〈予測〉は未だ存在しない将来のことの「未来に原因を求め，現在に結果をもたらす」という，因果律の矛盾を孕んでいるのです[39]。しかし，自然科学では未来は過去の再現という前提を維持し，このような予測計算を行い，私たちの生活を便利にしていることは確かです。一方で，過去の再現を超えた現象が起これば〈想定外〉という説明しかできないのです。

---

39　ヴァイツゼッカー／木村敏訳（1988）：『ゲシュタルトクライス』　みすず書房　223 頁以降

**〈先読みは科学的予測ではない〉**

一方で，我々人間はこのような計算の手続きもとらず未来を予測することができます。私が横断歩道を渡るとき，未来に車が横断歩道を通過する時間を〈先読み〉し，自分が渡るのを断念するか，歩くか，走るかの決断に迫られます。車の速度を数学的に計算することもなく，この決断は行われますし，自分が足を痛めていれば普段と異なる決断をします。こうして，ヴァイツゼッカーは，生命ある運動は，「自分で動いているから生きているのだ」[40]と〈自己運動〉を基柢に据え，有機体の運動形式の発生を〈ゲシュタルトクライス〉[41]と呼ぶことになります。

バイオメカニクス的な動作分析を施すには，人間の運動を等質時空系で展開される客観的な物体身体の運動ととらえるから，物理学的法則に従うものです。スポーツ生理学では，筋の収縮は筋電図という客観的な電気信号の波形によって確認されます「自然科学的に人間の運動を分析する」という前提だから，この手続きは何ら問題もありません。しかしながら，人間の生きた運動は自らの企図を持っているので，同じ運動でも「まぐれ，思い通り」や，「力が入ったのか，入れたのか」という問題が潜んでいます。人間の運動を物体・物質身体の側面から扱う自然科学的分析では，この問題圏は研究の射程から外されます。この複雑な主体の営みを自然科学的に解明しようと，スポーツ科学の世界でも，〈サイバネティクス理論〉が注目されてきました[42]。それは〈情報と制御〉の自然科学として，システムの出力情報が再び入力側にフィードバックされ，入力と出力の差がチェックされて，出力がセルフコントロールされるものです。

この理論は，現代においても自然科学の飛躍的な進歩の一躍を担っており，身近なところでは自動運転システムなどがこの理論の応用となります。GPSを使い現在地を特定し，車載カメラによって車の周囲の状況がデータとして集められ，その情報はフィードバックされます。それによって，前方に障害物などがあれば，車速との関係から自動でブレーキを操作することができます。さらに，ビックデータを扱うAIはその精度を増し，人間の運転よりも安全な運

---

40　ヴァイツゼッカー／木村敏訳（1988）：『ゲシュタルトクライス』　みすず書房　31頁以降
41　ヴァイツゼッカー／木村敏訳（1988）：『ゲシュタルトクライス』　みすず書房　222頁以降
42　ウィーナ／池原止文夫他訳（2017）：『サイバネティックス－動物と機械における制御と通信－』岩波書店

転操作を行えるシステムの開発が進んでいます。このようなサイバネティクスシステム論が我々の運動学習の問題にも応用され，運動制御のメカニズムが次々と自然科学的に分析されてきましたが，このような理論に基づいて私たちは動かされているのではありません。〈脳の働き〉に原因を求めても，この問題圏は現代脳科学でも〈意識のハードプロブレム〉としてその解明は行き詰まっているようです[43]。

## §11　動感意識の開示から指導実践場面へ

### 〈受動志向化発生の分析とは何か〉

一般に認知科学では，「人間の意志により制御されている運動」を〈随意運動〉と呼び，脳が「手足を動かせ」という運動指令を出せば筋収縮が生じて手足は動くと説明します。テーブルの上の一個のリンゴを，自分の手にリンゴを取れという意志を発すると，その意志に従って手が動きリンゴを握り，こうして脳から発した運動指令が手の筋肉に伝わって〈随意運動〉が発生したというのです[44]。しかしこの説明には多くの謎が潜んでいます。脳が運動の指令を出す〈随意運動〉として我々の運動が行われると説明しても，その脳に指令を出すのは誰なのでしょうか。「リンゴを取れという意志」が脳を支配し，脳がそれに従って動くのか，または，脳が先に判断をし，我々にリンゴをとる意識を生み出すというのでしょうか。

さらに，リンゴをとるためには腕を伸ばし，指を開いて掴もうとするのですから，「腕を伸ばす」「指を開く」という運動の命令が起こっているはずです。しかし，リンゴを取ろうと思う時に，腕を伸ばし，指を開くという意識はありません。「そこに行こう」と思えば，足は勝手に動き，歩き出します。予定時間に遅れると思えば，その歩みは速度を上げます。そこには，膝を曲げて足を交互に前に出すという具体的な運動の命令は意識に上りません。一方で歩くという動きかたに関心を持ち，競歩の歩行の特徴を真似しようとすれば，手足の動かし方に意識が向きます。

意識が一つで脳も一つであれば一対一の対応で，謎は深まるばかりですが，

43　茂木健一郎（2008）:『意識とは何か』 ちくま書房　188 頁以降
44　宮本省三（2008）:『脳のなかの身体』 講談社現代新書　22 頁

神経科学の知見では，脳は階層的な構造を持っていると考えられています[45]。このような機能主義の立場は，脳の機能が究極的にはプログラムでシミュレーションできるはずだという視点を重視します。しかし，現代脳科学では，このような〈意識のハードプロブレム〉は，「自然科学的分析ではなく，真の革命として主観的な体験の起源を真摯に問う現象学的アプローチしかない」[46]ともいわれています。

現象学とは，「意識の現れについての学問」で，我々が直接経験している世界に〈現象学的還元〉を施し，その深層を抉り出していくものです。フッサールによれば，我々の意識は常に「あるものへの意識」として〈志向性〉を持ち，体験はすべて〈地平〉をもっており[47]，自我が関与しない受動世界からすでに意識は何かへと向かっていると説明します。さらに我々の意識は，無意識の層である受動世界と，自覚される自我意識をもつ能動世界とが絡みあっているというのです。ところが，「受動性はそれ自体で第一のものである。なぜなら，すべての能動性は，本質的に受動性の根底とその能動性においてすでに先構成された対象性を前提にしている。」[48]のであり，受動性が能動性に先行してはいるが，絡み合った〈基づけ〉関係は慎重に捉える必要があります。というのも，無意識の層としての受動性が，すべての我々の能動性を支配する因果関係として考えてしまえば，自我の関与は無意識の営みに従うだけになってしまいます。理性も働かず無意識の命令に従うようでは，人間社会は成立しません。

### 〈受動と能動の絡みあいの例証化とは何か〉

現象学者，山口一郎は，第一に，受動性が能動性に先行し，能動性を基づけること，第二に能動性が受動性を活性化させること，第三に，究極の能動性が受動性に類似してくると，受動性と能動性の関係について厳密な分析を施しています[49]。そこでは「受動性から能動性が生成してくるのでないばかりか，能動性の関与なしに，受動性そのものが覚醒してこないことが，見落とされては

45　苧阪直之編（2005）：『意識の科学は可能か』　新曜社　74頁
46　茂木健一郎（2008）：『意識とは何か』　ちくま書房　188頁以降
47　フッサール／浜渦辰二訳（2004）：『デカルト的省察』　岩波書店　87頁
48　フッサール／山口一郎他訳（2020）：『能動的綜合』　知泉書館　10頁
49　山口一郎（2018）：『発生の起源と目的』　知泉書館　15頁以降

なりません。」[50]と注意を促します。その例証として，母と子の〈あいだ〉による乳児のゼロのキネステーゼの原意識から，能動的志向性による能動的関与との相互の関係性において，感覚形態と知覚表象の意味地平が生成することを挙げています。さらに「究極的な能動性が受動性に類似してくること」は，能動的志向性における本質直観分析において「能動性の極致に生成する受動性」が実現しているというのです。

### 〈受動志向性とは〉

そこでは，受動的志向性は，「能動性以前の受動性」と規定される本来的な受動的志向性と，「能動性が転化した受動性」とされる，能動的志向性の充実／不充実が過去把持をとおして過去地平に沈澱化し，潜在的な含蓄的志向性になった，能動的志向性を起源にする受動的志向性に区分されることになります。さらに，能動的志向性が習慣化と反復をとおして，能動的綜合の究極の次元において，能動的綜合において働いている自我の能作が，その自我中心性を喪失し，「無私，ないし無我」に統合される可能性が認められるのです。しかしながら，この能動性が転化した受動性でさえも，能動性そのものが能動性以前の本来的な受動的志向性を，前提にしていることに言及しています[51]。

我々の〈志向性〉は，受動性と能動性の絡み合いのなかで，その姿を現し，この受動綜合と能動綜合の絡みあう意識において，我々の運動習得の指導実践場面に強くかかわってくるのが〈キネステーゼ〉なのです。それは「感覚であると同時に，感覚をひき起こす運動の意識，つまり，我々によって発動されたわれわれの運動である運動の意識である。感覚に不可分に属している運動感覚（キネステーゼ）的意識によって，我々は自分の身体を我々の意欲によって直接，動かされる－このことによって，身体はいわゆる外界のあらゆる物体から区別される－自分の器官として意識する」のです[52]。

### 〈動く感じとは何か〉

この〈キネステーゼ〉は，運動の感覚というよりも，運動する感覚という意

---

50　山口一郎（2018）：『発生の起源と目的』　知泉書館　18 頁
51　山口一郎（2018）：『発生の起源と目的』　知泉書館　22 頁以降
52　ラントグレーベ／山崎庸佑他訳（1980）：『現象学の道』　木鐸社　188 頁

味であり，発生運動学では生理学的〈運動感覚〉と混同しないように，〈動く感じ〔動感〕〉と表記します[53]。とくに，我々発生運動学が関心の眼差しを向けることは，事物知覚とキネステーゼの問題以上に，〈私が動く〉という〈動感（キネステーゼ）〉が主題化されます。日常生活では〈私が動く〉ことは，たとえば棚の上の荷物を下ろすなど，具体的な目的が達成されることだけに関心が向き，〈自らの動きかた〉への関心は薄いのが一般です。ところが，スポーツ実践場面では，よく分からないまま〈まぐれ〉の出現で目的を達成したことに喜ぶ一方で，再び同じことができるようになりたいという関心から，〈偶然〉から〈必然〉へと反復の道を歩みます。〈まぐれ〉できた自分がいたのに，その自分はどこかに消えて，再び偶然の結果が重なりながら，我々はさらに，自らの〈動きかた〉へと関心を向けていきます。こうして「コツを掴んだ」といって，〈できた〉から未来の確信である〈できる〉という動感意識を手に入れるのです。さらに，習慣化された運動は熟練の道を歩み，やがて〈能動性が転嫁した受動性〉と〈非人称の自在無碍〉[54]の境地に至る道が拓けてくるのです。

つまり，我々が運動を覚えようとしている運動感覚の意識は「どのように動こうか」という動感意識であり，運動する物質・物体身体の解剖生理学的メカニズムではないのです。だから，「腕を曲げよう」という意志はあっても，「上腕二頭筋を収縮させよう」という意識は運動を引き起こさないのです。だから，解剖生理学的知識がない子どもでも，腕を曲げることができるのです。

## Ⅲ．マイネル感性学と実践的独自性

### §12　指導実践場面における動感問題

#### 〈動く感じから生み出される意識とは何か〉

体育の授業で運動課題を示されたとき，「できそうもない」「絶対無理」「やりたくない」と言う人がいますが，その意味はきわめて複雑です。できる自信はあっても，他人の目を気にして「できそうもない」というときもあります。一方で，まったく目を背けたくなるほど，その運動に嫌悪感を持つ人もいま

53　金子明友（2005）①：『身体知の形成（上）』明和出版　305 頁
54　金子明友（2018）：『わざ伝承の道しるべ』 明和出版　532 頁

す。そこでは，原発生の深層にある受動志向性としての〈なじみの地平〉[55]が確認されることになります。それは，コツの生む運動感覚図式に対して，感情的に嫌がらないで，それと違和感なく共生できるという〈なじみの地平〉であり，対象となる運動感覚図式に違和感なく〈関心〔Interesse〕〉をもつことが主題化されます[56]。受動地平の〈なじみの地平〉は自我を触発しますが，「やってみたい」という衝動に駆られる人もいる一方で，本当に身がすくみ，そのことから目を逸らす場合もあります。そこでは，「できそうだから，やってみたい」「やってみたいけど，できそうもない」「やらなければならないけど，動けない」「できそうだけど，やるのが恥ずかしい」など，さまざまなパトス葛藤が生じています。体育教師にはこのような〈なじみの地平〉を見抜く能力が求められ，それが見抜けない教師の良かれと思う〈言葉がけ〉は，やる気すら失わせることにもつながります。

こうして〈原発生〉の〈なじみの地平〉は，充実化に向けて自我を触発するものの，それは〈受容〉の層位にとどまるから，「なんとなく，そんな気がする」程度であり，「何が具体的にダメなのか」という自覚には至りません。幼い子どもであれば，そのような葛藤は，表情や仕草に自然に現れる程度の場合もあります。

〈原発生の地平〉に回帰するこの問題圏は，実践可能性に潜む〈価値感覚〉を含蓄潜在態とする〈原感情〉や〈原動感〉という〈原ヒュレー〉が匿名のまま〈原構造〉として働いているのです。このような原発生の地平層位には，動きの価値感覚と快不快の原感情が同時変換的に働いていて，そのような〈キネステーゼ情況〉をいかにして誘い出すかがその指導者の正念場となります[57]。当然のごとく熟練の指導者は，表情や仕草，あるいはこのような言表の意味を直ちに見抜いてしまい，「頑張って挑戦してみなさい」という場合もあるし，「無理をしなくても良い」という。言表の裏にへばりついている動感問題を即座に読み取り，具体的に動感問題を解決していきます。

55　フッサール／長谷川宏訳（1999）:『〈新装版〉経験と判断』 河出書房新社　99 頁
56　金子明友（2002）:『わざの伝承』 明和出版　247 頁
57　金子明友（2018）:『わざ伝承の道しるべ』明和出版　79 頁

**〈動感が狂うとは何か〉**

東京五輪（1964）で個人総合に優勝した体操競技の遠藤幸雄選手が，その後の世界体操選手権での平行棒の後方宙返り下りが怖くてできなくなりました。コーチが理由を尋ねると，「バーの上に落ちそうな気がする」といいます。その理由を知ったコーチは「普通のウォームアップのように足もバラバラにして見せてくれ」と指示をして，その結果「それは何ともないです」といって素晴らしい雄大な宙返り下りができたのです[58]。指導実践場面では，このような〈技の狂い〉を一言で治すコーチは多くいます。そこで問題となるのは，言葉の裏に隠された動感問題なのです。「バーの上に落ちそうな気がする」という言表は「どのような動感問題を伝えようとしているのか」という判断の基に，「足をバラバラにする」という指示をしたことになります。しかし，近年の科学的思考は，そのような個別で主観的な経験の事例を多く集め，ビックデータを〈AI〉が分析すれば解決できると考えるようです。しかし，「バーの上に落ちそうな気がする」という原因はさまざまであり，主観的経験の動感深層にたどり着かないかぎり，答えは見つかりません。それも複雑に絡み合っている多くの動感経験が，情況の中で障碍を引き起こしたのです。運動習得場面では程度差はあっても，「さっきまでできていたのに，何か急に分からなくなり，まったくできなくなった」ということは日常茶飯事です。指導実践場面にかかわる指導者の関心は，「なぜ，このコーチがこのような指示を出して問題を即座に解決できたのか」ということだと思います。この熟練した指導者の能力を，「過去に同様の経験をした」という記憶の引き出しを開け，自分の経験を語ったと説明するのでしょうか。たしかに私たちは「過去に同様の経験をした」という記憶が蘇ることがありますが，それが理由なら，同様の経験がない指導者には，この問題を解決できません。

仮に優秀な選手は〈技が狂う〉経験がないとすれば，あらゆる動感問題を解決できる名コーチは，多くのわざの狂いに躓き，人一倍苦労を重ねても一流になれなかった，いわゆる才能のない選手なのでしょうか。あるいは，すでに現役を去った指導者は，自ら動いて獲得する運動経験を重ねられないのであれば，今後その能力を磨き上げることはできないのでしょうか。しかしながら，

58　金子一秀・山口一郎編著（2020）:『〈わざの狂い〉を超えて』 明和出版　92 頁

コーチを志せば「どんな運動問題でも解決できる能力」を身につけたいものですが，それは未だ謎に包まれているようです。

## §13　指導者に求められる代行分析能力

### 〈動感が響き合う代行分析を問う〉

このような他者の動感世界を読み解く能力を，発生運動学では〈代行分析能力〉と呼び，「教師やコーチには，学習者の〈動く感じ〉に自らの〈動く感じ〉を身体移入して，はじめて可能となる〈代行分析能力〉が専門資格として必然的に求められる」[59]のです。その始原は乳幼児期の〈間身体性の響き合い〉に求められます。目の前で足を捻挫した人を見ると，思わず「痛い」と声が出ることがあります。自分の足が捻挫したわけではないのですが，なぜ「痛い」というのでしょうか。それは受動地平に沈み込んでいた自らが捻挫した経験と，目の前で捻挫した他人との〈間身体性の響き合い〉が生じたことに他なりません。だから捻挫の経験をしたことがない人にとっては，「痛い」という感じは生まれにくいのです。スポーツの練習場面でも，自らの経験が共鳴し「分かる，自分もそうだった」といいながら，コツを共有できる場面が挙げられます。自らの動感経験と相手の動感世界が響き合って，共にコツを語り合う世界が広がるのです。

しかし，指導者ともなれば，自分の動感経験に響く相手だけを教えるわけには行きません。そこで指導者自らの動感経験を駆使して，相手の動感世界に潜入する〈代行分析能力〉が主題化されるのです。代行する相手に〈借問〉し，自分の動感経験を再構成し，メロディー化して修正していくのです。ところが，指導者自らが空虚な〈代行形態〉の構成化もできず，興味本位に「色々聞き出せば何か分かるだろうという」と安易に〈借問〉すれば，選手の動感世界を混乱させることになります。こうして，人間が人間の運動を教える世界の営みが開示されることで，人間としての体育指導者やコーチの必要性が浮き彫りになるのです。その高度な代行分析能力の養成法を，体育指導者養成機関で授業として展開しなければ，マネジメント管理しかできない体育教師しか育ちません。この〈代行分析能力〉の具体的な養成法の構築は遅れているのが現状でしょう。

---

59　金子明友（2018）：『わざ伝承の道しるべ』 明和出版　143 頁

**〈代行分析能力の芽生えに気づく〉**

教えるための〈促発身体知〉は，自ら覚える〈創発身体知〉が始原となるから，自ら運動技能を習得する体育の実技授業に，他人の動感問題を解決できる指導者の能力養成の道が蔵されているのです。従来は，「できれば教えられる」という常識に支えられて，体育指導者を目指す人は，学校体育の運動課題の習得が求められます。ところが，その裏には「できなければ教えられない」という意味も隠されていますが，現実には「できなくても教えられる」指導者がいます。それはマネジメント管理に長けているのではなく，高度な〈代行分析能力〉を持っていることを見過ごしてはなりません。そのためには，体育指導者養成機関では，学校体育の課題が単に「できればよい」のではなく，その習練過程に自らの動感身体と対話する，能動的な思索が求められるのです。さらに，それに立ち会う体育教師もその過程を拱手傍観しているのではなく，〈借問〉を重ね本人の思索を整理することが求められるのです。

**〈動く感じに気づくとは何か〉**

運動課題を習得しようと努力しているとき，「さっきのほうが良い感じかな」など気づくことがあります。先反省的に統覚される身体知の営みに対向し，「何か分かってきた気がする」というときがあります。その後，反復練習をしているうちに，独りでに運動を覚えることが一般だと思います。一方で，「何か分かってきた気がする」ことから，「こんな感じでやれば上手くいくかな」など積極的に思索を重ねる人もいます。過去把持された経験を〈今・ここ〉に引き寄せ，たった今の動感と重ね合わせながら試行錯誤をします。こうして，思索を重ね過去把持されていく経験は，やがて〈代行分析能力〉として，他人の動感問題の解決への道が拓けてくるのです。「たくさん練習をしたからできた」という程度の経験では，他人の動感問題の解決への道は困難を極めます。当然，体育指導者養成機関での実技授業は，代行分析能力を主題化すれば，単に課題ができれば良いという程度では済まされないのです。

この代行分析に長けた指導者は，色々な例えを出しながらコツを掴ませようとします。ある陸上競技経験者が，走るとき腕の振りと脇の間隔の動感の悩みをコーチに尋ねたところ「薄い紙一枚落とさないように」という指示で動感問題が解決されたと聞いたことがあります。体操競技の技で，足が開いている問題を解決するときに，「足を閉じる」という助言をします。ところが，この助言によって問題が解決すれば良いのですが，場合によっては足が閉じたとしても，まったく上手く動けなくなる場合もあります。「足を閉じる」という指示が身体を硬直させるような場合，「足を閉じるのではなく，足は揃えておく」と，さらに指示語を変え問題が解決することがあります。外部視点からは，足が閉じている現象は同じかもしれませんが，こうして動感問題は，指導者や練習仲間の〈生きた助言〉によって解決されるのが一般なのです。創発身体知の構成化において「足を閉じる」と「揃えておく」という動感の違いを感じ取る経験が，促発身体知の構成化としての代行分析の始原となるのです。

**〈借問は能力性をもつ〉**

練習場面において，自らの動感経験と相手の動感世界が響き合い，コツを語り合う経験はよくあります。また，指導者によって相手の動感世界を代行できたとしても，動感問題の解決はそう簡単ではありません。練習仲間同士が自らのコツを語り合い，動感問題を解決するヒントをもらうことはあります。しかし，指導者が代行分析に成功しても，自分の経験による〈コツの押し売りで〉ではいけません。さらに借問を重ね，相手の動感問題の修正に役立つ言葉を探さなければなりません。「教えるのが上手い」と呼ばれる指導者は，代行分析能力に長けていることはもちろんですが，動感問題の解決に，本人の動感問題の解決に適した色々な言い回しができます。

前述した遠藤幸雄選手の技の狂いは，「足をバラバラにする」指示から，その動感問題を捉え，「それじゃ姿勢減点が大き過ぎるから」今度は「下駄を履いて［爪先を伸ばさないという慣用表現］，足は少し開いていてもいいよ」と……。それで，やったら，「あっ，先生，もう何ともないです」といって問題が解決されたのです[60]。この〈借問〉のやりとりには，借問された選手は自らの動感世界と向き合い，指導者は選手の動感世界を〈代行〉しながら，指導者自らが構成する代行形態の充実化を図っているのです。

ところが，指導者が〈代行〉を試み，具体的な動感指示を出す以前に，〈借問〉されただけで選手の動感問題が解決することがあります。それは，〈借問〉され

60　金子一秀・山口一郎編著（2020）：スポーツ運動学・現象学講座 1『〈わざの狂い〉を超えて』 明和出版　92 頁

た選手が受動綜合化されている自らの動感世界に目を向けることで，動感問題が顕在化し再統覚されてくるのです。だから，逆に指導者が闇雲に当たりをつけるような〈借問〉は，選手の動感世界の混乱を引き起こす場合があるのです。

外部視点からの運動問題の指摘を受けても，それをどのように自らの動感問題の解決に役立てるかに苦労をするのが，運動の指導実践場面です。「分かっているけどできない」という問題は，運動学的分析によって解決できる道が拓けるのです。このことが運動指導実践場面ではきわめて重要だから，マイネル運動学はそれを開示し，このような実践的な動感問題の解決を学問の道として切り拓きました。さらに現在は，マイネルの遺志を継いだフッサールの超越論的現象学を下敷きに，厳密な学問としてスポーツ運動学は深化してきたのです。

## §14　実践可能性としての触発化

### 〈自我を触発する動感意識とは何か〉

「できる気がする」「できる気がしない」というのは，運動を行う前の動感意識であり，生理学的〈運動感覚〉として説明しようとしても，まだ運動は生じていません。過去の運動の経験から引き出される意識と考えても，まったく経験したことのない新しい運動でも「できる気がする」のは単なる妄想なのでしょうか。「できる気がする」といって，すぐにその運動に挑戦し，あっという間にできてしまう現実はどう説明するのでしょうか。それを生理学的な〈体性感覚〉として説明しようにも，情報－制御理論として予測というフィードフォワードを語っても，経験したことのない運動はまだ行われていませんから，その予測を導き出すデータは見つかりません。

こうして指導実践場面の〈実践可能性〉に支えられた，生きた我々の動感発生学の問題は，〈私の身体〉において生じている受動意識における〈先構成〉の問題が顕在化してくるのです。〈連合化〉の規則により自我を〈触発化〉し，自我が〈対向〉した動感意識は，「コツが分かった」「カンが冴えている」というような現象から，「やろうとしても動けない」イップスのような〈破局的消滅〉までも生みだします。

この「できる気がする」という場合，〈論理可能性〉と〈実践可能性〉が絡み合っているから厄介です。練習場面での選手同士が，熟練者との違いを運動の欠点として確認し，「ここをこう直せばできるのでは」という場面があります。それに対して「分かっているけどできない」という人は，〈論理可能性〉としての指摘は分かるが，「私には，まだできる気がしない」と〈実践可能性〉はまだないことを意味します。しかし，そのような会話を続けているうちに「何かできそうな気がしてきた」ということがあります。能動と受動の絡み合いのなかで，自らの身体と対話し思索を重ねることで，自我が触発され〈実践可能性〉への道が拓けてくるのですが，そこでの躓きが〈破局的消滅〉を生み出す可能性があるから厄介です。

**〈身体物体の動感発生を問う〉**

つねに我々の運動は〈自己運動〉であり，「自分で動いているから生きている」のであり[61]，生命が現れ出るのは何かが自分で動くところにおいてであり，つまり主体性が直観されるような場合です[62]。たとえ，新生児に自我意識が芽生えていなくても，自ら動くことで我々は生命を感じ取ることができるのです。ヴァイツゼッカーはこれを〈根拠関係〉と呼び「因果論にみられるような原因と結果のごとき認識可能な事物の間の関係ではない。つまり〈根拠関係〉とは実は主体性のことであって，これは一定の具体的かつ直観的な仕方で経験されるものである。」[63]と説明します。このような主体概念としての自己運動を起点とする，〈実践可能性〉としての動感身体の分析を主題化しているのが発生運動学です。それは，物質自然領域の〈肉の塊〉という身体，いわば物質身体や物体身体を排除するという意味ではありません。フッサールは身体性を蔵（かく）した肉体，いわば〈生ける身体〉を慎重に〈身体物体〔Leibkörper〕〉と表現した上で，我々が動感発生現象の分析対象に取り上げようとしているのは，まさにスポーツ領域における実存としての身体運動なのです[64]。

我々は，身体と心をもった人間〈全体〉を包含して〈私〉と呼んでいるのであり，「人間という統一体は二つの組成要素を，ただ単に外的に結合されているだけの二つの実在としてではなく，互いに緊密に絡み合い，何らかの仕方で浸透し合っている二要素として併合している」[65]のです。これら二要素それぞ

---

61　ヴァイツゼッカー／木村敏訳（1988）：『ゲシュタルトクライス』　みすず書房　31頁
62　ヴァイツゼッカー／木村敏訳（1988）：『ゲシュタルトクライス』　みすず書房　297頁
63　ヴァイツゼッカー／木村敏訳（1988）：『ゲシュタルトクライス』　みすず書房　298頁
64　金子明友（2015）：『運動感覚の深層』　明和出版　81頁
65　フッサール／立松弘孝他訳（2013）：『イデーンⅡ-Ⅰ』　みすず書房　109頁

れの諸状態や諸特性が〈自我－人間〉自身の全体に属し，幽霊でさえ幽霊としての身体をもっているように[66]，不可分の統一体なのです。

他者の運動を見るとき，〈形〉として確認される物体身体の運動経過が確認されます。ところが，その裏には自己運動としての動感が息づいており，その〈かたち〉を動感形態と呼ぶことになります。パントマイムで〈存在しない窓を拭く〉パフォーマンスは，実際に窓を拭く動きの〈形〉として私たちを楽しませてくれます。しかしながら，〈形として〉似せる動感世界は，実際に窓を拭く動感とはまったく異なります。この技術の習得は，動感の〈かたち〉，すなわち〈動感形態〉が主題化されます。

現実に我々運動指導実践場面での関心は，「どうなっているのか」だけではなく「どうすれば良いのか」という動感身体における自己運動の動感発生に関心を持ちます。物体身体の運動の欠点として「どうなっていようとも」それを解決するのは自分自身であり，それは「どうするか」という動感問題を解決するしかないのです。外部視点からの運動の欠点を指摘されても，それをどう解決するかは本人の自得に任せされているのでは，指導者は必要なくなってしまいます。

だから指導者がその動感問題を見抜くのは，「目で見るのではなく身体で見る」という動感志向性を主題化することになります。ところが，物体身体から透けて見える動感身体を想像し分析しようとする自然主義的態度ではなく，そこには〈間身体性の響き合い〉が求められることになります。

## §15 〈出会い〉と〈相即〉

### 〈コヘレンツと出会うとは何か〉

物質・物体身体としての私たちの体は，骨格構造を持ち，皮膚に覆われた体のなかには内臓や筋肉があり，脳と神経によって支配されています。その体は物質として，触れることも見ることもできます。自分の手を眺めてみれば，そこには指があり，それぞれの指先から先は何もありません。神経が皮膚を突き破って外に出てくることもありませんが，ひとたび書家が筆を握れば，その感覚は穂先まで伸びてゆき，毛筆の穂先の撓りを巧みに使い文字を書きます。スポーツ実践場面では，短距離選手は〈全天候型舗装材〔タータン〕〉の反発力

66 フッサール／立松弘孝他訳（2013）:『イデーンⅡ-Ⅰ』 みすず書房 109 頁

を感じとりそれに合わせて走るといいます。水泳選手は水の〈重さ〉を感じ，剣士は竹刀から先の相手の距離を読みます。これらは習練を重ねた専門家の中で語られる〈共通感覚〉[67]のようですが，スポーツの世界で熟練の道を目指す人は，このような違いが分かる動感感覚を手に入れたいのではないでしょうか。

このように物質身体を超えた動感意識で構成される身体を〈動感身体〉と呼び，スポーツ運動学が分析対象としている身体です。一流のスポーツ選手同士が語る鋭い感覚の問題は，素人は想像もつかない世界としても，習練を重ねた極地にはそのような感覚世界があることに憧れます。そのような感覚世界は，どのようにして獲得されていくのでしょうか。

メルロー＝ポンティは，「われわれの身体が空間のなかにあるとか，時間のなかにあるとかと，表現してはならない。われわれの身体は，空間や時間に住み込むのである」[68]「私の身体全体も，私にとっては，空間中に並置された諸器官の寄せ集めではない。私は私の身体を，分割のきかぬ一つの所有のなかで保持し，私が私の手足の一つ一つの位置を知るのも，それらを全部包み込んでいる一つの身体図式によってである」と〈現象身体〉の拡延に言及しています。ヴァイツゼッカーは，有機体の行為を記述することは有機体と環界の間に境界を設けるという前提の下では不可能であり，有機体と環界との〈出会い〉として理解しなければならないといいます[69]。さらに，飛んでいる蝶を目で追う行為は，〈出会い〉の中で溶け合い観察者と蝶は常に視覚的に一体となっている例証によって，この結合性を〈相即〔Koharenz〕〉と呼びました[70]。

### 〈動感身体が私を動かす〉

蛇足ですが，この現象学的な意味での〈出会い〉は，「偶然友達と出会った」というような観念的，客観的な態度から解放されてはじめて理解されることになります。「人間は身体によってこの世に存在しているが，その身体は，人間によってたえずつくり出されている。行動を構成する生きた態度と運動の中でつくり出されているのである。人間は彼の状況を自己の身体のなかで，自己の身体によって形成し，彼の出会う人間に対しての状況としてこれを決定す

67　中村雄二郎（1985）：『共通感覚論』 岩波書店　7 頁
68　メルロー＝ポンティ／竹内芳郎他訳（2001）：『知覚の現象学 I 』みすず書房　235 頁及び 369 頁
69　ヴァイツゼッカー／木村敏訳（1988）：『ゲシュタルトクライス』みすず書房　194 頁
70　ヴァイツゼッカー／木村敏訳（1988）：『ゲシュタルトクライス』みすず書房　42 頁

る。」[71]のです。

スポーツの実践場面に目を向ければ，コツとカンの統一体として〈絶対ゼロ点〉から投射される動感意識により，見事なパスが実現します。科学的思考では，現在その瞬間において球技のパスは「人のいないところにボールを蹴る馬鹿とボールのないところに走る馬鹿」としか理解できません[72]。ところが，パスを出そうとする選手は，パスを出すスペースを私の動感身体で構成し，パスを受けようとする選手はパスが出されるスペースを私の動感身体で構成します。「パスを出す」「パスを受ける」両者の動感身体の〈相即不離〉の〈出会い〉が見事なパスを実現させるのです。剣道の剣士同士の膠着状態で，「打ち込もうとすると，打ち込まれる」という動感意識は，両者の動感身体の重なり合いによる攻防なのです。

**〈物体身体を超越する動感発生を問う〉**

プロ野球の名選手イチローは，自分のグラブの紐を緩くしています。その理由は，イチロー選手にとってグラブは自分の手の感覚であり，紐を緩くするとその感覚が冴えるといいます。グラブをつけた途端，彼の指先の神経が皮膚を突き破って，グラブに神経の網が張り巡らされるはずもありません。まさに動感感覚はグラブの先まで伸び，さらに，ボールの落下地点に走るイチロー選手は，自分と飛んでいるボールと〈相即不離〉の〈出会い〉において，見事なプレーを披露するのです。こうした動感感覚で構成される身体を〈動感身体〉と呼びますが，まさに動感で構成される身体ですから，解剖学的な身体の輪郭を超えた身体の動感感覚です。その動感身体は，体調など色々なことで，その都度〈メタモルフォーゼ〉しますから，生成・消滅を繰り返すことになるのです。

日常生活に目を向けてみても，私たちは横断歩道を渡るとき，車を一瞬見るだけで，渡れるかどうかを判断し決断をします。機械にこのような判断をさせる場合，まず車の速度を計算し横断歩道までの到着時間が導き出され，横断歩道を渡る速度を決めて動かせばよいことになります。科学的思考に慣らされた私たちは，人間も同様に一瞬で車の速度を判断し，到着時間が分かり，渡る決断をしていると考えたくなります。しかし，どう考えても，自分の視野から見

71　ボイテンディク／神谷美恵子訳（1966）：『出会いの現象学-2』　みすず　8巻6号20頁
72　金子一秀（2015）：『スポーツ運動学入門』　明和出版　85頁

える世界に対して，自分自身が距離や時間を測定し計算しているとは思えません。人間が横断歩道を渡る決断と，機械に同じことを行わせることとは，結果は同じでも，その手続きはまったく異なるのです。さらに先読みをする動感身体は，たとえば疲れていれば，いつも渡れると思う判断は「今日は無理」という判断に変わります。

AI と人間との将棋の戦いも，両者はまったく異なる思考過程で先を読みますが，人間の脳も AI と同じ思考過程を行っていると錯覚するほど〈人間機械論〉は，私たちに染みついているようです。自らの身体と絡み合って判断する人間と，身体を持たない AI が判断することとは別の次元にあるものです。スポーツの自然科学がどんなに正確に運動を分析しても，その結果は，〈私が動く〉こととはまったく別な世界の結論です。人間が情報と制御のシステムから成り立つという〈人間機械論〉という呪縛から解放されないかぎり，運動習得場面の〈理論と実践の溝〉は埋められないでしょう。

### 〈絶対ゼロ点の原動感とは何か〉

最近のスポーツの練習場にはビデオカメラが固定設置され，常時撮影が可能となっているところがあります。体操競技などの練習場で，たとえば画角の関係から跳馬の助走のスタートの動画が撮影できず，踏切から着地までの経過だけを固定カメラの映像で撮影されることがあります。ところが，この映像を観察しているとき「なにか，自分の目で見ているのと印象が違う」「何かリズムが違って見える」「自分の目で見るときよりも，ゆっくり見える」などという印象を持つときがあります。しかし，安易に助走から着地までを収められる画角の広い広角レンズを使えば，この問題は解決できると考えたくなります。

実際に自分の目で跳馬の技を観察するとき，観察者は助走のスタートから着地までを目で追うことになります。それは卓球やテニスの審判が，首を左右に振りながらボールの行方を追っているように首の動きも伴うことになります。この首の動きと流れる運動との関係は，まさに〈相即不離〉の一体化された観察者の動感意識によるものです。その動感深層には〈共時化能力〉あるいは〈テレスコープ能力〉と呼ばれる身体知が機能しています[73]。その身体知がうま

73　金子明友（2005）①：『身体知の形成（上）』 明和出版　120 頁

く機能しないから，流れる運動経過の一部分だけを撮影された動画には，実際の運動との違和感が生じるのです。そこには観察する人間の身体知の〈共時化能力〉が息づいているから，ICT を活用した授業や映像配信による体育授業の成果を単純に語ることはできないはずです。

こうして，日常生活からスポーツの練習場面まで，身体図式は〈絶対ゼロ点〉を起点に拡延されていきます。発生運動学では，このような身体の拡延を主題化し，コツとカンで構成される〈動感身体〉の実存の開示へと向かいます。そこでは，知覚と知覚されたものとの実在関係の現実的成り立ちも括弧に入れられます。それでいて，明らかに，知覚と，知覚されたものとの間の関係は，やはり残り続けているのであって，その関係は，「純粋な内在」において本質所与となってくるのです[74]。

## §16　原対象を構成する動感能力

### 〈内在する志向対象とは何か〉

動感意識で構成される動感身体は，物質身体のように輪郭を持ち形として映像化できません。動感身体を〈形なきかたち〉と呼ぶのはこの意味ですが，主観 - 客観という二項対立を超越し，私の動感意識で構成する主観 − 客観の世界を開示したのが，フッサール現象学です。

フッサールはその意識対象性の構成において，意識の作用的側面を〈ノエシス〉，対象的側面を〈ノエマ〉という対概念でとらえ開示しました。それは対象である客観と知覚する主観との関係ではなく，まさに，外的事物としての客観を自らの意識の中に引きずり込んだ志向対象を意味します。それは意味的把握内容であり，この意味的把握なしには，あのものについては語りえず，知りえない。あの何ものか，すなわちXについて，意味的に把握されたものがノエマなのです[75]。

主観 − 客観図式を内在意識に取り込み，能動的志向性の構成化を開示している現象ですが，フッサールも，述語判断形式が先述語経験から発生するのを分析的個別的に追求するにあたり，「事態が単純明快になるという点では，前述語的な判断認識の綜合とそれにもとづく述語的綜合の範例として，何よりもま

74　フッサール／渡辺二郎訳（1984）:『イデーン I－II』 みすず書房　109 頁
75　フッサール／渡辺二郎訳（1984）:『イデーン I－II』 みすず書房　397 頁

ず，静止した不動の対象の知覚をとりあげるべきで，分析がはるかに困難な運動の知覚やうごく存在者にかんする判断をひきあいにだしてはならない。」[76]と注意を促します。

スポーツ実践場面で創発身体知の構成化という，自らが運動を習得していくプロセスにおいて，目指される対象的側面としてのノエマが外的事物との相関を持たない場合にも遭遇します。たとえば，体操競技では世界で誰も行ったことのない新技を開発することがあります。それはまだ，世の中で誰も成功していない技ですから，その志向対象は外的な運動の知覚対象との相関をもつはずもありません。新技の開発でさえ，「あっ，できそうな気がしてきた」という選手は，何を志向対象としている言表なのでしょうか。

**〈中立化から実践可能性への道を問う〉**

逆上がりの練習で，他人の逆上がりを観察し真似ようとするとき，他人の逆上がりの示範の運動経過が外的知覚対象との相関を持つノエマと単純に考えることはできません。運動はつねに消え去るから，それを外的知覚対象と捉えるのは，自らの内的時間意識において構成されることになります。たしかに固定化されそこにとどまる事物知覚は〈射映原理〉により，たとえば一面しか見えないサイコロであっても，視線を変えあらゆる方向からサイコロを知覚することにより，キネステーゼとともに立方体であることが内的時間意識において〈統握〉され認識します。しかし，それは「立方体が見えた」ということではありませんし，そのつど知覚される一面を綜合することを物理時間で説明すれば，過去と現在という事象が崩れてしまうから，我々の内的時間意識が主題化されるのです。

一方，運動はつねに消え去るから，固定化された事物知覚のように，自分の視線の位置を変えて同じ局面を見ようとしても，その対象となる運動の局面はすでに消えてなくなっています。ところが，事物知覚における〈射映〉原理に〈現象学的還元〉を施せば，内在知覚の統握という問題が顕在化してきます。さらに，スポーツ運動学が主題化しているのは〈動感志向性〉であり，伝承論を前面に打ち出せば，他者の自己運動の〈動感世界〉なのです。

---

76　フッサール／長谷川宏訳（1999）：『経験と判断』　みすず書房　56 頁

さらに付け加えれば，それは知覚対象の定立ではなく，対象者の動感感覚の〈実践可能性〉なのです。だから志向対象としてのノエマは，まずもって「未決定のまま宙ぶらりんにしておく」，実効成果を作り出す働きを〈中立化〉しているのです[77]。その〈中立化〉された未決定の志向対象は，〈論理的可能性〉と〈実践可能性〉を孕み，覚える人は思索を重ね，指導者は〈借問〉によって実践可能性の道へと引きずり込もうとするわけです[78]。だから，外部視点からは等質時空系に展開される異なる運動経過を呈示して，指導者は「同じ運動」ということがあるのです。人それぞれ条件は異なっていますから，他人と同一の運動はありません。それは，同じ〈もの〉ではなく，同じ〈こと〉という，動感運動の認識なのです。「良い失敗，悪い成功」と指導実践場面で使われる言葉は，まさに動感世界の実存を意味しているのです。

## §17　動感メロディーの構成化による身体知の形成

### 〈二形統一体としてのコツとカンとは〉

動感身体は，情況を先読みできる情況投射化的身体知を〈カン〉，私の身体そのものに向けられた自我中心化的身体知を〈コツ〉で構成されています。〈私の動きかた〉に身体中心化として収斂していくコツという身体知と，私の身体を取り巻く情況の有意味さをとらえ，同時にその動感志向を投射できる〈私の動きかた〉を生み出すカンという身体知とはそれぞれ身体知の作用が区別され[79]，〈二形統一態〉として同時変換的に機能します。

この動感身体における二重所与は，触覚における二重感覚を原型に，触るものと触られるものの転換可能性の現象で，私たちの動感運動では〈現れ〉と〈隠れ〉という二重構造を持った差異化現象は複雑な現出様態を示します[80]。つまり，カンが表に出ていればその裏にコツが，コツが表に出ればカンが裏に張り付いているという〈基づけ〉の関係にあるのです。

コツとカンは〈二形統一体〉として，動感メロディーを構成していきます。一般にカンについては，ボールの落下地点やボールゲームの相手や仲間の位置関係を捉えるなど，周界への情況投射化身体知を例証として取り上げることが

---

77　フッサール／渡辺二郎訳（1984）：『イデーン　Ⅰ-Ⅱ』　みすず書房　177 頁
78　金子一秀・山口一郎編著（2021）：スポーツ運動学・現象学講座 2『わざの伝承』　明和出版　236 頁
79　金子明友（2005）①：『身体知の形成（上）』　明和出版　326 頁
80　金子明友（2005）①：『身体知の形成（上）』　明和出版　327 頁

多いようです。しかし，注意しなければならないことは，客観的な対象と自らの動きかたとの，距離や時間の〈あいだ〉にカンが成立しているのではありません。この主観－客観図式を超越した動感身体だから，私の動感意識においてカンが働くのです。

たとえば水泳で平泳ぎをするとき，自分で水を掻くという〈動く感じ〉の次は，水に浮かんで進んでいる〈動く感じ〉を捉えます。速く進もうと闇雲に水を掻いている初心者には，「水を掻いたあと，力を抜きなさい」と指示を出します。ここにおいても，私の動感身体は水との関係を一つに包み込み構成されていますから，水を掻くというコツを使いながら，水に浮かんで進んでいるというカンが働いているのです。

推進力によって自らの身体が「動かされている」という動感は，まさにカンによって捉えられるのです。体操選手が宙返りで着地を読むのも，サッカーで背中側にあるゴールに振り向きざまにシュートを打てるのも，動感身体は着地位置やゴールを私の身体に取り込んで捉えているからです。自分の視野で見える範囲を超えて，〈相即不離〉の一体化された動感身体においてカンが働くのです。

この〈絶対ゼロ点〉を起点とした，このコツとカンの流れる反転化による動感メロディーの構成化を促す指導者の指示は，指導実践場面では珍しいことではありません。泳ぐとき，自らが手足を駆使して推進力を得た後，「力を抜いて」と指示を出し，自らの身体が「動かされている」という動感をつかませ，メロディー化の成功に向かわせます。

とくに水泳の熟練者はこのメロディー化に成功しているから，事態分析としての運動リズムが質的徴表として確認されることになります。

音メロディーは譜面にある音符のつながりを奏でることでメロディーが生成されますが，音を出さない休止符もメロディーの構成にかかわっています。我々の身体は物質的側面も持っていますから，動感メロディーも，〈動く〉〈動かされる〉という動感感覚によって奏でられます。この問題圏は，〈原現象〉としての〈隔たり〉と絡み合い，「感じながら動き，動きながら感じとる」かぎりにおいてしか，〈隔たり〉は私に開示されないのです[81]。だから，この実存

81　金子明友（2015）：『運動感覚の深層』　明和出版　183 頁

は外部視点からの運動分析の対象から外されることになります。

**〈隔たりの原動感を問う〉**

一般的には，〈遠近感〉において自我中心化された絶対零点との〈隔たり〉が主題化され，たとえば周界事物との〈出会い〉において，遠くにあるか近くにあるかは，私の〈主観身体〉がそれを決断します。いつもは手を伸ばして届く新聞を，他人に「とってくれ」と頼めば，「ものぐさな行動」と言われますが，本人にとって「今日は遠い」のです。その〈相即不離〉の〈出会い〉の〈隔たり〉は，自我が覚醒する以前の乳幼児の身体の構成化にも遡りますから，幼児運動学は極めて重要なのです。

乳児が〈ハンドリガード〉という自らの手を動かし，眺める営みから自らの身体を構成していきます。さらにボイテンディクによれば，母親は新生児の授乳中に，わが子の舌と唇による授乳の根源的なあそびにおいて「自ら動きつつ，動かされること」「動かされつつ，動くこと」という〈出会い〉の始原を発見するといいます[82]。そこでは自我身体が構成される以前に，物質身体としての〈出会い〉がすでに生じているのです。この〈原現象〉としての〈隔たり〉により，我々は物質身体を有する自我身体を獲得し，やがて周界事物の遠近感へと動感感覚が拡延していくことになります。その意味で，〈動く〉〈動かされる〉動感経験は，まさに〈二形統一体〉としてのコツとカンが絡み合っているのです。

再現映像は，等質時空系に物質の運動経過をすべて露わにしますが，それを見て「この局面をこう変えれば良いのでは」と，〈動かされている〉動感局面にコツを志向すれば，途端に動感メロディーが消滅する危機が訪れます。学習者の〈動感システム〉を見抜けない指導者は，自らの動感経験に固執して，〈コツの押し売り〉や，興味本位で闇雲に〈借問〉をして，混乱を引き起こすこともあります。さらにやっかいなのは，この動感メロディーの獲得が，能動的志向性との絡みがないまま，反復により受動世界に埋没し習慣的匿名性のまま放置されている場合です。それが見抜けない指導者が，学習者に能動的に身体知に志向させると，動感メロディーをいっきに消滅させることもあります。

---

82　ボイテンディク／神谷美恵子訳（1966）:『出会いの現象学-1』　みすず　8巻5号8頁以降

自らが試行錯誤し能動的に身体知の構成化に努力するにもかかわらず，〈イップス〉という〈破局的消滅〉に遭遇する人もいます。あるいは，指導者の指示によって〈破局的消滅〉が引き起こされる場合もあるから注意が必要です。

# Ⅳ．結語

## §18　指導者に求められる促発能力とその養成

### 〈知るとできるの違いを問う〉

再現映像など等質時空系で展開される運動を分析しても，〈まぐれ・思い通り〉や〈動く・動かされる〉という主観身体の営みは確認できません。しかし，「できた」という〈偶然〉から，「できる」という〈必然〉に向かう人間の運動習得の営みとしては，この動感感覚の構成化は避けて通れないのです。

近年，〈ICT〔Information and Communication Technology〕〉という〈情報通信技術〉を活用した体育授業が流行していますが，このような動感問題を体育教師は見抜けるのでしょうか。ただICTを活用し授業環境を整備し「生徒が運動を覚えやすい」という理由だけで，適切なアドバイスもせず授業を展開していれば，やがて体育教師の存在意義が問われてきます。コロナ禍はリモート授業の道をこじ開け，さらにこれを機に躍進しようとするデジタル企業の売り込みは加速しています。今後ますます教育の世界の〈DX〔Digital Transformation〕〉を推進していくから，体育教師や指導者の専門的な能力とは何かを確認しつつ，デジタル化に向く問題とそうでない問題の区別は必至なのです。

スポーツ科学としての物質・物体身体の運動分析結果の成果は，選手や指導者としてもその知識を学ぶ必要はありますが，その知識をどのように自らの動感身体の構成化に繋いでいくのでしょうか。誰でも経験する「分かっているけどできない」という現実から目を背け，「運動は自得するものだ」といえば他人がかかわる必要もなくなります。「教えるのが上手い先生」がいる現実から目を背け，「運動は自得である」から，その解決のためのスポーツの科学的分析結果の情報を提供すれば良いということなのでしょうか。

**〈形式論理で開示できない動感発生を問う〉**

この謎を解こうと，動感問題を開示しようとする学問が発生運動学であり，〈形なきかたち〉[83]を分析するから，フッサール現象学の超越論的分析が求められるのです。そこでは，自然科学的分析と截然と区別される〈純粋記述分析〉が求められ，その例証化分析は指導実践場面で動感問題を抱えている指導者にとってはきわめて重要な研究成果となり得ます。この普遍性は自然科学が狙っている普遍性とは違い，例証を読み取る側が自分の経験を考えていくことによって普遍性をもつのです。ところが，我々の自然主義的態度は執拗に絡みつき，発生運動学の研究に客観性の有無を指摘する声は後を絶ちません。しかし，そのような実践に即した発生運動学の研究成果が世に多く開示されていかなければ，いつまでたっても自得に苦しむ人たちの動感問題の解決は進みません。この動感世界の開示の学問的始原は，乳幼児の発生にまで遡り，生命の誕生から我々は〈間身体性〉という世界を胚胎していることに起因するのです。

科学的運動学がその本来の精密な因果決定論から〈間身体性〉に支えられた，パトス的な動感発生領野に越境して，内在経験の動感発生学にそのテリトリーを拡大していくのでしょうか。運動習得場面でいわれる〈理論と実践の溝〉とは，〈論理可能性〉と〈実践可能性〉を意味します。しかしながら，指導実践場面ではこの両者の可能性は絡み合っています。解剖生理学的知識や力学的知識を得ることで，実践問題が解決されることもありますが，それを単純な因果関係で結ぼうとするから厄介なのです。医学なくして医療は進まないですが，医学という学問が治療をするものではありません。「人は〈不安〉を覚えたとき医療の場へやってくる。・・中略・・医療は不安を対象とし，それを除くことが求められ，現にそうしているのである。・・中略・・ここに医学と医療の決定的な違いがある」[84]のです。同様に，スポーツ科学が学問として発展していくことはけっして無駄ではないのですが，一方で医療に当たる，動感問題の解決は現場の指導者たちによってなされているのです。この意味でスポーツの自然科学者が，厳密な意味で発生運動学が何を研究対象としているかが理解されることになり，その上で〈高次元の協力〉こそ不可欠になるのです[85]。

---

83　木村敏（1991）：『形なきものの形』　弘文堂　154 頁
84　オリバー・サックス／金子泰子訳（1994）：『左足をとりもどすまで』　晶文社　278 頁
85　金子明友（2015）：『運動感覚の深層』　明和出版　58 頁

**〈指導者養成としての運動学実習を問い直す〉**

カンニングは他人の答案を盗み見る行為で戒められるものですが，他人の運動を盗み見て〈できる〉ことは，指導実践場面では逆に評価されます。他人が代わって自分の運動を覚えられないという宿命だから，我々の運動習得の教育的意義は極めて大きいのです。思索を重ねコツやカンを獲得する，能動的な身体知の構成はまさに教育の中で展開されるべきものです。そこに体育教師や指導者がかかわる意義は，もはや喋々するまでもありませんが，運動の指導者に求められる〈代行分析能力〉などの養成法は立ち後れています。

連続写真の各局面を切り離し，バラバラにして正しく並べることは，動感志向性で瞬間映像との隙間の運動を見抜かなければなりません。実際にやらせてみれば，正しく並べられる人と間違える人がいます。仮に「目で見るのではなく身体で見る」ということが主題化されても，その動感が読み取れない人にはどのように教えればよいのでしょうか。

マイネルの遺志を継いだ運動学が，わが国で深化しフッサール現象学を基礎に厳密な学問体系が構築されました。しかしながら，どんなに運動学の知識を学んでも，それを指導実践場面に生かせる能力へとつなげなければ，実践理論でありながら〈理論と実践の溝〉が生じてしまいます。マイネルも「運動の構造や本質について，また運動系の学習における形態発生や諸位相に関して獲得された知識を現実に起る膨大な多様な現象に的確に利用していく段になると，学生たちはただちにその状態になれるわけではない。学生にはあるガイダンスが必要であり，それは教育実践の具体的な例について実習のなかで行なわれなければならない。運動学は－それは単なる理論にとどまってしまってはいけないのであるが－単に研究され，学習されるだけでなく，利用されなければならない」[86] ことに言及しています。マイネルの遺志を継ぐ我が国の運動学だからこそ，体育教師や指導者の実践的な促発能力の養成法の構築は焦眉の急なのです。

86　マイネル／金子明友訳（1981）：『マイネル・スポーツ運動学』 大修館書店　142 頁以降

# スポーツ運動学

# 用語解説

## 1．動感志向化形態（die kinästhetisch intendierte Morphe）

運動学の専門用語として使う〈動感形態〉を意味するもので，その〈形態（モルフェー）〉は動感感覚で捉えている〈かたち〉だから，〈形なきかたち〉と呼ばれます。たとえば，「私は駅まで歩いてきた」と他人に説明する自分は，いったいどのようにして，そのことを知ったのでしょうか。他人の歩行を見るように，自分の歩行中の姿を〈形〉として見ることはできないにもかかわらず，「歩いてきた」という自分の確信は揺らぎません。この「歩いてきた」と説明をする自分の言表の裏に隠れている，〈統握〉された〈動く感じ［動感意識］〉を〈動感形態〉と呼ぶことになります。つまり，「歩いてきた」という私の歩行を決定づける判断対象は，私の動感で構成された〈動感形態〉なのです。動感形態が意味する〈かたち〉は，動感意識において構成される，内在経験としての〈かたち〉ですから，個別の感覚に還元できないゲシュタルト構造を持ち，生理学的な運動感覚と因果を結ぶことはできません。また，この動感形態は，〈生成〉と〈消滅〉を繰り返す〈揺らぐゲシュタルト〉であることに注意しなければなりません。

受動綜合化されている動感形態が自我意識に上ってくるのは，メロディー化の営みが必然であり，自我を触発する動感メロディーに〈対向〉することで，「歩いてきた」という確信が揺らがないものとなるのです。急な坂道を下りていくとき，何かのきっかけで勢いがついてしまい「止まれない」と坂道を下る動感意識は，他人から走って下りているように見えても，自らの動感意識は走形態の枠組みに入りません。外部視点による両足接地という歩行の定義を破る空中局面を伴う競歩の歩行や，空中局面の出現しない老人のスローランニングなど，必ずしも物質身体の運動経過と一致するものではないのです。「できた」「できない」「もう少しでできそう」という私たちの判断は，この動感形態の発生様相を意味するので，このことを主題化し開示する〈スポーツ運動学［マイネル運動学］〉は，実践理論と呼ばれることになり，自然科学的分析とは全く異なる超越論的分析を施すことになるのです。

## 2. 発生論的運動学（genetische Bewegungslehr）

マイネル運動学を継承し，さらに厳密にその遺志を繋ぐ，動感時空系に生きる〈動感システム〉をもつ身体能力を分析する運動学では，その源泉に遡る超越論分析として，現象学における〈発生分析〉と〈静態分析〉という二つの契機を有することになります。

さらに，フッサールの〈実践可能性〉を主題化するマイネル運動学ではこの〈発生〉は，〈感覚発生〉を意味することになります。その意味では，発生的現象学における〈系譜発生学（Genealogie)〉と区別された，〈感覚発生論（Sinnesgenetik)〉という超越論的分析を主題化することになります。さらに付け加えれば，身体知の時間化発生分析により実践可能性の開示に迫ることになります。

たとえば，外部視点から走形態を定義しても，空中局面が出現しない老人のスローランニングは，自我意識おいて本人の動感メロディーは，疑うことができない走形態の発生なのです。このような完了した動感形態の事態分析は，〈弾み反動作用〉などカテゴリー分析により，その動感世界が開示されていますが，その動感形態発生の静態分析を進めても，その〈構造分析〉は〈感覚発生〉に苦しむ世界の開示には至りません。〈静態分析〉と〈発生分析〉は，ヴァイツゼッカーのいう〈相互補完性〉の関係のなかに統一態を形づくっていますが，「教育学視点からスポーツ運動学への試み」を副題に掲げるマイネル運動学は，「できる」「できない」という動感発生の〈実践可能性〉を学問として開示することを強調する意味で，〈発生的運動学〉と呼ばれることになります。

・ヴァイツゼッカー／木村敏他訳（1988）:『ゲシュタルトクライス』みすず書房　299 頁
　金子明友（2015）:『運動感覚の深層』明和出版　§68 参照
・フッサール／立松弘孝他訳（2013）:『イデーンⅡ-2』みすず書房　100 頁以降（第 60 節）

## 3. モルフォロギー的運動学（morphologische Bewegungslehr）

ゲーテが提唱した〈モルフォロギー〉を継承し，マイネルはその著『運動学 (Bewegungslhere)』で，全篇を通じてモルフォロギーの重要性を説いています。翻訳された日本語版においても，モルフォロギーを形態学と訳さず，原語をカタカナ用語として翻訳している理由は，生物学の静的な形態学の語感を避けるためなのです。〈形態学［モルフォロギー］〉を語るには「形態について語ることは許されない」というゲーテの不可解な説明は，〈形態の学 (Gestaltlehre)〉というよりも，〈形成の学 (Gestaltungslehre)〉という意味で理解されることになります。マイネル運動学の出版を巡る社会的背景から，その真意を理解するのは困難を要し，わが国でも静的な意味での〈形態学〉と解されることもあり，自然科学的運動学に曲解される傾向は否めません。

わが国では，モルフォロギー的分析における学問的根拠をさらに，フッサール現象学に基礎づけ，マイネルの遺志を継いだ，〈スポーツ運動学［マイネル運動学］〉は生粋な深化を遂げています。とくに〈動感形態［モルフェー］〉の生成・消滅は，ゲーテの〈揺らぐゲシュタルト〉の意味で理解されるべきですが，形態を静的な意味での〈形〉と理解し，形の変化がメタモルフォーゼという誤解に陥りやすいことには注意が必要です。

・高橋義人（1988）：『形態と象徴』岩波書店　168 頁
・マイネル／金子明友訳（1981）：『マイネルスポーツ運動学』 160 頁　訳注 62

## 4. 動感メロディー（kinästhetisierte Melodie）

〈動感形態〉の〈かたち〉の発生は，〈空虚〉なまま受動綜合化され〈先構成〉され，自我意識に上らない動感形態が発生します。たとえば〈まぐれ〉で「できた」運動は，課題達成という結果は分かっても，自我の動感意識においてその動感形態は，まだはっきりと捉えられません。その後〈まぐれ〉の出現回数が増えてくると，ようやく何となく，〈できる〉〈できない〉違いが分かってきます。〈空虚〉な〈動感形態〉の充実化は，「何となく動く感じが分かってきた」と〈動感メロディー〉の自我への触発に，能動志向性として対向することで「気づく」世界が生じることになります。

一つの楽曲には曲名が記されていますが，その曲名は音メロディーの〈かたち〉としてのまとまりを意味しています。音メロディーのない楽曲はないのと同様に，動感メロディーを持たない動感形態はないのです。楽譜の各音を繋ぐ意識によってメロディーが捉えられるのと同様に，運動を撮影し瞬間映像を並べても，その隙間を繋ぐ動感感覚意識がなければ動感メロディーは奏でられません。

ところが，その受動綜合化している動感メロディーに能動的に対向しないまま放置してしまうと，やがて習慣的匿名性を帯びてしまいます。そこでの動感メロディーの違和感は，自我意識には「何かいつもと違う」という程度しか捉えられません。とくに習慣的匿名性に埋没しメロディー化されている動感形態に，闇雲に能動的に志向すると，ときには動感メロディーそのものが消滅することがあります。たとえば，まだ〈まぐれ〉という偶発的な発生に喜び，慌ててこのチャンスを逃すまいと，闇雲に能動的にコツを掴もうとすると，「まったくできなくなってしまう」ことが例証としてあげることができます。

レコードやCDは，音の電気信号を振動に変換して音楽メロディーとして大衆も聴くことができますが，そこにおいても内的時間意識における持続が生じています。一般に動感メロディーも，それを裏付ける運動の動画を再現すれば，誰にでも捉えられると考えてしまいますが，そこでは「身体で見る」という動感能力性が求められるのです。それは「分かる人には分かるし，分からない人には分からない」といわれるように，能力性を胚胎し誰にでもその動感形態のメロディーが捉えられるわけではないのです。一方で，本人自ら捉えている動感メロディーを他人が共有できる現実があります。「もう少しでできそうだね」「そうなんだ，コツが分かりそう」という指導実践場面で両者のやりとりは，動感メロディーを共有できる例証ですが，〈形〉としての運動の図形的差異と因果を結んだとたん，動感メロディーの実存は隠蔽されてしまいます。

## 5. 我汝仲間化（Ich-Du-Vergemeinschaftung）

〈我－汝（なんじ）仲間化〉は，フッサールの〈我－汝の合致〉として，「私は私にとってだけ存在するのではなく，また他者は私にたいして他者として存在するだけではなく，他者は私の汝であって，語りつつ，傾聴しつつ，返答しつつ，私たちは一つの我々を形成する」ことを根拠に，動感意識を構成する共同世界の実存を意味します。この我汝連関には，〈私の語りかけ〉と〈それを受け容れる汝〉との〈出会い［コヘレンツ］〉が同時に成立しており，選手とコーチ，教師と生徒というような上下関係を超えた，まさに動感感覚を共有する仲間化によって，動感問題を共有し解決への思索を重ねる前提を意味しているのです。

語りつつ，聴きつつ，借問しながら特別な様態のまとまりをもち，仲間化して〈一つの我々〉を形づくり，やがて伝え手と承け手の間に，相互的な共動感化原理が我汝連帯感のなかに同時に働き，動感交信できる仲間としての間柄に独特な〈動感連帯感(kinästhetisches Solidarisierungsgefühl)〉が生み出されることになるのです。自然科学的運動分析における，生理学的身体機能の合成や，マネジメント管理では説明できない動感発生の営みは，身体性を基柢に据える〈相互主観性［間身体性］〉の問題圏に根付いていることに注意しなければなりません。

・金子明友（2015）：『運動感覚の深層』明和出版　145 頁
・フッサール／浜渦辰二他監修（2013）：『間主観性の現象学 II その展開』　ちくま学芸文庫　398 頁

## 6. 墓場論

マイネルは「運動経験というものが個人のつかのまの所産でしかなく，その個人といっしょに墓場に埋められてしまうのであれば，道具のたえざる改良と伝達はどんなに妨げられたことであろう。言語というものは単に自分や他人の労働の運動をよく考えて把握したり，人から人へと経験を交換し合ったりするのを可能にするだけでなく，世代から世代へと運動経験を保存し伝達することも可能にするものである」と，運動経験の伝承こそ，言語を持つ高等生物としての人間の成せる業であることに言及しています。この運動文化の伝承は，スポーツに限らず，職人の手業の伝承から，人間国宝と称される人の運動文化の伝承まで，その問題圏は広範囲に及びます。

現代においては，高度な技能を有する人の動画を簡単に保存することができ，さらに 3D 加工を施し立体的に視覚に訴えることもできます。このような無機質な情報提供が動感発生に補助的な役割はあるとしても，動感を読み取るのは覚える本人だから，肝心な〈感覚発生（Sinnesgenesis)〉の伝承問題は自得に任されてしまうのが一般です。ところが，運動の指導実践場面では，自得発生を促す「教えるのが上手い」指導者がいます。そこでは，〈間身体性〉という〈動感連帯感〉に支えられている〈代行分析能力〉が主題化されているのです。言葉の裏の意味が主題化され，他の指導者が形式的に同じ言葉をかけても，動感発生の様相が異なる現実は，動感を理解する相手との〈出会い［コヘレンツ]〉が主題化されていることになります。

自ら運動を覚えようとしている選手や学習者は，他人に伝承するために自らの技能を獲得しているものではありませんから，「名選手，必ずしも名コーチにあらず」といわれることになります。だから，そこに携われる伝承者として，マネジメント管理とは異なる，高度な代行分析能力を有する指導者の養成というものが求められてくるのです。

・マイネル／金子明友訳（1981)：『マイネルスポーツ運動学』 大修館書店 9 頁

## 7. 運動共感（Mitvollzug der Bewegung）

マイネルは「すぐれたコーチというものは自分の選手といっしょに“跳び，“走り”あるいは“投げ”るのであり，・・中略・・すぐれたコーチ（あるいはベテランの選手）は観察した運動経過，とくにそのリズム経過をやむにやまれず同時体験しているし，その経過を運動感覚によって“中から”知覚しているのである」と〈運動共感〉に言及しています。

この他者の運動経過に観察者自らが共感することが〈運動共感〉を意味します。たとえば，目の前で人が捻挫をするのを見たとき，思わず「痛い」と言ってしまうことがあります。自らの足が捻挫をしたわけではないのですが，他人の痛みの直接性と自分の痛みの間接性が一つになって経験されることがあります。すでに自他を区別した上でこの経験を語れば，実際に自らの足の特定の部位に痛みや腫脹が生じるわけではないから，本人の〈思い込み〉という程度に留めることもできます。ところが「痛みを伴わない痛みの感覚という現実は何か」と問うとき，自他の区別が生じる以前の，乳時期の自我発生にまで遡ることになるのです。こうして，フッサール現象学ではこの他者への感情移入を明快に開示しています。誰しもが経験する他人の痛みを感じるという感情移入は〈絶対主観性〉という明証性に支えられているのです。指導実践場面でも他人のアクシデントに遭遇したとき同様の経験を持つことがあります。一方で，さらに踏み込んだかたちで，相手の動く感じが自らの動感世界を共振させ，相手の動感メロディーと共振しながら，ときには滑稽な仕草として現れることがあります。

現象学では〈共握（Komprehension）〉と訳されますが，マイネル運動学では，感覚印象を前景に立てて〈共感〉の訳語を取り上げ，〈運動共感（Mitvollzug der Bewegung）〉の意味，つまり〈動きの同時遂行〉の潜勢的意味を主題化しています。この運動共感が生じ，それを志向対象とした動感分析を施すことで，〈代行分析〉という能力性の獲得の道が拓けてくるのです。つまり他者観察の自己観察化は，運動共感を始原としていて，冷ややかに外部視点から物質的な運動経過を観察しているようでは，代行分析能力は獲得できないのです。この問題圏は，マネジメント管理とは別の次元にあることに注意しなければなりません。

・マイネル／金子明友訳（1981）：『マイネルスポーツ運動学』 大修館書店　176 頁
・金子明友（2015）：『運動感覚の深層』明和出版　135 頁

## 8. 運動基盤（Grund der Bewegungen）

我々を取り巻く世界のなかに自分がいるという存在のあり方とは別の，世界内存在（In-der-Welt-sein）として，私が構成する世界に存在していることを基軸として〈運動基盤〉が意味されます。生まれた子どもは，まだ環界との交流を持っていません。まさに自分の手足を動かしながら，生きる空間を広げていくのです。このように，私が構成する世界に存在する私という考えのもとに，私の動感が構成する世界に存在する基盤が〈運動基盤（Grund der Bewegung)〉です。それは，「我々のみに与えられ，我々の自由自在さをそこから挑発されてくる生起」として理解されることになります。つまり，「私はそう動ける」という動感意識は，私の存在を裏付ける本質的な〈運動基盤〉の上にあり，すでに私に与えられているパースペクティブな動感意識なのです。だから〈運動基盤〉において，私の動感意識の時間・空間の中に，我々のコツやカンが実存していることになるのです。「そこへ行く」ことは，私の動感ゼロ点から投射されている〈私のそこ〉であり，〈運動基盤〉を本質としているのです。この運動基盤のなかで，道具を身体の一部として取り込んでコツを掴んだり，自らの動感零点から投射してカンを捉えることになります。それぞれが有する動感身体を支える深層基盤としての〈運動基盤〉が，お互い〈出会う〉ことで，動感世界で自他が共有できる〈運動基盤〉が成立することになります。そのなかで〈対化〉により〈間主観身体〉による交信が可能となるのです。

・Landgrebe,L.（1967）：Die Phänomenologie der Leiblichkeit und das Probelm der Materie, 1965 In-Phänomenologie und Geschichte 1967 S.147 Gütersloher Verlagshaus,Gerd Mohn

## 9. 直観化分析（Analyse der Veranschaulichung）

運動学でいう〈直観〉は，フッサールの〈本質直観〉を意味しますが，本質直観分析に先立って，受動綜合化されている非直感的な動感意味核が連合的綜合化の働きにより受動的に直観化していく営みが〈直観化分析〉です。すでにマイネル運動学の三つの位相（位相A，B，C）は，現在の運動学ではフッサール現象学に基礎づけ，直観化道程の全体を〈直観化綜合層位〉〈本質直観層位〉〈自在無碍層位〉の三層位とし，さらに〈直観化綜合層位〉を3層位に分け開示されています。最下層の〈直観化綜合層位〉は，〈動感触発化〉〈動感探索化〉〈動感共鳴化〉という3つの層位とし，直観化の営みを5つの層位として開示している。

創発身体知における受動綜合化された営みとして，第1の層位において，これから動感形態化に向けて，「嫌じゃない」というような，〈なじみの地平〉が確認されることになります。そこでは「覚えなければならない」という〈パートス（Pathos）〉葛藤も同じ地平に確認されることになります。一方で，パートスと基づけにある〈エートス（Ethos）〉も動機づけられ，「対象に向けられた志向の目覚め」としての動感触発化として，自らが動感形態の獲得に向けて動きだすことになるのです。そこでの〈経験[動感素材の獲得]〉は，まったく同一ではない類化形態という枠のなかで，すべて経験として過去把持されていくことになります。そこにおいて，類化形態の構成に向かい第2層位の探索化が始まることになります。未だ自我意識に浮かび上がらない受動綜合化されているこの営みは，意識的に思索を重ねるような探索ではなく，まさにこれから獲得しようとする類化形態を構成する価値覚の受動発生層位です。それに支えられ，動感素材は連合綜合化され，未だ動感形態化されていない運動課題にもかかわらず「何かできそうな気がしてきた」と未来予持の充実化が生じます。その後，直下の経験である動感素材と過去把持されている動感素材の親和性により，共鳴することでコツの予感として「分かる気がする」「できる気がする」という未来予持が働き出すことになるのです。そこで働く未来予持は，すでに構成される動感メロディーが我が身に感じ取られ，「もう少しでできそう」という予感が生じます。第3層位の共鳴化では，こうして偶発的に〈まぐれ〉が生じ，運動課題が全体としてわが身で経験されることになります。この偶発的な〈まぐれ〉発生は，反復のなかでその姿をより鮮明にしてきます。ところが，受動綜合化された〈まぐれ〉発生という動感形態を志向対象としてコツをつかもうと努力する道が拓ける一方で，成功回数だけに関心が向けば，受動綜合化されたままその動感形態は，習慣的匿名性に埋没してしまうから注意が必要なのです。この3層位を経て，まぐれ発生のコツを掴もうとする本質直観化に向かい〈確定化〉〈自在洗練化〉への道が拓かれることになります。

とくに指導者が選手への促発指導として直観化分析を施そうとするならば，この受動綜合化されている直観化綜合の営みが捉えられることが前提となります。しかし，この問題圏は〈間主観身体〉における〈運動基盤〉が前提で，一方的な〈コツの押し売り〉とは区別されることに注意しなければなりません。マイネルがすでに〈印象分析〉としてその重要性を指摘していたことは，現在の運動学において，それは〈直観化分析〉として熟成し，より厳密な分析方法として確立していますが，その分析能力は知識では獲得できないからやっかいです。

・金子明友（2015）:『運動感覚の深層』明和出版　250頁
・フッサール／長谷川宏訳（1999）:『経験と判断』 328頁以降

## 10. 動感素材（kinästhetische Stoffe/ 動感ヒュレー kinästhetische hyletische Data）

動感形態は意味づけられて初めて自分の体験となり，そのための成素としてまだ意味づけられる以前の〈動感素材［ヒュレー］〉が，意味統握にかかわることになります。自らの動く経験は，過去把持され，それは受動的な意味での動感素材として蓄積されていきます。何かに触発され「できるようになりたい」という動感意識は，すでにそのことに向かっての〈動機づけ〉が発生していることであり，受動的綜合の連合の規則により動感素材の統握の充実化が生じることになります。志向対象となる動感形態の意味充実に向かいながら，動感モルフェーとの〈二重性と統一性〉により，動感形態の発生を意味づける契機が生み出されます。動感素材は単に素材として，意味を持たない経験として過去把持につなぎ止められるのではありません。動感素材そのものは，意識流の〈相互覚起〉によりお互いを呼び覚ましながら過去把持へとつなぎ止められていきます。動感モルフェーとしての統一化へと向かう動感素材は〈原形象〉に類縁性を持つという動感と〈必然的統一性〉をもつ自由さのなかで，異なる運動種目の動感経験も，動感発生に強く関わることになるのです。

指導実践場面では，このことは〈動感アナロゴン〉として予備的な運動を行わせ，その動感経験が過去把持されることで，動感発生に役立つことはよく知られています。〈動感アナロゴン〉としての予備的な運動は，動感志向的統一の意味付与の側面に充実化をもたらすものなのです。しかし，実施させた予備運動が，達成の結果とともに形式的に動感アナロゴンであるという，因果決定論へと導く科学的思考に陥ることもあるから注意が必要です。

運動学的指導体系において〈基礎技能〉の獲得が主題化されていますが，そこではその動きかたの動感の確認が求められることになります。あくまでも動感アナロゴンは，それが過去把持へとつなぎ止められる経験のなかで，意味付与に向けて統握の充実化を促すものとして機能するものです。与えられた動感アナロゴンは，動感素材の統握から志向モルフェーへの統一化に向けて，様相変動の中で充実化されるのであり，その分析なしに動感アナロゴンの明証性を語ることはできないのです。

・フッサール／渡辺二郎訳（1984）：『イデーンⅠ-Ⅱ』 みすず書房　91 頁以降
・金子明友（2005）：『身体知の形成（下）』 明和出版　134 頁以降　講義 27・222 頁以降

## 11．動感志向性（kinästhetische Intentionalität）

現象学の志向性を基軸とし〈運動ができる意識〉を主題化し，キネステーゼとしての志向性の意味を際立たせたのが〈動感志向性〉です。意識はすべて「或ものへの意識」としての志向性を持つというフッサール現象学の立場に立ち，我々の運動が〈できる〉という意識はすべて動感志向性の原理に基づくことになります。ところが，そこでは能動的志向性以前に受動的志向性がすでに先行していることに注意が必要です。気づいていなかったクーラーの音が突然止まると，「クーラーが止まった」と気づく現象学者山口一郎の例証は，まさに意識されていない意識の層位からの気付きを開示しています。それは「自我が能動的に創設した綜合ではなく，まずは純粋な受動性のなかで成立し結合にもたらされる個々の体験が，自我の能動性において発生した」ということになります。だから，フッサールは「ここでは適切な言葉がないので，受動的という形容詞をそえ，受動的志向という言葉を役立てることにしよう」と受動綜合の分析を施しています。同様に，我々の運動の経験は，すべて経験は経験として過去把持され，動感意識の志向対象は受動綜合化された動感経験に向けられていることになります。能動的動感志向性は，動感ノエマと動感ノエシスという両側面を本質的に持ち，それは相互に不可分です。〈S は P である〉という動感意識は，志向対象としての〈S〉という動感ノエマと，〈P［何であるか］〉という意味充実を促す動感ノエシスによって，動感形態が構成されることになります。〈コツが分かった〉〈コツが分かりそう〉という我々の動感意識は，この動感ノエシスの充実化を意味します。受動的志向性としての内在経験としての動感ヒュレーが統握され，意味付与されて動感モルフェーとして統一されるとき，まさに我々が〈気づく〉契機を〈動感ノエシス的契機〉と呼ぶことになります。この能動的な動感志向体験は，動感志向的相関者としての〈動感ノエマ〉と一対になり，そこにおいて〈実的［レエール］〉に経験される受動動感志向性が，〈実在的［レアール］〉な動感形態を充実させることになるのです。超越した意味での「逆上がり」という動感形態は，内在経験としての動感ヒュレーが統握され，動感モルフェーとしての統一性において受動綜合化され，本原的に我が身に発生するのです。その充実化がまさに〈受容〉の層位にいるとき「コツの足音が聞こえた」と気づくことになるのです。

・山口一郎（2012）：『現象学ことはじめ－改訂版－』84 頁以降　日本評論社
・フッサール／山口一郎他訳（1997）：『受動綜合の分析』114 頁以降

## 12. コツとカン

一般に「〈私が〉どう動くか」というコツと「〈情況が〉どうなっているか」というカンによって，〈自己運動〉は構成されています。サッカーで空いたスペースにパスをだす選手は，「空いたスペース」を読み取るカンと，「どのようなボールを蹴るか」というコツによって，見事なパスをだします。体操選手は，たとえば鉄棒の宙返りの下り技の最中に，自分が今どのような体勢かを〈カン〉で捉え，着地位置に向かい，どう回転を制御するかという〈コツ〉を駆使して，着地を止めようとします。ところが，自らの身体をどう動かすというコツと，対象化された周界情況との二項関係によってコツやカンが機能しているように誤解されることが多いようです。動感身体は自らの時空系を構成するのであって，我々は物理時間・空間の中でコツやカンを機能させているのではありません。たとえば，点滅する青の歩行者信号を見て，「渡れる」「無理」という決断は，私の動感身体によって判断されことになります。「渡れる」決断は心臓の鼓動と共にいっきに走り出すことになるし，一方で「無理」という決断は，その活力が萎え急に立ち止まることになります。それは横断歩道の距離を読むカンと，自分が動けるコツが横断歩道の距離と赤信号に変わる時間を予測し，移動速度を計算し決断したのではありません。その決断に先立って運動が生じているから，渡れるという自分の無理な決断に逆らうように一方踏み出したとたん足が止まることがあるのです。「昔は走って渡ったのに」と自らの身体機能の衰えとともに，無理という決断に老いを感じる人もいるでしょう。コツとカンは表裏一体となって一元化され，身体機能と共に動感身体を構成しているのです。だから，生理学的身体機能の向上を動感身体が上手く取り込めば高いパフォーマンスを得ることもできるし，逆にそれが動感身体の構成を妨げることもあるのです。

球技での〈空いたスペース〉は，私の動感身体のコツとカンにより構成されるから，他人が「なぜ空いたスペースに気づかない」といっても，私にとっては「空いたスペース」ではないのです。パスをだす選手とそれを受ける選手が，お互いが動感身体で構成する時空系が未来で重なりあうから，見事なパスが実現するのです。自らの動感身体の絶対ゼロ点を起点とし，情況投射化作用としてのカンは，私の動感身体に情況を取り込み構成し，自我中心化作用としてのコツは私がどう動くかの決断を生みだすことになりますが，このことは先（プリウス）も後（ポステリウス）もない同時変換であることに注意が必要です。

## 13. 二形統一態（eine Zwittereinheit）

用語としては，コツとカンが一元化されていることを意味しますが，二形統一体という矛盾撞着は，直観化綜合の深層において開示されることになります。能動的な本質直観分析の〈自由変更〉は，本質を獲得するために自由に変更することですが，それは無限な自由さを意味するものではありません。フッサールは「自由な変更作用によって新しい類似形態が〈再生像〉ないし〈想像像〉として獲得されるが，具体的にそれらは，全体として〈原形象〉に類縁性をもっている」のであり，「その原形象がたとい自由に変更されても，ある〈変更しないもの〉が〈必然的一般形態〉として保持されている」のだと指摘します。

これから獲得しようとする動感形態の〈原像〉は，受動綜合化されている直観化綜合の層位において，すでに〈変更しないもの〉を取り巻き，連合綜合化の働きにより構成されていいます。やがて，偶発的に〈まぐれ〉発生が生じると，確定化に向けて能動的な本質直観分析を施すことになりますが，そこでも，「コツは合っていたがカンがずれていた」「カンが冴えていたけどコツが上手く機能しなかった」など矛盾撞着としての二形統一体のコツとカンの絡み合い構造が露呈します。こうして一元化されたコツとカンは，二形統一体として動感形態の矛盾撞着への統一化に向かい，〈解体分析〉を施しながら本質直観化への開かれた目的論を展開することになるのです。

・金子明友（2015）：『運動感覚の深層』明和出版　235 頁
・フッサール／長谷川宏訳（1999）：『経験と判断』

## 14. わざの狂い

日常的な動きかたは，とくに意識することもなく失敗や成功を繰り返し獲得されるのが一般です。乳児の動感形態の発生様相を観察すれば分かるように，そこでは受動綜合化された身体知の営みが主題化されています。偶発的に寝返りができると，反復していくうちに「いつでもできる」ようになるが，能動的な自我の関与はありません。乳児の寝返りは，情況の変化に対応できない場面に遭遇しても，その都度の反復により対応できるようになります。大人になっても寝返りを行いますが，その動感形態の発生は匿名性を帯びたまま習慣化されていますから，とくに意識的な関与はありません。

ところが，寝返りに限らず，自らすでに獲得している動感形態を志向対象に，「こう動きたい」という能動的な自我意識が絡んでくると，「できるけどできない」というパートス葛藤が生じます。この価値意識の芽生えが，人間のわざを熟練への道に誘うことになるのですが，そこでは新たな苦悩に遭遇することになります。うまくなりたい人は，その熟練レベルを問わず，誰でも経験するこのパートス葛藤ですが，その動感形態への能動的な自我意識は，突然，今までの動感形態の生成に障碍をもたらすことがありますが，これがいわゆる〈わざの狂い〉と呼ばれるものです。それは今までの動感メロディーがうまく生成されず，未来予持が空虚になり，「どう動けばよいか分からない」という情況に陥ることになります。程度差はありますが，「よく分からないけどやってみる」ということで，再び動感メロディーが生成され，何事もなかったかのように以前のようにそう動けるようになるのが一般です。しかしながら，それ以上に酷い技の狂いが生じると，「そう動こう」と思っても，動感身体が自らの意思に逆らい奇妙な動きを生じさせます。一般的にイップスと呼ばれるようなぎこちなく動く症状から，「動こうとするとまったく動けなくなってしまう」という〈破局的消滅〉に至ることもあります。しばらく運動を中断すると改善する例もありますが，その原因は生理学的身体の問題ではく，まさに自己運動としての動感身体の反逆なのです。ボールを投げようと思うと投げられないなど，具体的な運動課題の遂行自我の能動志向性と受動志向性との絡みあいの障碍ですから，このような情況から抜け出そうと努力するほど，「そう動きたい」というパートス葛藤も強くなり，さらに障碍が酷くなることがあります。本人自ら「そう動きたい」と思うこともありますが，指導者などの指示により「そう動かなければならない」という情況に追い込まれても，〈わざの狂い〉が生じるから注意が必要です。

## 15. 解体分析（Abbauensanalyse）

フッサール現象学の本質直観分析は，我々の能動的な身体知の構成化の営みと軌を一にします。現在の運動学では直観化道程の全体を〈直観化綜合層位〉〈本質直観層位〉〈自在無碍層位〉の三層位として開示されていますが，その第2層位の〈本質直観層位〉において類化形態の確定化に向かい，まぐれ発生という〈経験の土台の上に立って〉動感形態を確定化していこうという試みに入ります。それは動感運動の一回性の原理に支配され，そこでは同一の対象は存在しないどころか，能動的な自我の関与もなく，反復の中で受動綜合化され確定化されていく道もあるから注意が必要です。この能動と受動の絡み合いのなかで，自らがコツを掴もうとうする動感形態の本質直観分析として，解体分析が主題化されることになります。そこでは，現象学における発生的分析における〈脱構築（Abbauen)〉という方法に基礎づけられることになります。それは，すでにできあがっている意識全体の能作を外してみる，脱してみる方法であり，この構成層全体の一部の層の能作が，働いていないと仮定すると，その場合に，他の能作にどんな影響を与えるのか，つまり，いったいその一部の能作が働かなくても，他の能作が働くのか，働かないのか，その能作に依存するのか，しないのかを問うのが，現象学の〈脱構築［再構成]〉です。

発生運動学で主題化されている〈実践可能性〉は，〈そう動ける〉ことが求められ，そこでは失敗と成功との臨界点を探り，縁取ることが求められます。我々の動感形態はコツとカンが機能し，多少の障碍を回避し成功に導くことができますが，その臨界点を超えれば，「いくら何でも対応できない」という状況もあります。運動学では，失敗の臨界点を探ることを，スローガン的に〈縁取り分析〉と呼びますが，それは現象学的分析の脱構築の方法を援用し，動感形態発生の確定化において〈解体分析〉の方法が必然であることを開示しています。

オリンピックの金メダリストの加藤澤男選手は，「試合は一回きりなので，練習で失敗をしてその繕いのできない失敗は試合には通用しない」と説明し，そのために「練習での失敗がカバーできる失敗ならそのカバーの仕方を練習し，どの範囲ならば失敗を回避できるかを練習する」といいます。世界の一流選手が〈縁取り分析〉を実践的に練習に取り込んでいることは興味深いことです。トランプゲームで53枚の中のジョーカーを絶対に引かない方法は，どれがジョーカーかを知ることです。同じ絵柄のカードのジョーカーがどれかを知っていれば，ジョーカーを引くことはありません。「失敗のしかたを知る」ことは，成功への道しるべという名選手の考えはまさに正鵠を射ています。

・フッサール／長谷川宏訳（1999）：『経験と判断』328 頁以降参照
・金子明友（2018）：『わざ伝承の道しるべ』 まえがき v 頁　明和出版
・山口一郎（2012）：『現象学ことはじめ－改訂版－』161 頁以降　日本評論社
・金子一秀・山口一郎編著（2021）：『わざの伝承－加藤澤男・金子明友の〈あいだ〉』明和出版　96 頁

## 現象学用語集（アイウエオ順）

文中で語に付けられた（➡）は，その語について用語の項目としての説明が参照できることを意味しています。

## <ア行>

### 意識（Bewusstsein）

現象学では「意識」という用語が中心的な役割を果たしています[1]。「意識」とだけいえば，「自意識過剰」などというように，自分が自分のことを意識している「自己意識」（➡）のことが思い浮かぶかもしれません。意識は，この自己意識に限られず，「朝に目を覚ましてから，夜に寝るまで自分の行動にいつも付き添っており」とくに，意図的に起こす「随意運動（➡）」と，そのつもりがなく，意識をともなわずに（いわば無意識（➡）に）起こる「不随意運動（➡）」との違いに，「意識のあるなし」がはっきりと区別できます。今，ここで「無意識に起こる不随意運動」という言葉が使われましたが，この意味での無意識は，「意識から見られた無意識」として，「意識と無意識との関係」の問題として現象学の志向分析（➡）の課題とされます。

（注1 「意識 Bewusstsein」については，E. フッサール『イデーンⅠ』渡辺二郎訳，みすず書房，第2部，第2章と第3章を参照。また，『現象学事典』木田元他編，弘文堂，1994年，「意識」の事項を参照）

#### ≫自己意識

自分が行動するとき，「自分が何かをする」ときの「自分自身」についての意識のことです。「自我意識」と呼ばれたりすることもあります。この自己（自我）意識は生成して（形成されて）くるものです。乳幼児には，自己（自我）意識がいまだ働いていません。「自分が」という意識ができあがっていないのです。フッサールはこの自己意識が形成されているかいないかを区別して，自己意識をともなう志向性を「能動的志向性」（➡）と名づけ，この能動的志向性が働き始める以前に，前もって自己意識をともなわずに，本能的に無意識に働いている志向性を「受動的志向性」（➡）と名づけました。

自己意識の形成は，発生的現象学（➡）での研究課題とされていますが，そのとき，この自己意識の形成以前に，“自分”の身体と“自分のではない”他の身体との区別が先立つ（先に生じている）ことが重要なこととされています。

#### ≫無意識

現象学は「意識の現象学」と決めてかかることはできません。なぜなら，フッサール自身が「無意識の現象学」[1]と名づけて，「本能や衝動，睡眠や無意識，生死の問題」など，通常の意味での意識を超えた研究領域を確定しているからです。無意識の研究は，とりわけ「精神分析」の創始者として著名であるS. フロイト（1856-1939）によってよく知られています。しかし，フロイトが自然科学の観点をとおして「リビドーやエス（Es）や超自我」など特有な用語を駆使して無意識を理論化しているのに対して，フッサールは意識の志向性（➡）の分析を出発点にして，無意識に働く本能志向性や衝動志向性の分析を行なっています[2]。

（注1　E. フッサール『受動的綜合の分析』山口一郎他訳，国文社，1997年222頁を参照）
（注2　E. フッサール『ヨーロッパ諸学問の危機と超越論的現象学』細田恒夫他訳，中央文庫，1995年，付論XXI，E. フィンクの論稿「＜無意識的なもの＞の問題」，Hua. VI，473頁以降を参照）

## 意味（Sinn）

新記録の達成が賞賛されるとき，「数値の数そのもの」には何の意味も価値もないことに注意する必要があります。2011年，上海での水泳の世界選手権における100メートル背泳ぎでフランス人選手の2人が，52秒76の同タイムで「同時金メダル」を獲得しました。「金メダルか銀メダルか」は，選手にとって大きな意味と価値の違いがあります。ところが，この大きな意味と価値の違いは，数値では決められないのです。なぜかといって，100分の1秒以下，1000分の1秒，マイクロ秒という100万分の1秒まで時計で測れるのに，100分の1秒以下の数値を無視して「同時金メダル」にしたからです。このとき「同時」といっているのは，「数値が同じだから」ではありません。数そのものから意味や価値を見出しているわけではないからです。「同時」の意味は，多国籍審判団員の言葉の違いを超えた，多くの言葉に共通する「概念（概（おおむ）ね思（念）われている）（➡）の意味」によって共有されているのです。この多くの言語に共通する「すべての概念の意味」は，現象学では「経験」をとおして獲得されてくるとされています[1]。

（注1　「経験の意味」については，E. フッサール『経験と判断』長谷川宏訳，1999年，河出書房新社，第6節を参照）

## 運動

現象学において運動は，天体の運動のように外界の事物の視覚に与えられる運動ではなく，身体運動において内部感覚として感じられる「運動感覚（➡）」が中心に解明されています。外から身体運動を観測し，計測しても，身体運動能力そのものの向上には何の役にも立ちません。身体運動の観測や計測は，運動能力が発揮されたその結果を跡づけているだけだからです。外界の事物の運動は，観測によって「因果関係（たとえば一つのビリヤードの球が別のビリヤードの球にぶつかるとき，一つの運動する球の重量と速度が決まっていれば，別の球の動きが必然的に結果していることが観測できるということ）」として決定づけられることになります。この運動の因果関係は機械として見たときの身体の動きにしか当てはまりません。身体の運動は，機械の運動ではありません。機械には身体の本能的な不随意運動（➡）も意図的な随意運動（➡）もまったく働いていないからです。

**▶▶随意運動**

練習のプランを立て，プランにそって練習するときの身体運動を意味しています。練習量，練習時間など，目標を設定して，しっかり意識を集中して実行する身体運動のことです。最近の脳科学研究の成果として，すでに生後2ヶ月期の乳幼児において，小脳で形成されてくる本能的な不随意運動（➡）の運動記憶の信号と，大脳皮質を経過する随意的（意図的）な運動を起こす信号とが波長の共振を促すことで，随意運動が形成されてくることが示されています。

**▶▶不随意運動**

無意識に生じうる身体運動ですが，随意運動による練習の繰り返しをとおして生じる不随意運動と，無意識に生じる本能的な不随意運動（たとえば，地震や電車の急ブレーキで身体のバランスを保つように働く不随意運動）とに区別することができます。練習をとおして身についた随意運動が，特に意識を集中しなくても，自動的に，なかば無意識に不随意運動として，いわば「身についた運動」として生じる場合があります。意識するには一定の時間（0.5秒程度）かかるとされますので，瞬時の運動がつねに要求されているすべてのスポーツ競技において，無意識の不随意運動能力の養成が目標とされているのです。

**▶▶本能的運動**

不随意運動として乳幼児期に形成され，随意運動能力が形成されてくるとともに，随意運動の繰り返しの練習をとおして，不随意運動能力として身体運動能力の向上が可能になってきます。ただし，金子明友の指摘する「わざの狂い」[1]にみられるように，「自己（生命）保存の本能」に起因すると思われる，無意識に働く本能的運動が，不随意運動能力となっていた運動能力の崩壊に導くこともあるといえます。それまで無意識にこなせていた技が，「無意識に失敗すると大怪我をするという本能的恐怖から」狂って働かなくなるのです。

（注1　「わざの狂い」については，スポーツ運動学の用語解説「わざの狂い」の解説および本書165-166頁を参照）

**▶▶運動感覚（Kinästhese）**

現象学で使われるKinästheseの訳語ですが，スポーツ運動学では，「動感」ないし「動感感覚」と訳されています。なぜこのように訳されるのかというと，「感覚」（➡）という用語が「感覚（センス）データ」として，計器をとおして測定できると誤解されてしまうことを防ぐためです。運動感覚は，計器で測れるものではありません。運動感覚は，自分が身体を動かしているときに，自分の身体の内側で直接，身体の動きに応じて感じられる，内的な感覚です。身体を動かさずに座ったり，寝たり，立ったりしているときにも，運動感覚はつねに感じられています。寝ていて，無意識に寝返りをうつときにも「無意識の運動感覚」が働いており，心臓の動きや呼吸のさいの身体の動きも無意識に感じられ続けています。

運動感覚は，普通，自分の身体でしか直接，感じることはできません。もちろん，フィギャースケートのペアの競技で，ペアが一心一体でまるで一つの身体が動いているように感じられるとき，一つの運動感覚の中で動きが生じることもあり得ます。しかし，通常，自分の身体でしか感じることのできない運動感覚が，身体の内部感覚として，外界から与えられている「色や形の視覚」や「音の聴覚」などの外部感覚と区別されて感じられています。この自分の身体の内部感覚として感じられる運動感覚が，他の外部感覚と区別されて体験される原体験として，母子間の喃語（➡）の模倣による，赤ちゃんにとって，「自分の身体で感じられても，他の人の身体では直接，感じられない「ゼロの運動感覚」の体験があげられます[1]。

（注1　「ゼロの運動感覚」について，山口一郎『現象学ことはじめ』国文社，2012年，「第7章　心と身体が育つこと」を参照）

## <カ行>

### 概念

意味（➡）についての説明の際，「同時金メダル」の例が示されました。「同時に」という日本語の意味は，ドイツ語では gleichzeitig と表現され，英語では at the same time と言われますが，言葉の違いにもかかわらず，翻訳によって共有できる「概（おおむ）ね念（おも）われている意味」が概念の意味と言われます[1]。同じく意味についての説明にあったように，現象学が指摘する重要なことは，言葉の意味にしろ，また概念の意味にしろ，すべての意味は私たちの経験をとおして生まれてくるということです。ですから，本を読んで「何が書いてあるのか」という言葉の意味が大まかに分かっただけで，自分が実体験してきたそれまでの経験と照らし合わせて読まないと，書いてあることが本当に分かったことにはならないのです。

（注1　一般的な意味を担う概念が受動的綜合（➡）に基づく能動的綜合（➡）をとおして生成してくることについて，E. フッサール『能動的綜合』中山純一・山口一郎訳，知泉書館，2020年，第4章第17節156頁以降を参照）

### 過去把持（Retention）

集中した練習のさなかに，はっきりと感じ分けられない予感のようなものが残っていくという体験です[1]。それが繰り返されることをとおして，それが未来予持（➡）をとおして確かめられ，技が習得される可能性が開けてくるといえます。私たちが赤ちゃんだったとき，初めて立って，身体のバランスをとりながら，一歩一歩，歩き始めるとき，その一歩一歩に，「歩くという運動感覚」が過去把持によって（あるいは過去把持をとおして）残っていくので，だんだんしっかり歩けるようになるのです。また，たとえば剣道の「掛かり稽古」の繰り返しで「ふらふらになってふっと出た一打が，無意識の過去把持をとおして身体に残っていく」ことで「その日の稽古が稽古になった」といえるわけです。

（注 1　無意識に残る過去把持について E. フッサール『受動的綜合の分析』山口一郎他訳，国文社，1997 年，247 頁（42 節）を参照。あるいは 32-36 節を参照）

## 価値（感）覚（Wertnehmung）

価値（感）は，身体感覚としての「快／不快」の区別の段階と，人間の行為にかかわる「善／悪」の区別の段階とに類別することができます[1]。身体感覚としての「快／不快」の区別が価値を意味するとされるのは，身体運動にさいして「快／不快」の繊細な感じ分けが，運動能力の向上にとって大きな意味をもつ場合があるからです。もちろん，競技会でどんな成績を残すことができるかにかかわる社会的価値意識（他者による価値づけ）に囚われて，競技そのものに集中できなくなったり，スランプに陥ったりすることは頻繁に起こりうることです。この「快／不快」の区別と「善／悪」の区別という二つの類別は，感覚という受動的綜合の段階と知覚や判断が属する能動的綜合の段階の区別と理解することができます。

（注 1 「価値覚 Wertnehmung」については，E. フッサール『フッサール全集第 37 巻倫理学入門』72 頁参照）

## 感覚（Empfindung）

「感覚」という言葉の意味を正しく理解するために，第一に必要なことは，「感覚」と「知覚（Wahrnehmung）」（➡）とを区別することです。次に大切なことは，現象学では感覚は，イギリス経験論を基礎にする，計器によって計測される「センスデータ（感覚与件）」とは異なるということです。

「感覚と知覚の区別」というのは，たとえば「何らかの音が聞こえる」とき，その音の音質や音の強さなど，その音そのものに，ただただ聞き入るとき，心に与えられるのが「感覚としての音」として意識されます。それに対して，音が聞こえた途端に，「バイオリンの音だ」とか「目覚ましの音」というように，その音を何らかの対象（事物）に結びつけて聞く場合，「知覚としての音」として意識されます。

フッサールの『内的時間意識の現象学』で描かれた時間図式[1]では，縦軸に描かれた過去把持（➡）の交差志向性（➡）において，特定の感覚がどのように構成（➡）され，それが同時に知覚として構成されるのかが，図示されています。たとえば，同じ音が，純粋に感覚として意識されるか，それと同時に知覚として意識されるか，自分のもっている関心にそくして（音の響きに聞き入る「感覚の意識」として，あるいは朝，早起きせねばならず，「目覚ましの音」を予期している場合の「知覚の意識」として）聞き分けられるのです[2]。

（注 1　E. フッサール『内的時間意識の現象学』谷 徹訳，ちくま学芸文庫，2016 年，339 頁を参照）
（注 2　感覚と知覚の違いについて，野中郁次郎・山口一郎『直観の経営』KADOKAWA，2019 年，

85-103 頁を参照）

## 感情移入（Einfühlung）

選手とコーチとのあいだで意識していようといまいと，いつも運動感覚（➡）（動感（➡））が共に相互に感じられ合っていることを意味します。練習を通してよくわかり合っている選手とコーチのあいだでは，その日に会ったときの選手の表情や挨拶の仕方で，選手の体調や気持ちの持ち方が，とくに注意しなくても直接，伝わってくるものです。現象学では，直接自分に与えられている「自己意識」と他の人の「自己意識」（お互いにとっての他の人の気持ち）がどこまで通じ合うのかが問われました。もともと西洋近代哲学の祖といわれるR. デカルト（1596-1650）によって「絶対に疑うことのできない真理の基準として，感じ考えている自分の意識（自己意識）」が確立されて以来，他者の「自己意識」にどうやって到達できるのか，哲学の難問として考えられてきました。そこでフッサールの提起した解答は，「自分の気持ちが人の気持ちに移り込んでいる」ことを意味する「感情移入」[1] です。このとき重要なのは，意識して意図的に共感しようとする以前に，無意識に人との共感ができあがっていることです。たとえば，歩道を歩いている人が見えるとき，人が歩くときの「運動感覚」が自分の「運動感覚」として自分の身体に入り込んでくるのであり，このことをフッサールは，外に見える「運動感覚」が内なる「運動感覚」とのあいだに「連合（➡）」が生じるというのです。

（注 1 「感情移入」については，E. フッサール『間主観性の現象学　その方法』浜渦辰二・山口一郎監訳，ちくま学芸文庫，2012 年，第 2 部 245-364 頁，『デカルト的省察』浜渦辰二訳，岩波文庫，2001 年，第 5 省察，47 節 187-188 頁，54 節 214 頁参照）

## 現象学（Phänomenologie）

哲学は，感じ考える心（主観）と感じ考えられたりする物（客観）との関係をどのように理解するかによって，心（主観）を基準にして考える観念論と，物（客観）を基準にして考える実在論に大別されます。大雑把にいえば，現象学は，この感じ考える主観と感じ考えられた物との区別が生じる前に，つまり，主観と客観の対立が生じる前に，生命体が周囲世界（環境）に対して生存するという「意味と価値に向けた志向（意味づけと価値づけ）」が生じていることを，誰にとっても疑いなく確信できるように，自己意識が備わった志向の領域や，自己意識が備わっていない無意識に働く志向の領域で，どのように能動的志向性（➡）と受動的志向性（➡）が働いているのかを，その起こったままに記述しようとする哲学といえます。

### ▶▶現象学的還元

スランプをどう乗り越えるか，それを考えてみるとき，一番大事なのは，練習中に感じる自分の「運動感覚」に与えられるがままの「感覚」をじっくり，余計な判断を下さずに，そのまま感じることです。たとえば試合の前日，不安が高じて迷いがでるとき，コーチが「何が，どう不安か，書いてもってこい」といわれ，ピッタリ自分の不安な感じに向き合おうとするとき，現象学で言われる「現象学的還元（自分の意識に与えられているがままの感覚（感じ）に向き合うこと）」が実行されます[1]。しかし，「自分の感覚にぴったり向き合うこと」は簡単ではありません。「感じる」前に，自分の考えであれ，他者の意見であれ，「ああだ，こうだ」「ああすればいい，こうすればいい」という判断が立ち上がってしまうからです。正しく判断して，考えるだけで，どこからくるか分からない不安を解決できる，解決したいという思いが先立つからです。そうではなく，余計な判断をすべてカッコに入れ，判断の一時停止をして，感じる感じのままに成りきり，その自分自身の感じから立ち上がってくる言葉に耳を傾けることで，「自分の感覚にぴったり向き合うことができるのです。

（注１「現象学的還元」については，E. フッサール『現象学の理念』長谷川宏訳，作品社，1997年を参照）

### ▶▶神経現象学

神経現象学は，フランシスコ・ヴァレラ（1946-2001）によって「脳神経科学と現象学」とがお互いに補うあう相補的な学際研究として提起され，展開されました[1]。脳神経科学の研究は，自然科学の方法にそって「観察・仮説・実験・検証など」をとおして自然の因果関係を明らかにしていきます。しかし脳科学研究が発展し，自然の因果関係として脳内活動の仕組みがどのようになっているのかが明らかにされ，脳疾患の治療が可能になったとしても，「何に向かって人は生きるのか」という「生きがい」とか「生きる意味」など，人間が生きることの全体を問う哲学にとって代わることはできません。

（注１「神経現象学」については，F. ヴァレラ「神経現象学 意識のハード・プロブレムに対する方法論的救済策」河村次郎訳，『現代思想 オートポイエーシスの源流』所収，2001年10月を参照）

### ▶▶静態的現象学

発生的現象学に対して用いられる用語です。発生的現象学（➡）がすべての概念がどのように，私たちの豊かな経験の世界から生成してくるのかを明らかにしようとするのに対して，静態的現象学は，できあがり済みの概念の生成ではなく，すでにできあがっている概念同士の関係を，概念の意味内容（概念の「内包」と呼ばれます）に即して分析することで明らかにしようとします。その際，本質直観（➡）という方法が用いられます。本質直観においては，自然科学の研究成果も事例として積極的に取り込まれ，「自由変更」という本質直観の方法をとおして，受動的志向性（➡）による先構成の層と，能動的志向性（➡）による構成の層の全体構造が明らかにされます。この先構成と構成の層の全体構造を明らかにするのが静態的現象学の課題なのです。

### ▶▶発生的現象学

たとえば，国際競技会で「同時金メダル」が決まるとき，100分の１秒以下は無視されたりします。そのとき多国籍審判団による言語の違いを超えた「同時」という意味が「概念（➡）の意味」と言われます。フッサールの発生的現象学では，哲学で活用されるすべての「概念の意味」が，さまざまな国の文化と伝統においてどのように，概念として形成されてきたのか，その生成（発生）の歴史を跡づけようとします。そのさい，フッサールは生物の進化の歴史を研究する生物学者エルンスト・ヘッケル（1834-1919）の「個体発生は系統発生を反復する」という「反復説」を参照しています。「個体発生」というのは，「新たに生まれてくる個人としての発達」を意味し，「系統発生」とは，生物の種が辿った進化の過程を意味します。ここでの「個体発生は系統発生を反復する」というのは，人間の場合，「胎内での胎児の発生段階を観察すると，細胞分裂から始まり，無脊椎動物，脊椎動物，魚類，両生類，哺乳類等を経て，人間の胎児まで発達する，9ヶ月という短縮された急速な反復を経て，人間の個体として発生する」ということであり，それが「個体発生における系統発生の反復」であるわけです。

この生物の進化という大きな枠組みで発生的現象学が構想されるとき，この発生的現象学は，たんに「概念の意味の発生」にかかわるだけでなく，山河に生きる動植物を含めた生命の世界全体（「生活世界（➡）」と呼ばれる）の中で生じている，あらゆる志向性（「意味づけと価値づけ」）がどのように発生してきたのかを問うているのです。たとえば無意識に生じる本能的運動の本能志向性は，受動的綜合（➡）の規則性である連合（➡）と触発（➡）をとおしてどのように発生してくるのか問われ，随意運動による練習の際，能動的綜合である「知覚や判断や推測など」がどのように働いて，効果的な練習が実現するのかが問われているのです[1]。

（注1 「発生的現象学」と「静態的現象学」との方法論上の相違について E. フッサール『受動的綜合の分析』，山口一郎他訳，国文社，319頁から330頁を参照。また，個体発生と系統発生との区別については，E. フッサール『間主観性の現象学 その行方』邦訳，ちくま学芸文庫，2015年，548頁参照）

## 構成（Konstitution）

能動的志向性（➡）の領域において，たとえば「凍てついた冬の歩道」を注意しながら歩くような「随意運動」のさい，「歩道の凹凸をしっかり見とどけ，足に与えられる歩道の硬さ（圧覚）を確かめながら一歩一歩あるいていく」例で次のように説明できます。そのとき私は，一刻，一刻与えられる感覚刺激（感覚与件とも呼ばれる）を一つにまとめながら（統握とも呼ばれる），次の一歩を歩みます。つまり，知覚と結びついた運動という能動的志向性（➡）が，感覚される感覚内容に注意して，次の一歩を踏み出すことで，意識的に予測された歩道の状態にピッタリ相応した運動感覚が与えられ，転ばずに歩けたということになります。構成という用語がここで使われるのは，「歩道を転ばないように歩く」という意識作用が，感覚内容に働きかけ，ひとまとめに統握することで，「歩道を転ばずに歩く」という意識内容ができあがった（構成された）ということを意味するからです。これを，運動の志向性に限らず，「知覚や判断や推量」などの能動的志向性にあてはめ，「意識作用が感覚内容を統握して意識内容を構成する」[1] というわけです。

（注 1 「構成」の概念については，E. フッサール『イデーン I』渡辺二郎訳，みすず書房，1984 年を参照）

### ▶▶先構成

たとえば「考えごとをしながら歩いていて転びそうになる」とき，いちいち注意しなくても，歩道を歩けます。意識は考えごとに向かっていて，歩道の凹凸には向かっていません。それでも歩けるのは，意識せずとも，歩道の硬さと凹凸が歩くたびに，過去把持（➡）され，それが未来予持（➡）されていく（それが意識に先立って「先構成されていく」と言われる）からです [1]。無意識に受動的志向性が働き，感覚内容がいつも先構成されてくるので，とくに意識しなくても，その先構成された歩道の状態に応じた一歩一歩が歩まれ，それに応じた「無意識の運動感覚」が先構成され続けているので，考えごとをしながらでも歩けるのです。

（注 1 「構成」に先立つ「先構成」については E. フッサール『能動的綜合』中山純一・山口一郎訳，知泉書館，2020 年を参照）

## ＜サ行＞

### 時間意識

フッサールの時間論では，「現在・過去・未来」といった時間の概念が，意識においてどのように構成されているかが問われます。「時間とは何か」を考えるとき，誰にとっても同じ速さで経過する，時計によって計測される客観的時間（数値と単位で決められる時計の時間）は，はじめから現象学による時間の概念の考察から除外されます。時間の概念が意識において直接，どのように構成されているのか，明らかにするために，現象学は，現象学的還元（➡）をとおして，自分が直接，過ぎゆく時間がどう体験され，予測する時間がどう体験され，この今の時間がどう体験されるかをしっかり感じ分けて，それをできるだけ言葉にして記述しようとするのです。

そこでフッサールが取り上げる典型的な事例は，「断続する音（たとえば鐘の音）が聞こえるとき」，はじめの鐘の音が鳴って，次の鐘の音が聞こえるとき，そのはじめの音が鳴ったことが記憶に残っています。それがどのようにして記憶に残るのかを考え，フッサールは，「過去把持（Retention）」という特有な志向性が働いていることを明らかにすることができました。こうして，聴覚や視覚の感覚が働いているときの「現在」の時間意識には，「過去把持－今－未来予持」という志向性が働いていることが解明されたのです。

### 志向性（Intentionalität）

意識は，いつもすでに「何かに向かっている」という特性をもちます [1]。その特性が意識の志向性と呼ばれますが，この「何かに向かっている」という特性は，意識だけに限らず，本能的な無意識にも妥当し，無意識の志向性ということもできます。そして，この「いつもすでに」というのは，たとえば「何かを見る主観としての私」と「見られている客観としての事物」というように「私という主観」と「事物という客観」とを分離して考える以前に，「すでに見ることをとおして，何が見える（知覚される）か，その何の意味（たとえば「本」とか「PC」とかいう意味）が出来上がっている」，つまり，主観と客観に分けて考える以前に，「私（主観）」と「事物（客観）」のあいだに関係性（意味づけと価値づけ）が出来上がっているのです。とはいっても，意識して「何かを見ているとき」には，私と事物のあいだに意味づけや価値づけといった関係性（志向性）が出来上がっているとは，考えにくいかもしれません。

それに対して，夜，眠っているとき，気づかず（無意識）に「寝返り」していることは，よく知れられていることです。意識せずに，「身体にかかる圧力をほぐして快眠できるために」は，身体が環境（ベットや布団）に応じて対応する（意味づけと価値づけによる）関係性（志向性）を働かせているのです。また，電車に乗っていて，穏やかなカーブや，駅に近づいてスピードが落ちるとき，いちいち注意する（気にする）ことなく，身体はカーブの曲がり具合やスピードの変化に即応しています。無意識に「運動感覚」（➡）の志向性（「倒れないように」という意味づけと価値づけ）が働き，身体のバランスをとりつつ立ち続けることができるのです。

（注1 「志向性」については『現象学事典』木田元他編集，弘文堂，1994年，「志向性」の事項を参照）

### ▶受動的志向性（passive Intentionalität）

無意識に働くことのできる志向性のことです。ここで注意しなければならないことがあります。この「受動的」というときの「受動」は，英語の文法などで学習する「能動形と受動形」の違いというときの「受動」の意味とは違っているということです。普通，能動と受動の違いが述べられるとき，「何かをする人／される人」というように，「する人にしろ，される人にしろ」特定の人の「自己意識（「自分が」という意識）」が前提にされています。それに対して受動的志向性の受動は，「寝返り」や「無意識に働く運動感覚」のように，「自己意識」が働く以前に本能的に働くという意味での「起こったことを，起こったときに，それとして受け止める」という意味での「受動」を意味しているのです[1]。

（注1 この特有な「受動」の意味については，山口一郎『現象学ことはじめ－改訂版－』日本評論社，2012年，第5章第1節を参照）

### ▶能動的志向性（aktive Intentionalität）

受動的志向性と違って，それが働くときには，必ず「自己意識」がともなわれています。「電車の急ブレーキで隣の人の足を踏んでしまった」とき，本能的に無意識に身体のバランスをとって足を動かすことができたのは，受動的志向性としての「運動感覚」が働いたからですが，それが起こった直後に「自分の足が隣の人の足を踏んでしまった」と意識するのは，意識にのぼらない潜在的志向性としての運動感覚の充実が，顕在的志向性（能動的志向性）として意識されるからです。

## 受動的綜合（passive Synthesis）

感情移入（➡）の説明で「相手の気持ちが分かる」というとき，相手の表情の変化で直接，自分に伝わってくる「悲しみ」や「喜び」の気持ちという場合と，相手の話に聞き入り，相手の身になって感じてみる場合の違いが述べられました。話し合いの場に遅れてはいってきて，「その場の雰囲気が張り詰めていたり，和んでいたり，はいってすぐ伝わってくる場合」があります。このように，とくに注意せず，ことさらその気にならなくても伝わってくる感覚や感情は，「受動的綜合」[1]によって感じ分けることができている，といわれます。この受動的綜合の「受動的」は，受動的志向性（➡）「受動的」と同じ意味をもち，ことさら「意識して，意図的にすることなく」という意味であり，「綜合」というのは，「まとまっている，統一されている」という意味をもちます。ですから「受動的綜合」というのは，さまざまな受動的志向性が，まとまって統一的に働くことを意味します。そして，この受動的綜合の働き方には，「連合」（➡）と「触発」（➡）という働き方の違いがあるといわれます。

たとえば，「考えごとをしながら歩ける」のは，無意識に歩道の「硬さや平坦さ」が受動的志向性としての過去把持（➡）と未来予持（➡）の充実によって受け止められ，その無意識の触覚とそれに応じた受動的志向性としての「運動感覚」とが，受動的綜合の働きである連合によって合致するように働くからだと説明されているのです。

なお，この受動的綜合は，スポーツ運動学では「受動綜合化」という用語で頻繁に使用されています。

（注 1 「受動的綜合」については，E. フッサール『受動綜合の分析』山口一郎他訳，国文社，1997 年を参照）

## 触発（Affektion）

たとえば，恋の告白のさなか，身体にしっかり感じられる中程度の地震が起こるとき，相手と互いに目を見合わせて地震の強さを感じ分けようとします。生命保存のための本能的衝動が身体に働きかけ，当事者たちの注意を引きつけるからです。この生命保存の本能に働きかける力のことを「触発する力」と呼びます[1]。考えごとをしながら歩いていて，歩道の凹凸に気づかずに転びそうになって「ハッ」とするとき，自分の注意（意識）は考え事に向かっていても，無意識に歩道を歩む運動感覚は感じ続けられていました。それが凹凸に気づかずに転びそうになるとき，やはり無意識に身体を支えようと足が動き，その直後に「ハッ」としながら自分の足が動いた運動感覚を感じるのです。このとき，転んでケガをしないように本能的な衝動が働きかけ（触発し）自分の注意（意識）を奪い取るのです[2]。

（注１　触発についてはE. フッサール『受動綜合の分析』山口一郎他訳，国文社，1997年，第三部，第２章と第３章を参照）
（注２　本能的衝動については，稲垣 諭『衝動の現象学』知泉書館，2007年参照）

## 生活世界（Lebenswelt）

ドイツ語のLebenとWeltとがつながった用語であり，Lebenは「生，生命，生活」という意味，Weltは「世界」という意味をもちます。「生活世界」と聞くと，人間の生活がすぐに思い浮かびますが，この語の意味内容からすると，むしろ「生命の世界」という訳語がふさわしいかもしれません。実際，私たちの生活は，周囲世界に属する山河や海の自然に囲まれ，動植物や家畜など豊かな生命とともに成り立っています。また，豊かな自然に囲まれた農村や漁村や山村だけでなく，中小の町や都市での生活も，私たちの生活世界に属しています[1]。それだけでなく，私たちの日常生活は，海外の生活世界で生産された食材や技術製品無しには成り立ちません。

フッサールが文化と伝統のことなる諸外国の生活世界まで現象学の考察対象にしたのには大きな理由があります。というのも，諸国の文化や学問（精神科学と自然科学）は，それぞれの生活世界を土壌にして育成されてくるのであり，その逆でないことを，現象学による理論化のもっとも重要な課題としたからです。フッサールが示す一つの事例は，「市場で野菜を売るおばさんたちの生活（世界）の知恵（どんなときにどんな野菜が売れるのか）は，学者による市場調査を鼻で笑う」という例です。生活世界の知恵から学問が生じるのであり，その逆ではないのです[2]。運動選手の実践による経験から，運動学が生じるのであり，その逆ではありません。既成の理論を経験にあてはめても無駄なのです。

（注１「生活世界」については，E. フッサール『ヨーロッパ諸学の危機と超越論的現象学』細谷恒夫他訳，中公文庫，1995年，第34節，第38節を参照）
（注２　生活世界と学問研究との関係について特にE. フッサール，同上，第36節を参照）

## <タ行>

## 知覚（Wahrnehmung）

すでに「感覚」（➡）についての説明にあったように，知覚は感覚との区別において，適確に理解されます。このとき，「感覚と知覚の区別」というのは，たとえば「何らかの音が聞こえる」とき，その音の音質や音の強さなど，その音そのものに，ただただ聞き入るとき，心に与えられるのが「感覚としての音」として意識され，それに対して，音が聞こえた途端に，「バイオリンの音だ」とか「目覚ましの音」というように，その音を何らかの対象（事物）に結びつけて聞く場合，「知覚としての音」として意識されます[1]。

たとえば，何らかの筋肉痛の場合，ただただその痛みを「痛みとして味わう感覚として痛み」を感じているわけにはいかず，どの筋肉のどの部分からくる筋肉痛か判断して，その部分を集中的にマッサージしたり，激痛が走る場合，医師の画像判断によって手術をしなければならない場合もでてきます。このように「どの部分からの痛みであるか」医師の画像判断の前提になっているのが，「どこからくる痛みであるかを認識する知覚された痛み」なのです。

（注 1　感覚と知覚の区別について「痛み」を例にした E. フッサール『論理学研究 4』立松弘孝訳，273 頁を参照。また，山口一郎『現象学ことはじめ』日本評論社，2012 年，第 2 章第 4 節を参照）

## 対化（Paarung）

ペア（対）になることを意味します。とはいっても，靴や靴下，スリッパのように，右と左を組み合わせてペアにしたり，「ペアルック」のように，仲の良い男女が同じ色や形の服装をすることでもありません。見比べたり，聴き比べたりする前に，見るだけで，また聞くだけで，よく似た色形，よく似た音がペアになっているように見えたり，聞こえたりすることが「ペアになる対化」といわれます。この「似ている（類似している）こと」は，もともと，意識して見比べたり，聴き比べたりする意識された能動的志向性（➡）が働く以前に，無意識に働く受動的志向性（➡）において生じています。たとえば「考えごとをしながら歩いていて，歩道の凹凸に気づかずに転びそうになる」のは，一歩，一歩，歩くごとに，歩道の表面が平らなことを未来予持（➡）して，同じように（類似して）平らであることが，意識せずに確かめられているからです[1]。

（注 1「対化」については，E. フッサール『デカルト的省察』浜渦辰二訳，岩波文庫，2001 年，第 5 省察第 51 節を参照）

# ＜ナ行＞

## 喃語

赤ちゃんが生後 8ヶ月ぐらいを頂点にして生じる，言葉にならない流暢でリズミカルな「タ，タ，タ，タ」とか「マ，マ，マ，マ」などといった発声のことです。赤ちゃんが喃語を発すると，かならずといって，それを母親が上手に真似たりして，子と母のあいだに喃語を交わし合うことで，発声にともなう「生き生きした感情」の交換という情動的なコミュニケーションの土台が形成されてきます。特に喃語の模倣で興味深いことは，赤ちゃんが発する喃語には「喃語を発するときの運動感覚（➡）と発せられた喃語が聞こえる聴覚」がいつも「対」になっているのに（「対化」（➡）），母親がそれを真似るときは，赤ちゃんにとって，喃語が聞こえる聴覚は与えられていても，そこに対になっているはずの「運動感覚」が与えられていないことに気づき，そこに感じられない「ゼロ」としてしか与えられていない「ゼロの運動感覚」を感じるということです[1]。赤ちゃんは，この「ゼロの運動感覚

(➡)」の体験をとおして，いつも「運動感覚」を感じている「自分の身体」と，「運動感覚」を直接，感じることのできない「他の人の身体」との，どうしようもない断絶が経験されることになるのです。

(注1 「ゼロの運動感覚の意識」については，E. フッサール『間主観性の現象学 その方法』ちくま学芸文庫，2013年，501-502頁を参照)

## ノエシスとノエマ

ギリシャ語のnousとnoeinに由来し，「考えること」と「考えられた内容」を意味しています。考えることは現象学では「意識の作用」と理解されますので，ノエシスが意識作用，ノエマが意識内容とも理解されています。意識作用の一例として「何かを見たり，聞いたりする知覚」を例にとれば，「見ること」がノエシスにあたり，「見られたもの」がノエマにあたるのですが，「走っている人」が見える場合，「走っている人の動く映像」を見て，「走っている人」が見えるのですから，「走っている人の動く映像（感覚内容）に，見るという意識作用（ノエシス）が働きかけ，走っている人という意識内容（ノエマ）が見える」というようにして「走っている人の知覚」ができあがっているとするのです。

このとき知覚のノエシスには，知覚されたものがノエマとして構成され，想像のノエシスには，想像されたものがノエマとして構成されており，知覚のノエシスに想像されたものがノエマになることはなく，また想像のノエシスに知覚されたものがノエマとして構成されることはありません。このようにそれぞれ特定のノエシスにそれに相応する特定のノエマが構成されることを，ノエシスとノエマの相関関係（相互に関係し合うこと）と呼ばれます。

また，ここで言われる感覚内容は，質料（ヒュレー）とも言われ，知覚は，「ヒュレーにノエシス（意識作用）が働きかけ，ノエマ（意識内容）が構成される」として，「ヒュレー－ノエシス－ノエマ」という組み合わせ（認識図式）でできあがっているとされます[1]。

(注1 「ノエシス－ノエマ」の相関関係についてはE. フッサール『イデーンI』渡辺二郎訳，みすず書房，1984年，103頁以降参照)

## 能動的綜合（aktive Synthesis）

受動的志向性がまとまって（統一されて）働く場合が，受動的綜合（➡）と呼ばれたように，能動的志向性が働く場合が能動的綜合と呼ばれます[1]。感情移入（➡）を例にとれば，金子明友がシュワルツマンの「大開脚下り」を16ミリ撮影機で撮影し，1枚ずつのキネグラム［連続映像シリーズ］にして，一年にわたる苦悩する練習で行われていたのが，能動的綜合による練習の工夫なのです。受動的綜合によって自然に伝わってくる感情移入には，限界があります。自分で実行できない大技の「大開脚下り」のキネグラムをみて，ありありと映像が浮かんでくるとしても，それを見るだけでは，その動きに伴う「運動感覚＜感覚ヒュレー＞」は実感できません。「こう動かせばこう見える」という意識された随意運動による練習の工夫を徹底して積み重ねることをとおして，キネグラムに，「能動的に感情移入し，知覚し，判断し，自由な想像を駆使し，練習の計画をねり直したりする能動的綜合」の努力の結果，新しい大技の実現が初めて可能になるのです。その段階で，改めて「大開脚下り」の映像を見るとき，はじめてそれをみたときに伝わっていなかった「運動感覚」が，見るだけで，受動的綜合をとおして自然に伝わってくるのです。

（注 1 「能動的綜合」については，E. フッサール『能動的綜合』中山純一・山口一郎訳，知泉書館，2020 年を参照）

## ＜ハ行＞

### 本質直観（Wesensanschauung）

一般的に言えば「～とは何か」というときの「何か（物事）の本質を直観すること」です[1]。「物事の本質」というのは，時代や国の違いにかかわらず，共通に確認しあうことのできる普遍的な性質のことです。ですから，この「物事」にはすべての事柄があてはまります。自分の練習する競技でスランプにはまり込んでしまったとき，「スランプとは何か」が分かれば，「スランプを乗り越えられる」と思って，スランプについての本を読み漁り，人の体験を聞くだけで「スランプの本質」が分かり，スランプを乗り越えられるわけではありません。というのも「本質を直観する」というときの「直観」は，「知識」として理解することではないからです。この時の直観というのは，全身全霊でそのことに集中することで，身体で体得できるもののことです。

全身全霊でということは，「溺れる人は藁をも掴む」というように，スランプに陥った場合，「人の書いた本」を読むのなら，必死になって，何かを掴もうと読みに徹し，人の経験談を聞くのであれば，その人に身になって，追体験しようとします。「スランプの本質」を掴むために，スランプを見極め，それを乗り越える事例（実例）を徹底して取り集める（収集する）のです。フッサールは，本質直観を実現するためのこのような第一段階を「事例収集」の段階と名づけます。

しかし，この段階だけでは本質直観は実現しません。次の段階は「自由変更」の段階と呼ばれ，事例収集によって獲得したさまざまな事例を，実際に自分の練習に取り組むよう試み，自分の今までの練習の経験と重ね合わせ，自分にとって当たり前と思っていた「練習方法」に距離をとり，ありとあらゆる練習方法を試み，可能性のかぎりを尽くすことで，「スランプを乗り越える」ということがどういうことであるか体得できてきます。これが本質直観が実現されるプロセスなのです[2]。

（注 1 フッサールの本質直観に関連して，運動学における，本質直観分析に先立つ「直観化分析」について，スポーツ運動学の「用語解説」の解説（本書 190 頁）を参照）
（注 2 「本質直観の方法」については，E. フッサール『経験と判断』長谷川宏訳，河出書房新社，

1999年，第3部，第2章を参照。なお，その導入的説明として野中郁次郎・山口一郎「直観の経営」KADOKAWA（2019），49頁から72頁を参照）

## ＜マ行＞

### 明証（Evidenz）

明証とは哲学という学問の「真理の基準」を意味します。西洋近代哲学の真理基準は「自己意識の明証（性）」です。いわゆるデカルトの哲学の基礎に据えられている「我思うゆえに我あり」というときの「自分の自己（自我の）意識」は，疑っても疑いきれない哲学の真理基準とされているわけです[1]。

フッサール現象学では，現象学還元をとおして意識に直接与えられている意識の体験には，この「自我（自己）の意識」は真理基準としての明証において与えられているとはいえません。自分の注意が考えごとに向かっていても無意識に歩道を歩けるのは，無意識の運動感覚が過去把持と未来予持という，自我の関与を含まない受動的志向性が充実し続けているからです。ということは，転びそうになって「ハッ」として意識された「運動感覚」の過去把持は，それに先立ってすでに無意識に働いていた受動的志向性の充実による過去把持を前提にしている，つまり「ハッ」と意識された運動感覚の過去把持の明証は，無意識に歩くときに働く運動感覚の充実が先立たなければ，明証になり得ないのです。言い換えると，意識に与えられる感覚の明証は，無意識に与えられる感覚の明証を基礎にし，前提にしているといわれなければならないのです。

（注1　「明証」の概念については，E. フッサール『デカルト的省察』浜渦辰二訳，岩波文庫，2001年，第5節と第6節及びE. フッサール『受動的綜合の分析』山口一郎他訳，国文社，1997年，102頁から104頁を参照）

### 未来予持（Protention）

現在の時間意識（➡）の内部でいつも生じている「無意識に働く予測」ということができます。集中した練習をとおして，そのさなかに「自分の運動感覚のなかに何となく残っていくもの（過去把持（➡）に残るといわれる）を感じる」ことが重なっていくにつれ，それがほのかな予感（予測）として，まだ来ぬ直前の未来の自分の身体運動を方向づけることになります。それが身体運動の未来予持と呼ばれる志向性の働きです[1]。

（注1　この未来予持の詳細については，武藤伸司『力動性としての時間意識』知泉書館，2018年参照。また，山口一郎『現象学ことはじめ』，日本評論社，2012年，第3章を参照）

### モナド

フッサールは，お互いに別々に与えられていると考えられる自己意識（➡）にどうやって到達できるのかを問うとき，この「自分」という意識は，生まれながらに備わっているのではなく，発達してくると考えました。このとき，フッサールは，自我の意識が発達する以前の乳幼児の意識（心）の働き方を，もともとG. ライプニッツ（1646-1716）の哲学用語である「モナド」という用語で表現しました。モナドとは，部分をもたず分割できない魂の力といった意味をもち，植物や動物もモナドの発達の一段階と考えられます。こうして乳幼児の意識（心＝モナド）は，発展して，自我の意識の段階（自我モナド）にまで至ります。このモナドの発展は，自我の働きをもたないモナドから，自我の意識をもつ「自我モナド」の段階にまで至るのです。また，このモナドの発展は，フッサールにおいて受動的志向性の段階から能動的志向性の段階への発展として考えられます。こうして発生的現象学（➡）の説明にあるように，自我が形成される以前に働く受動的志向性の段階に自我の形成以後の能動的志向性の段階が積み重なってくるのです[1]。

このようなモナドの発達段階に応じて，モナド同士のあいだに交流（コミュニケーション）が生じており，このモナド間のコミュニケーションが間モナド的コミュニケーションと呼ばれます。

（注1　モナドの発展については，E. フッサール『間主観性の現象学Ⅱ　その展開』浜渦辰二他監訳，ちくま学芸文庫，519頁参照。）

## <ラ行>

### 連合（Assoziation）

「受動的綜合」（➡）が働くときの働き方の一つです[1]。「連合」は，「ふとした思いつき」とか「夢」「連想」などのように，自分でその気になって，AとBを結びつけるような「連結」や「結合」のことではなく，「無意識の彼方（向こう）からやってくるもの」のことです。どうして「それが思いつく」のか，「どうしてその夢になる」のか，「どうしてその連想が浮かぶ」のか，そのつながり（連合）の起こるさなかに立ち会う（それを意識する）ことはできません。「よく似ているから」というように「連合」をとおしてできあがってきた「思いつき」「夢」「連想」を後づけるよう試みることはできます。

「人の手の動き」を見て「何をしたいのか，見ただけで分かる」というとき，「ミラー・ニューロン」が働くからだという脳科学研究による説明がありますが，幼児期にどのように「ミラー・ニューロン」が形成されてくるのか，「知覚系と運動系」の連合が形成されてくるのか不明のままに留まっています。また「色が色として見え」「音が音として聞こえる」など，個々の感覚質の生成，また自分の手を「こう動かせば，こう見える」というときの「運動感覚と視覚との連合」の生成など，脳科学研究だけによる研究を通して解明のめどが立たない「感覚質」の生成や「感覚質間の連合」の生成などの研究課題は，脳科学と現象学との学際的研究領域で提起されている「神経現象学」（➡）によって解明されうる可能性に開かれています。

（注 1　受動的綜合としての「連合」については，E. フッサール『受動的綜合の分析』山口一郎他訳，国文社，1997 年を参照。）

## <ワ行>

### 我－それ関係

我－それ関係というのは，私（我）が世界全体に向き合うときの態度の取り方を意味し，世界に対して距離をとり，観察したり，観測したり，評価したり，判断したり，世界を客観的対象（これが「それ」と言われる）としてかかわる関わり方のことを「我－それ関係」といいます。自分の運動能力は出てきた成果で客観的に評価されます。この評価に対して，同様に客観的に我－それ関係をとおして向き合い，次の競技会に向けて，しっかりした練習のプランを立て，プランに沿って練習を積み重ねていくときの態度を「我－それ関係」といいます。こうして練習に励む選手に向き合うコーチは，選手に対して「我－それ関係」の態度をとるだけでは，コーチとはいえません。選手が練習のプランを立てようとするとき，選手の身になって（選手の抱えている個人的な生活環境とか，それまでの体験してきたその競技との関わりの個人的歴史などに「感情移入」（➡）して，親身になって共に計画を立て，できるだけその選手の練習に付き添っているのでなければなりません。このときの親身になって選手と共に生きる態度のことを我－汝関係（➡）の態度といいます[1]。

（注 1 「我－それ関係」については，「我－汝関係」の注 1 を参照。）

### 我－汝関係

我－汝関係というのは，我（Ich）が世界全体に向き合うときの人の生きる態度を意味し，世界に対し直向きに，無心になって汝（Du）とかかわるときの関係の仕方をいいます。汝というのは，二人称の「あなた」の古語ですが，ここで「世界に対して」と言われるように，直向きに向き合う「あなた」は，もちろん向き合う相手としての人間である人間関係の場合と，人間でなく，山や川などの自然や植物や動物にでも直向きに向かうことができます。また，「禅の精神」とか「キリスト教の精神」とか言われるときの「精神」という存在に向き合うことができるとされています。

この我－汝関係の特質は，人間や物事に向かって，自分にとっての損得勘定にとらわれることなく，汝に我を忘れて，全身全霊でかかわるという特質にあるということができます。しかし，注意しなければならないのは，我－汝関係において，我と汝が完全に一つになって融合するのではなく，我－汝関係をとおして，「本当の自分になる」といわれるように，我－汝関係において人格としての自分が消滅するのではなく，より本当の自分として成長し続けるということなのです[1]。

（注 1 「我－汝関係」及び「我－それ関係」については M. ブーバー『我と汝』田口義弘訳，みすず書房，2012 年（新装丁）を参照。またスポーツ運動学用語解説の「5. 我汝仲間化」の事項も参照。）

# あとがき

金子一秀

今回,『スポーツ運動学・現象学　講座 3』の出版準備をしていたところ,明和出版の和田義智社長が 7 月 18 日に急逝されたとの突然の訃報が届きました。和田社長におかれましては,今までスポーツ運動学の発展のため,多くの運動学関係の出版にご協力いただいたことに感謝を申し上げるとともに,謹んで和田社長のご冥福を申し上げます。

このような事情から,講座 3 の出版は暗礁に乗り上げ,断念せざるを得ないと思いつつも,明和出版に連絡をしたところ,後日,明和出版・和田社長のご息女である,基 美乃里さんから連絡がありました。そこでは,「父の生前のお約束だったと思いますので,今回の出版はなんとか明和出版でお引き受けします」とのことでした。ただ,生前社長一人で編集作業を行っていたので,編集ができる協力者を探さないと出版は難しいとのことで,編集協力者を探すまでしばらくお待ちくださいとのお返事でした。

こうして,ようやく今回明和出版から『スポーツ運動学・現象学・講座 3』が出版できることになりました。あらためて,基 美乃里さん他編集のお手伝いをしてくださった関係者の方々には,厚く御礼申し上げます。

さて,スポーツ運動学・現象学講座 1・2 は体操競技のコーチやオリンピアンとの鼎談でしたが,今回の講座 3 の巻頭の鼎談は,新たに柔道のオリンピアンの佐藤愛子先生との鼎談となりました。個人競技とは違い,相手とどのような駆け引きで勝利に導くかなど,柔道の興味深い動感世界を開示することができました。また,3 点の論考と,講座 1・2 で使用されている専門用語を中心に,スポーツ運動学・現象学用語集を新たに掲載いたしました。お忙しいなか,執筆依頼を快くお引き受けくださった方々には,あらためて感謝申し上げます。

ようやくわが国でもコロナ禍収束の兆しが見え通常に戻りつつあるようですが，その影響でデジタル化がさらに加速し，また〈ChatGPT〉など新たなツールの開発は，世間での話題となっています。こうして，AI の進歩は「将来人間が行う仕事は消えていく」という不安を煽るようです。

一方で，事故で中途失明となった人は，「真っ暗闇になり，父親が手を握り，大丈夫だ，大丈夫だ」と声を掛けてもらうことに，生きる勇気をもらったといいます。手のぬくもりと，父親の言葉が生きる希望を生み出す，まさに身体を持たない AI にはできない〈間身体性の響き合い〉がもたらす人間の〈わざ〉です。現代社会は「正解のない問題」の解決に向かう時代に入り，それは〈経験の明証性〉を基軸に〈ドクサ経験〉に回帰することを意味しているのではないでしょうか。

今後もスポーツ運動学・現象学講座では，スポーツ指導実践場面を中心に動感世界の〈経験の明証性〉を開示して行きたいと考えています。

【編者・著者略歴】

**山口　一郎**（やまぐち　いちろう）
東洋大学名誉教授
1974 年　上智大学文学研究科哲学専攻修士課程修了
1979 年　ミュンヘン大学哲学部哲学科学位（PhD）取得
【主な著書】
『現象学ことはじめ』（2002）日本評論社
『文化を生きる身体』（2004）知泉書館
『存在から生成へ』（2005）知泉書館
『直観の経営』（2019）KADOKAWA
『〈わざの狂い〉を超えて』（2020）明和出版
『わざの伝承―加藤澤男・金子明友の〈あいだ〉―』（2021）明和出版
『フッサールの時間論』（2021）知泉書館

**金子　一秀**（かねこ　かずひで）
東京女子体育大学教授
2020 年〜 東京女子体育大学・同短期大学学長
【主な著書】
『教師のための運動学』（1996）大修館書店
『スポーツ運動学入門』（2015）明和出版
『〈わざの狂い〉を超えて』（2020）明和出版
『わざの伝承―加藤澤男・金子明友の〈あいだ〉―』（2021）明和出版

**佐藤　愛子**（さとう　あいこ）
東京女子体育大学准教授
2012 年　筑波大学大学院人間総合科学研究科修士課程修了　修士（体育）
2016 年より東京女子体育大学柔道部監督
【主な実績】
2008 年　北京オリンピック　7 位
2011 年　世界選手権　優勝

**佐藤　徹**（さとう　とおる）
北海道教育大学名誉教授
1979 年　筑波大学大学院体育研究科修士課程修了
2010 年　博士（コーチング学・筑波大学）
【主な著書】
『運動学講義』金子明友・朝岡正雄編（1990）大修館書店
『教師のための運動学』吉田茂・三木四郎編（1996）大修館書店
『コーチング学への招待』日本コーチング学会編（2017）大修館書店
『現象学的スポーツ運動観察論』（2018）大学教育出版

**武藤　伸司**（むとう　しんじ）
東京女子体育大学准教授
2014 年　東洋大学大学院文学研究科哲学専攻博士後期課程修了　博士（文学）
【主な著書】
『現象学のパースペクティヴ』河本英夫・稲垣論編（2017）晃洋書房
『力動性としての時間意識』（2018）知泉書館
『わざの伝承―加藤澤男・金子明友の〈あいだ〉―』山口一郎・金子一秀編（2021）明和出版

スポーツ運動学・現象学 講座 3

**間合いの身体知**



初版発行――――2023 年 11 月 1 日

編著者――――金子一秀（かねこかずひで）/ 山口一郎（やまぐちいちろう）

発行者――――基美乃里

発行所――――株式会社 明和出版

〒 174-0064 東京都板橋区中台 3-27-F709

電話 03-5921-0557 E-mail meiwa@zak.att.ne.jp

振替 00120-3-25221 URL http://home.att.ne.jp/kiwi/meiwa/

印刷・製本――壮光舎印刷株式会社

ISBN978-4-901933-46-9 Printed in Japan